"十四五"高等职业教育规划教材

国际贸易理论与实务

（第7版）

GUOJI MAOYI LILUN YU SHIWU

刘希全　孙智贤　主编

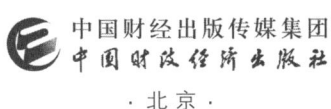

中国财经出版传媒集团
中国财政经济出版社
·北京·

图书在版编目（CIP）数据

国际贸易理论与实务 / 刘希全，孙智贤主编.
7版. -- 北京：中国财政经济出版社，2025.6.
（"十四五"高等职业教育规划教材）. -- ISBN 978-7
-5223-3983-2

Ⅰ．F740

中国国家版本馆CIP数据核字第2025PJ7066号

责任编辑：王　芳　　　　　　　责任校对：张　凡
封面设计：卜建辰　　　　　　　责任印制：张　健

国际贸易理论与实务（第7版）
GUOJI MAOYI LILUN YU SHIWU（DI 7 BAN）

中国财政经济出版社 出版

URL：http://www.cfeph.cn
E-mail：cfeph@cfeph.cn

（版权所有　翻印必究）

社址：北京市海淀区阜成路甲28号　邮政编码：100142
营销中心电话：010-88191522
天猫网店：中国财政经济出版社旗舰店
网址：https://zgczjjcbs.tmall.com
北京密兴印刷有限公司印刷　各地新华书店经销
成品尺寸：185mm×260mm　16开　18印张　362 000字
2025年6月第7版　2025年6月北京第1次印刷
定价：48.00元
ISBN 978-7-5223-3983-2
（图书出现印装问题，本社负责调换，电话：010-88190548）
本社质量投诉电话：010-88190744
打击盗版举报热线：010-88191661　QQ：2242791300

前 言

党的十八大以来,我国实行更加积极主动的开放战略,构建面向全球的高标准自由贸易区网络,加快推进自由贸易试验区、海南自由贸易港建设,共建"一带一路"成为深受欢迎的国际公共产品和国际合作平台。不断升级的中国制造、超大规模的中国市场正在成为中国外贸高质量发展的源头活水。我国成为150多个国家和地区的主要贸易伙伴,货物贸易总额居世界第一,吸引外资和对外投资均居世界前列,形成更大范围、更宽领域、更深层次的对外开放格局。

本教材旨在使学生了解国际贸易基本理论与发展趋势,理解国际贸易现象,能够分析国际贸易问题,熟悉我国进出口贸易面临的国内外政策环境,掌握进出口的一般业务流程、业务内容,通晓国际贸易的法规惯例,能够进行基本进出口业务操作,具备遵规守约的职业素质。适合非国际贸易专业学生使用,一般商务人士也可参考使用。

本教材在编写团队以往编著的"十五""十一五""十二五"国家级规划教材《国际贸易理论与实务》《国际货物贸易实务》基础上,根据最新国际贸易发展形势重新编著而成。主要特点如下。

一是编排科学、新颖,符合现代国际贸易和我国对外贸易发展的形势、要求。全书分为导论、国际贸易理论政策、进出口业务基础、进出口实务操作、新型国际贸易模式五个部分,由理论到实务,由基础到操作,由传统到新型,以传统业务为重点,兼顾新型贸易方式的发展。

二是内容体现最新形势、政策、法规惯例和国际贸易发展趋势。根据2020年最新生效的法规惯例《国际贸易术语解释通则2020》(以下简称《2020通则》)和《中华人民共和国民法典》(以下简称《民法典》),根据国际贸易发展的最新形势以及我国对外贸易发展的最新政策,对相关内容进行了修订、更新。

三是紧贴实际、实践,从一线取材转化为学习资料、案例、任务,确保教学内容和实训项目的实时性、实战性。

四是注重能力培养，教、学、思、做结合，学以致用。设置阅读、思考、案例、操作等环节，学与思结合，学与练结合，在思考与实践中培养学生理论应用能力、政策把握能力、实践操作能力和问题解决能力。

五是重视规则意识、契约精神的培养。

六是资料丰富，形式新颖。以大量贸易案例、业务资料、拓展知识帮助学生建立清晰的业务流程及内在逻辑，便于自主学习、深度学习、拓展学习。

本版教材由刘希全教授和孙智贤副教授主持修订，张宗英、张泳、周艾丽、康振男参与修订，刘希全教授负责审阅。

编写过程中，得到了山东对外贸易集团有限公司、海程邦达供应链管理股份有限公司、青岛三格建筑科技有限公司、青岛孚伦达商贸有限公司等合作企业的帮助，感谢他们提供的宝贵建议和业务素材。编写过程中参考了大量相关文献，在此一并表示感谢。

限于编者水平，难免存在缺点或不当之处，敬请读者不吝指出。

编者
2025 年 2 月

目录

导　论　走近国际贸易 …………………………………………………………（ 1 ）

项目一　国际贸易理论政策 ……………………………………………………（ 16 ）

　　单元一　国际贸易基本理论 ………………………………………………（ 16 ）
　　单元二　国际贸易政策措施 ………………………………………………（ 26 ）
　　单元三　全球多边贸易体制与区域经济一体化 …………………………（ 45 ）
　　单元四　对外贸易与经济发展 ……………………………………………（ 60 ）

项目二　进出口业务基础 ………………………………………………………（ 67 ）

　　单元五　交易标的 …………………………………………………………（ 67 ）
　　单元六　交易价格 …………………………………………………………（ 81 ）
　　单元七　货物交付 …………………………………………………………（101）
　　单元八　货物保险 …………………………………………………………（118）
　　单元九　货款收付 …………………………………………………………（133）
　　单元十　预防与解决争议 …………………………………………………（157）

项目三　进出口实务操作 ………………………………………………………（170）

　　单元十一　交易前准备 ……………………………………………………（170）

单元十二　交易磋商　订立合同 …………………………………………（177）
单元十三　履行出口合同 ……………………………………………………（193）
单元十四　履行进口合同 ……………………………………………………（228）

项目四　**新型国际贸易模式** ………………………………………………（253）

单元十五　跨境电子商务 ……………………………………………………（253）
单元十六　其他新型国际贸易模式 …………………………………………（271）

导论　走近国际贸易

【单元导学单】

学习目标

素质目标：提升经济学基本素养；树立国际发展理念。

知识目标：了解国际贸易的产生和发展；熟悉主要国际贸易方式；掌握国际贸易相关基本概念。

能力目标：能简单介绍国际贸易的产生和发展；能说明国际贸易与国内贸易的区别；能阐述国际分工的产生与发展过程。

重难点

重点：国际贸易相关基本概念；新型国际贸易方式。

难点：国际分工与世界市场；对外贸易依存度、贸易条件。

【知识结构图】

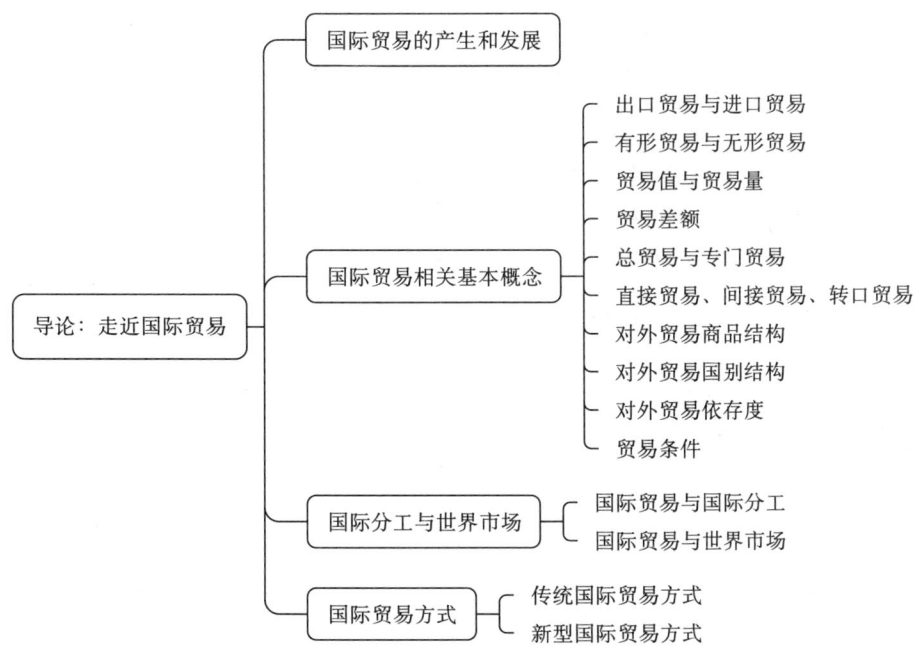

【导入案例】

在中国，提到国际贸易，人们首先会想到"广交会"、阿里巴巴、义乌等。"广交会"全称为中国进出口商品交易会，创办于1957年春，每年春秋两季在广州举办，吸引数以万计的国内外客商参加。阿里巴巴是中国著名的跨境电子商务平台企业，大量的中国企业通过阿里巴巴国际站等平台将优质的"中国制造"产品销售给全球客户。义乌，浙江省的一个县级市，凭借"小商品"魅力，吸引了大量国际客商前来采购，2023年入境外商达36.87万人次，其中常住外商有2.1万人。

思考：什么是国际贸易？国际贸易对企业、对国家意味着什么？

国际贸易（International Trade）指世界上各国（或地区）之间进行的商品和服务的交换活动。它是各国（或地区）之间分工的表现形式，反映了世界各国（或地区）之间在经济上的密切联系和相互依赖。

从某一个国家角度来讲，国际贸易称作对外贸易。对外贸易（Foreign Trade）指一个国家（或地区）与其他国家（或地区）之间进行的商品和服务的交换。某些沿海国家，尤其是一些海岛国家，如英国和日本等，还常称作海外贸易（Oversea Trade）。

知识点1：国际贸易的产生和发展

国际贸易产生于原始社会末期。它的产生必须具备两个条件，即可供交换的剩余产品和各自为政的社会实体。在原始社会初期，人类处于自然分工状态，生产力水平低下，没有剩余产品，没有私有制，没有阶级和国家，也就不存在对外贸易。随着生产力的发展，人类社会第一次社会大分工后，产品开始出现了少量剩余，并在氏族公社、部落之间出现了剩余产品的交换。第二次社会大分工使手工业从农牧业中分离出来，不仅为人类提供了日益丰富的剩余产品，而且促成了以交换为目的的商品生产的出现，并使商品交换由物物交换变成了以货币为媒介的商品流通，加速了私有制和阶级的形成。第三次社会大分工使商业从手工业和农业中分离出来，商业和商人的出现使商品生产和商品交换更加广泛和频繁，从而形成阶级和国家，这时商品流通超出了国界，国际贸易产生了。

奴隶社会时期，进入贸易领域的商品主要是供奴隶主和王室享乐的宝石、装饰品、织物、香料和奴隶。中国在夏商时期就进入了奴隶社会，其贸易主要集中在黄河流域。

封建社会时期，国际贸易有了较大发展，但商品经济仍处于从属地位，国际贸易的规模有限。奢侈品仍是国际贸易中的主要商品，西方国家以呢绒、酒等换取东方国家的丝绸、香料和珠宝等。

进入资本主义社会，国际贸易得到了大发展。资本主义生产方式准备时期，由于地理大发现、殖民制度的建立和海外贸易公司的出现使世界市场初步形成，此时国际贸易的商品结构也发生了很大的变化。除了奢侈品外，工业原料和食品的比重开始增加，奴隶贸易是当时的重要贸易内容。资本主义自由竞争时期，产业革命为国际贸易提供了坚实的物质基础，国际分工开始形成，国际贸易从原来局部的、地区性的贸易活动转变为全球性的国际贸易，贸易商品的数量有了长足的增长，贸易方式和机构职能也有了创新和发展。进入垄断阶段后，主要资本主义国家的对外贸易被为数不多的垄断组织控制，他们决定着对外贸易的地理方向和商品结构。

20世纪80年代到90年代初，国际贸易进入新贸易保护时期。进入90年代，自由贸易政策抬头，国际贸易的协调加强，世界贸易组织（以下简称"世贸组织"）代替关税与贸易总协定（以下简称"关贸总协定"），以地缘经济为特征的贸易集团取代了以政治联盟为基础的贸易联盟，贸易集团化格局基本确立，全球一体化的步伐加快，服务贸易的比重相对于货物贸易加快上升，制成品中的技术产品，特别是高新技术产品的比重大幅度增加。21世纪以来，虽然世贸组织新一轮谈判受阻，但是数字贸易发展日新月异，世界经济全球化的趋势依然还在以区域经济一体化的形式持续深入发展。全球国际贸易额不断突破新高，产业间国际分工更加明显。当前，世界再次面临百年未有之大变局，国际贸易已经成为各国产业竞争的新热点。

【知识拓展】国际贸易与国内贸易的区别

国际贸易与国内贸易相比，面临更加复杂的情况：语言不同；法律、风俗、商业习惯不同；货币和度量衡制度不同；国际贸易面临的障碍多；国际市场调查困难；交易接洽、争议处理困难多；货物运输与保险更复杂。因而，国际贸易的风险比国内贸易大，表现在：

1. 信用风险。国际贸易中，买卖双方对对方的资信情况的了解比较困难，而且在较长时间的交易过程当中双方资信情况还可能发生较大的变化。

2. 商业风险。国际贸易中，因货物与样品不符、单证不符、交货期延误和运输延迟等原因，给交易双方带来比较大的商业风险。

3. 汇兑风险。国际贸易通常使用国际通用货币计价、结算和支付。由于各国货币与国际通用货币之间汇率随着各国经济情况的变化而不断产生波动，使交易双方都面对着汇兑风险。

4. 运输风险。国际贸易中的货物运输因时间长、路程远、环节多、数量大等而面临着更大概率的自然灾害和意外事故。

5. 价格风险。国际贸易中交易双方从签约到交货都有较长的时间间隔，这期间货物价格的变化难以预料，产生价格风险。

6. 政治风险。贸易双方的政局变动、贸易政策和法令的变动等难以预测政治因素给国际贸易带来的风险比国内贸易要大得多。

知识点2：国际贸易相关基本概念

1. 出口贸易与进口贸易。

出口贸易（Export Trade）指将本国生产和加工的商品运往他国销售，又称输出贸易。从国外进口的商品没有在国内销售，未经过加工就再出口，称为复出口（Re-export Trade）。

进口贸易（Import Trade）指将外国商品输入本国国内市场销售，又称输入贸易。本国出口的商品出口后未经加工又原样输回本国叫作复进口（Re-import Trade）。

一国往往在同一类商品上既有出口又有进口，如果出口量大于进口量叫作净出口，如果出口量小于进口量叫作净进口。例如，2024年我国集成电路产品出口11351.6亿元人民币，进口27445亿元人民币，该年度我国集成电路产品净进口16093.4亿元人民币。

2. 有形贸易与无形贸易。

有形贸易（Visible Trade）又叫有形商品贸易，指有具体的实物形态的，可以看得见的货物贸易。

无形贸易指没有实物形态的技术和服务的进出口，包括技术贸易和服务贸易。例如，专利使用权的转让、旅游、金融保险企业及跨国提供服务等。

有形贸易要经过海关报关手续，其进出口额反映在海关统计上。服务贸易不经过海关报关手续，通常不表现在海关统计上。但两者的外汇收支都是一国国际收支的重要组成部分。

【知识拓展】国际贸易货物和服务分类

《联合国国际贸易标准分类》（Standard International Trade Classification，SITC）将国际货物贸易分为以下10大类：0类为食品级主要食用的鲜活动物；1类为饮料及烟草类；2类为非食用原料（燃料除外）；3类为矿物燃料、润滑油及有关原料；4类为动植物、油脂和蜡；5类为未列明的化学成品和有关产品；6类为按原料分类的制成品；7类为机械及运输设备；8类为杂项制品；9类为未分类的其他商品。其中，0—4类为初级产品，5—8类为工业制成品，9类为其他。

世贸组织的《服务贸易总协定》（General Agreement on Trade in Services，GATS）将服务贸易分为四种具体方式。

1. 跨境交付（Cross-border Supply）指服务的提供者在一成员方的领土内，向另一成员方领土内的消费者提供服务的方式，如在中国境内通过电信、邮政、计算机网络等手段实现对境外的外国消费者的服务；

2. 境外消费（Consumption Abroad）指服务提供者在一成员方的领土内，向来自另一成员方的消费者提供服务的方式，如中国公民在其他国家短期居留期间，享受国外的医疗服务；

3. 商业存在（Commercial Presence）指一成员方的服务提供者在另一成员方领土内设立商业机构，在后者领土内为消费者提供服务的方式，如外国服务类企业在中国设立公司为中国企业或个人提供服务；

4. 自然人流动（Movement of Natural Persons）指一成员方的服务提供者以自然人的身份进入另一成员方的领土内提供服务的方式，如某外国律师作为外国律师事务所的驻华代表到中国境内为消费者提供服务。

具体包括以下 12 个部门：商业性服务、通信服务、建筑服务、销售服务、教育服务、环境服务、金融服务、健康和社会服务、旅游及相关服务、文化、娱乐及体育服务、交通运输服务和其他服务部门。

3. 贸易值与贸易量。

贸易值指用货币金额表示的贸易规模，可分为对外贸易值和国际贸易值。对外贸易值（Value of Foreign Trade）又叫对外贸易额，指用货币表示的一国或地区在一定时期的进口额和出口额的总和。国际贸易值（Value of International Trade）又叫国际贸易额，指用统一货币单位表示的世界各国和地区在一定时期的出口总额或进口总额。就国际贸易来看，一国的出口就是另一国的进口，所有国家和地区的进口总额的合计应等于所有国家和地区出口总额的合计。由于各国在统计贸易的规模时，出口值一般以 FOB 价进行统计，而进口值按 CIF 价统计，进口统计中包括了运输费用和保险费用，故一般世界出口值小于世界进口值。为此，在世界贸易统计中，世界贸易值为各国和地区的出口值之和。

用一定年份为基期计算的进口价格或出口价格指数去除当时的进口总值或出口总值，得到相当于按不变价格计算的进口值或出口值，通过这种方法计算出来的单纯反映对外贸易规模的指标，就叫贸易量。

贸易量的计算真实地反映了贸易规模的实际变化。例如，以 2020 年为基期，某国该年的进出口价格指数均定为 100。2024 年该国进口贸易额为 1170 亿美元，出口贸易额为 1200 亿美元。当年该国出口产品价格平均下跌 5%，出口价格指数为 95；进口产品价格平均上涨 3%，进口价格指数为 103。由这些数值可得出该国 2024 年剔除了价格变动因素后的贸易额，即实际的进出口贸易量：

进口贸易量 = 1170 ÷ 103% = 1135.9（亿美元）

出口贸易量 = 1200 ÷ 95% = 1263.15（亿美元）

可见，该国 2024 年的进口贸易额虽然达到 1170 亿美元，但剔除价格变动因素后的实际进口贸易量只有 1135.9 亿美元；而该国 2024 年的出口贸易额虽然只有 1200 亿美元，但剔除价格变动因素后的实际出口贸易量高达 1263.15 亿美元。

4. 贸易差额（Balance of Trade）指一定时期内一国出口总额和进口总额之间的差额。贸易差额用以表明一国或地区对外贸易收支情况。当出口额超过进口额时为贸易顺差或称作出超，进口额超过出口额时为贸易逆差或称作入超。例如2024年我国货物进出口总额为43.85万亿元，其中出口25.45万亿元，进口18.39万亿元，贸易顺差为7.06万亿元。

5. 总贸易与专门贸易。

（1）总贸易（General Trade）指以国境为标准划分的进出口贸易。凡进入国境的货物一律列为进口，凡离开国境的货物一律列为出口。

（2）专门贸易（Special Trade）指以关境为标准划分的进出口贸易。当外国货物进入国境后，暂时存在保税仓库，不进入关境，一律不列为进口。只有从外国进入关境的货物以及从保税仓库提出后进入关境的货物，才列为进口。对于从国内运出关境的本国货物以及进口后未经加工又运出关境的货物列为出口。

【知识拓展】关境与国境

关境指实施同一海关法规和关税制度的境域，即国家（地区）行使海关主权的执法空间，又称"税境"或"海关境域"。海关合作理事会对关境的定义是"完全实施同一海关法的地区"。一般情况下，关境等于国境，但有些国家关境不等于国境。

6. 直接贸易、间接贸易、转口贸易。直接贸易（Direct Trade）指商品生产国与消费国不通过第三者进行货物。间接贸易（Indirect Trade）指商品生产国和商品消费国通过第三国进行贸易。商品生产国和消费国通过第三国进行贸易，对第三国来说就是转口贸易。即使商品直接从生产国运到消费国，但只要两者之间没有发生直接交易关系，是由第三国转口商分别同生产国与消费国发生交易关系，就为转口贸易（Entrepot Trade）。转口贸易和间接贸易实际上是一笔商品的买卖从不同的角度得出的不同的概念。

从转口贸易角度，根据货物是否在中转地加工，可分为纯粹转口贸易和加工转口贸易两种。纯粹转口贸易指中转国的中间商对进口的货物未经加工再出口，当然中间商可将进口货物在当地保税仓库进行分级、混装、加包装、贴标签等。加工转口贸易指货物通关输入到中转国，经加工增值后再输往进口国，这种转口贸易方式不仅可以获得转口利润，还可获加工利润。

7. 对外贸易商品结构指一定时期内一国进出口贸易中各种商品的构成，即某大类或某种商品进出口贸易与整个进出口贸易额之比，以份额表示。

国际贸易商品一般分为初级产品、工业制成品两大类，两大类中又可以具体划分为许多种类。比如将贸易商品按照农产品、纺织服装产品、机电产品、高新技术产品四大类进行统计。贸易商品结构的变化反映了工业化水平的变化对对外贸易商品结构的影响，能反映一国的生产力水平、科技发展水平、在国际贸易中的实力地位和贸易效益。例如，新中国成立初期，我国出口商品中80%以上是初级产品。1978年，初级产品出口比重下降到53.5%，工业制成品出口占到46.5%，2000年以后工业制成品上升到90%以上。2023年，机电产品在出口总额中占比达58.5%，其中，汽车出口522万辆，我国首次成为全球第一大汽车出口国。

8. 对外贸易国别结构又叫对外贸易地区分布、对外贸易地理方向，指一定时期内各个国家或国家集团在一国对外贸易中所占的地位，通常以他们在该国进出口总额或进出口总额中的比重来表示。对外贸易地理方向表明一国出口货物的去向和进口货物的来源，从而反映一国与其他国家或国家集团之间的经济贸易联系程度。

9. 对外贸易依存度指货物与服务贸易额与其国内生产总值或国民生产总值的比值，又称对外贸易系数，可以分为出口依存度和进口依存度。

进口依存度指进口总额占GNP或GDP的比重，它反映一国市场对外的开放程度。

出口依存度指出口总额占GNP或GDP的比重，它反映一国经济对外贸的依赖程度。

对外贸易依存度是开放经济的重要指标之一，可以衡量一国或地区对世界经济变动的敏感性，还可以在一定程度上反映一国的经济发展水平以及参与国际经济的程度。一般来说，对外贸易依存度越高，表明该国经济发展对外贸的依赖程度越大，同时也表明对外贸易在该国国民经济中的地位越重要。比重的变化意味着对外贸易在国民经济中所处地位的变化。

10. 贸易条件（Terms of Trade）又称交换比价或贸易比价，即一个国家或地区在一定时期内的出口商品价格指数与进口商品价格指数之间的比率。也就是说，一个单位的出口商品可以换回多少单位的进口商品。常用的价格贸易条件又称净贸易条件，是用出口价格指数与进口价格指数来计算的，计算公式：

贸易条件 = 出口价格指数/进口价格指数 × 100

如果净贸易条件指数大于100，说明出口价格比进口价格相对上涨，出口商品能换回比原来更多的进口商品，该国的该年度贸易条件比基期有利，贸易条件得到改善。如果贸易条件指数小于100，说明出口价格比进口价格相对下跌，出口商品能换回的进口商品比原来减少，该国的该年度贸易条件恶化了。

例如，假定某国净贸易条件以2020年为基期，即为100。到2024年，该国出口价格指数下降4%为96，进口价格指数上升10%，为110。那么，这个国家2024年的净贸易条件为：$N = 96/110 \times 100 = 87.27$。

这表明该国从2020年到2024年的4年间，净贸易条件从100下降到87.27，贸易条件恶化了12.73。

知识点3：国际分工与世界市场

国际分工是国际贸易和各国（地区）经济联系的基础，世界市场则是开展国际贸易的场所和领域。

1. 国际贸易与国际分工。国际分工指世界上各国（地区）之间的劳动分工，是各国生产者通过世界市场形成的劳动联系,它是社会生产力发展到一定阶段的产物,是社会分工从一国国内向国际延伸的结果,是生产社会化向国际化发展的趋势。

(1) 国际分工的产生与发展阶段。社会分工产生于原始社会末期,而国际分工直到资本主义生产方式确立以后才发展起来。

16世纪至18世纪中叶是国际分工的萌芽阶段。地理大发现和殖民掠夺成为这一时期国际贸易快速发展的推动力,出现了宗主国和殖民地之间最初的分工形式。

18世纪后半期到19世纪末20世纪初是国际分工的形成阶段。这一阶段是资本主义自由竞争时期。由于资本主义国家先后完成工业革命,生产力空前提高并推动社会分工向国际分工的大规模转变,为国际贸易的发展提供了强大的物质技术基础,加速了主要资本主义国家的工业化进程。在这一时期,英国在工业革命中的成就最大。蒸汽机的发明和运用拉大了英国与其他文明区域的技术差距,机械工业从手工业中分离出来的国际分工使19世纪初的英国有"世界工厂"之称。1820年英国的工业产量占世界工业总产量的一半以上,1850年以后英国一半以上的工业制成品被销往国外市场,而工业原料大部分从国外进口。因此,英国是当时的国际贸易的中心。国际贸易的发展进一步推动了以技术为基础的工业国与以自然条件为基础的农业国之间的分工,即殖民地、附属国成为宗主国的工业品销售市场和食品、原料的来源地。

19世纪70年代至20世纪初是国际分工的发展阶段。以电力和内燃机为代表的第二次科技革命兴起,新技术的运用推动了一些新兴行业的发展,同时使世界的交通运输业发生了革命性变化,交通、通信工具的发展、运输费用的下降,使越来越多的国家卷入国际贸易。这一阶段,国际贸易快速发展,国际贸易额增长了3倍。这一时期国际分工的特征是形成了门类比较齐全的产业间国际分工和垂直型国际分工体系。一方面,前一阶段的宗主国与殖民地之间垂直型分工继续向深度和广度发展,分工的中心由英国变为一组国家,工业生产集中在占世界人口少数的欧洲、北美和日本,粮食和原料的生产集中在占世界人口大多数的亚洲、非洲、拉丁美洲国家。另一方面,在工业国之间形成的水平型国际分工也日益发展起来。例如英国侧重于材料工业的钢铁生产,德国侧重于发展化学工业,挪威着重开展铝的专业化生产,芬兰则主要生产木材加工工业。各种类型国家之间的相互依赖关系进一步加强。

第二次世界大战后是国际分工深化阶段。20世纪30年代的大萧条推动了国家垄断资本主义的发展,随着第二次世界大战后社会主义阵营的形成,国际政治经济格局发生了巨大变化,资本主义国家和社会主义国家长期对峙,国际分工格局发生了很大变化。20世纪40年代和50年代开始的第三次科技革命导致了一系列新兴工业部门的诞生,如高分子合成工业、原子能工业、电子工业、宇航工业等。对深化国际加工产生了广泛的影响,使国际加工的形式和趋向发生了很大的变化:①格局发生变化。以自然资源为基础的国际分工发展为以现代工艺、技术为基础的分工,工业国与工业国之间的分工占主导地位，工业国与农业国、矿业国之间的分工逐步削弱。②形式发生变化。由垂直型分工向水平型分工过渡，各产业部门内部的分工加强。发达国家与发展中国家之间的国际分工有所发展，国际分工由有形商品领域向服务业领域扩展。③机制发生变化。跨国公司的作用加强，出现了有组织的"协议式"的国际分工，区域性经贸集团成员国之间的分工关系加强。

21 世纪是国际分工的持续深化发展阶段。进入 21 世纪以来，在以信息技术为代表的新技术的推动下，国际分工随着世界经济全球化的深入持续深化发展，广大发展中国家不断深度参与国际分工，产生了一系列新兴经济体。国际分工使各个国家乃至各个企业的经营活动无法完全独立于整个世界经济体制运行之外。电子商务的发展和国际物流网络的完善带来了国际分工的再调整和国际市场的重新划分，开拓了贸易体制和产业结构变革的新局面，高科技产业带动了与知识产权有关的国际贸易活动，服务贸易加大了国际分工的步伐。细化的分工种类和名目繁多的贸易项目，代表了 21 世纪国际分工的新特征。但是更加深入和复杂的国际分工也带来了国际产业链安全的隐忧，某一地区甚至某一企业发生的小概率事件也极有可能产生"蝴蝶效应"，引发全球经济的波动。

（2）国际分工的类型。按参加国际分工经济体的生产技术水平和工业发展情况的差异，可分为垂直型分工、水平型分工和混合型分工。

①垂直型分工指经济技术发展水平不同的国家之间的分工，在贸易上的表现则是出口原料、进口制成品或出口制成品、进口原料。

垂直分工主要分为两种：一种指部分国家供给原料或初级产品，而另一部分国家供给制成品的分工形态，如发展中国家生产初级产品，发达国家生产工业制成品，这是不同国家在不同产业间的垂直分工；另一种指同一产业内技术密集程度较高的产品与技术密集程度较低的产品之间的分工，或同一产品的生产过程中技术密集程度较高的工序与技术密集程度较低的工序之间的分工，这是相同产业内部因技术差距引致的分工。

②水平型分工指经济发展水平相同或接近的国家（如发达国家以及一部分新兴工业化国家）之间在工业制成品生产上的分工。当代发达国家的相互贸易主要是建立在水平型分工的基础上的。

水平分工可分为产业内与产业间水平分工。前者又称为"差异产品分工"，指同一产业内不同厂商生产的产品虽有相同或相近的技术程度，但其外观设计、内在质量、规格、品种、商标、牌号或价格有所差异，从而产生的分工和相互交换，它反映了寡头企业的竞争和消费者偏好的多样化。后者则指不同产业所生产的制成品之间的分工和贸易。

③混合型分工即垂直型和水平型混合起来的国际分工。从一个国家来看，它在国

际分工体系中既参与"垂直型"的分工,也参与"水平型"的分工。例如,德国是混合型国际分工的代表,它对发展中国家是垂直型的,而对其他发达国家是水平型的。

2. 国际贸易与世界市场。

世界市场是世界各国之间进行商品和服务交换的领域,包括由国际分工联系起来的各个国家商品和服务交换的总和。

世界市场这一概念是由其外延和内涵两方面构成的。世界市场的外延指的是它的地理范围。世界市场的内涵指的是与交换过程有关的全部条件和交换的结果,包括商品(或服务)、货币、运输、保险等业务,其中商品(或服务)是主体,其他业务是围绕商品(或服务)交换衍生的。

(1)世界市场的构成要素。国家与地区;贸易主体(订约人);交易标的(商品或服务);交易场所与渠道;运输和信息媒体网络;国际物流;市场管理与协调机构。

(2)进入世界市场的方式。

①出口,分为间接出口和直接出口两种形式。间接出口指企业将生产出来的产品卖给国内出口商或委托国内的代理机构,由其负责经营出口业务。直接出口指企业利用海外的经销商,或者国外的代理商把产品直接卖给国外的客户,而不通过国内的中介机构。直接出口有下面几种形式:直接卖给最终用户、合作出口、利用国内外的经销商、设立驻外办事机构、建立国外营销子公司。

②许可贸易,指企业(许可方)授权国外另一企业(被许可签订许可协议)在一定期间和范围内使用本企业的专利权、版权、工艺方面的诀窍等从事生产和销售,以向对方收取许可费用作为回报的贸易方式。

③国外生产,指具有某种生产能力的企业把生产移到他国领土上就地生产和销售。国外生产已经成为企业进入国际市场的一种非常重要的渠道。国外生产可以采用国外组装业务、合同制、建立海外合营企业、国外独资生产等形式。

(3)世界市场价格,也称国际价格或国际市场价格,指国际市场上在一定时期内客观形成的一种商品在国际贸易中被广泛承认的具有代表性的成交价格。

①世界"自由市场"价格,指在国际上不受垄断或国家垄断力量干扰的条件下由独立经营的买者和卖者之间进行交易的价格,国际供求关系是这种价格形成的客观基础。联合国贸易发展会议所发表的统计中,把美国谷物交易所的小麦价格、玉米(阿根廷)的英国到岸价格,大米(泰国)的曼谷离岸价格,咖啡的纽约港交货价格等36种初级产品的价格列为世界"自由市场"价格。

②世界"封闭市场"价格,是买卖双方在一定的特殊关系下形成的价格,商品在国际上的供求关系一般对它不会产生实质性的影响。世界封闭市场价格的类型包括两种。一是调拨价格,又称转移价格,指跨国公司出于最大限度地减轻税负,逃避东道国的外汇管制等目的,在公司内部规定的购买商品的价格。二是垄断价格,指国际垄

断组织利用其经济力量和市场控制力量决定的价格，又分为卖方垄断价格和买方垄断价格。前者是高于商品的国际价值的价格，后者是低于商品的国际市场的价格。

③区域性经济贸易集团内的价格。第二次世界大战后，成立了许多区域性的经济贸易集团，集团内部形成了区域性经济贸易集团内价格，如欧洲经济共同体的共同农业政策中的共同价格。

④国际商品协定下的协定价格。商品协定通常采用最低价格和最高价格等办法来稳定商品价格，当有关商品价格降到最低价格以下时，就减少出口，或用缓冲基金收购商品，当市价超过最高价格时，则扩大出口或抛售缓冲存货。

知识点 4：国际贸易方式

1. 传统国际贸易方式。

（1）一般贸易，即为单纯进出口贸易，是最基础、最常见的贸易方式，买卖双方不需要固定场所进行的单纯的商品买卖。其特点是：买卖双方自由选择交易对象；通过函电或当面洽谈商品的品种、规格、数量、运输、保险、交货方式、付款条件，在相互同意的基础上签订合同，据此执行。

（2）与其他因素相结合的国际贸易方式。

①对等贸易，是一种进出结合，以进带出的贸易方式，即在互惠的前提下，由贸易双方达成协议，规定买卖双方必须相互购买或交换对方的产品，或者一方提供产品和技术时，另一方必须用另外的产品或劳务给予等额支付。主要有易货贸易（Barter Trade）、记账贸易（Accounting Trade）、补偿贸易（Compensation Trade）等具体方式。

②加工贸易，指利用国外资源，在本国加工、制造、装配，然后将产品销往国外的贸易方式。加工贸易方式分为进料加工和来料加工。进料加工是加工方进口有关原料、元器件、配件等加工成制成品出口，是利用国际资源的一种形式。来料加工是甲方按照乙方的要求，把乙方商人提供的原料、辅料加工后将成品交给乙方，收取加工费用。

加工贸易在我国对外贸易中占据重要地位，加工贸易净出口是近年我国进出口顺差的重要来源。1996年，加工贸易进出口额在我国进出口贸易总额中超过一半。最初我国发展加工贸易是以劳动密集型工业制成品开始的，适应了我国劳动力资源丰富的状况，但一般贸易作为直接进出口的贸易方式，能更真实地体现我国外贸主体的实际活力，更直接地反映我国制造业发展水平。加入世贸组织以来，我国一般贸易占比逐年上升，加工贸易占比逐年下降。2019年加工贸易占我国进出口比重下降为25.2%。

③租赁贸易，是把商品购销与一定时间内出让使用权相联系的购销方式。即出租人与承租人双方在订立租赁契约的基础上，出租人以收取一定数量的租金为条件，将商品租给承租人专用，但该出租物的所有权仍属出租人。

④经销与代理。国际贸易中,经销指企业与国外经销商达成书面协议,在约定的经销期限和地区,利用经销商就地推销某种商品的一种方式,有一般经销和独家经销两种。代理指出口人委托客户在特定的地区、特定的商品范围、特定的时期之内,代表出口人办理与贸易有关的事务,并取得一定的佣金。特点是委托人和代理人之间是一种委托、代办的关系,而不是直接买卖关系,提供和收取佣金。代理分为独家代理、一般代理和总代理。

(3) 有固定组织形式的国际贸易方式。

①商品交易所(Commodity Exchange)是进行大宗商品交易的一种特殊交易场所。有如下特点:第一,商品交易所的交易必须在规定的时间和地点进行;第二,商品交易是根据商品的品级标准或样品进行的;第三,商品交易所的交易是通过特定人员在交易所内直接进行的交易。

交易所的交易方式主要有现货交易和期货交易。现货交易又称实物交易,即一手交钱、一手交货、钱货两清,具有即期的特点。商品交易所在这一交易过程中主要是提供交易场所和合同格式以及协助解决争议与纠纷等。期货交易即买卖双方签订一项合同,确定在未来的某一时间交割一定品种或规格、一定数量的商品。这种交易中所签订的合同称为期货合约,期货合约对价格和交货期以外各项交易条件,如品质条件、数量和包装都有统一的规定。

②拍卖。国际商品拍卖(International Commodity Auction)方式指经过专门组织,在一定地点定期举行的现货商品交易。拍卖作为一种实物交易,其交易对象主要是规格复杂而不易标准化的商品,或是难以久存的,或是习惯上采用拍卖方式进行的商品。如茶叶、烟叶、兔毛、皮毛、木材等。某些商品如水貂皮、澳大利亚羊毛,大部分的交易是通过国际拍卖方式进行的。

国际商品拍卖一般有如下特点。第一,拍卖必须预先公告,专门组织,指定时间与地点,尽量把买主集中起来。如果买主来得比较多,拍卖活动就容易开展,反之,拍卖活动则不易成功。第二,在拍卖交易中出售的商品一般是单批的、非标准的商品。事先验看商品是拍卖的必要条件,因为一经成交,卖主或拍卖行对商品的品质都不接受任何索赔。第三,拍卖是一种公开竞买的贸易方式,有增价拍卖、减价拍卖(荷兰式拍卖)两种叫价方式。

③商品展销即在国际商品博览会、展览会进行展览、销售。国际博览会(International Fairs)是在一定地点,在规定的时间和期限内,以固定组织形式由各国商人参加的、有陈列样品的商品交易场所。国际博览会贸易方式具有如下一些特点:国际博览会是一种展卖结合的贸易方式;它是一种规模大、客商多、各国商品集中的贸易方式;这种贸易方式便于各国商品进行广泛交流和竞争,便于寻求贸易伙伴、开拓市场。国际博览会可分为两种:专业性博览会和综合性博览会。

【资料链接】世界上主要的商品交易所　　【资料链接】荷兰的鲜花拍卖　　【资料链接】中国进出口商品交易会和中国国际进口博览会

2. 新型国际贸易方式。

（1）跨境电子商务（Cross-border E-commerce）简称跨境电商，指分属不同关境的交易主体，通过电子商务平台达成交易、进行支付结算，并通过跨境物流送达商品、完成交易的一种国际商业活动。

跨境电子商务从进出口方向分为出口跨境电子商务和进口跨境电子商务。从交易模式分为B2B（企业对企业）跨境电子商务、B2C（企业对个人）跨境电子商务和C2C（个人对个人）跨境电子商务。

①B2B跨境电商，从广义层面来看，指互联网化的企业对企业跨境贸易活动，也即"互联网+传统国际贸易"。从狭义层面来看，指基于电子商务信息平台或交易平台的企业对企业跨境贸易活动。

②B2C跨境电商，企业直接面对国外消费者开展在线销售产品和服务，通过电商平台达成交易、进行支付结算，并通过跨境物流送达商品、完成交易。以销售个人消费品为主，物流方面主要采用航空小包、邮寄、快递等方式。

③C2C跨境电商，指分属不同关境的个人卖方对个人买方开展在线销售产品和服务，通过第三方跨境电商平台发布产品和服务售卖、产品信息、价格等内容，最终通过平台达成交易、进行支付结算，并通过跨境物流送达商品、完成交易。

（2）市场采购贸易方式，指符合条件的经营者在经国家商务主管部门认定的市场集聚区采购的、单票报关单商品货值15万（含）美元以下、在采购地办理出口通关手续的贸易方式。从2013年4月义乌正式开展市场采购贸易方式试点工作，到2022年底已有浙江海宁、江苏海门、河北白沟、山东临沂商城、新疆阿拉山口亚欧商品城等31个市场采购贸易方式试点。

市场采购贸易方式与一般贸易方式的不同。一是海关监管方式不同。如："一般贸易"，海关监管方式代码为"0110"；"旅游购物"，海关监管方式代码为"0139"；而"市场采购"的海关监管方式代码为"1039"。二是税收政策不同。市场采购贸易方式出口的货物直接免征增值税（包括以增值税为计税依据的城建税、教费附加和地方教育附加等），在征收方式上采取不征不退的方式，即市场集聚区的市场经营户未取得或无法取得增值税发票的货物均可以市场采购贸易方式出口。

（3）外贸综合服务指以中小微外贸企业为服务对象，以电子商务为工具，以进出口业务流程服务外包为内容，以供应链服务平台为依托，采用流程化、标准化服务，为中小外贸企业提供一站式通关、物流、退税、外汇、保险、融资等服务。

（4）保税维修。该模式下，企业以保税方式将存在部件损坏、功能失效、质量缺陷等问题的货物（即"待维修货物"）从境外或境内区外运入综保区进行维修，再根据其来源复运至境外或境内区外。保税维修要求经营企业建立符合海关监管要求的管理制度和计算机管理系统，与海关之间实行计算机联网并进行数据交换，实现对维修耗用等信息的全程跟踪，并按海关要求进行申报。

（5）离岸贸易（Offshore Trade），是近二三十年出现的一种新型国际贸易，是国际转口贸易业务的延伸和发展。离岸贸易一般通过离岸公司操作，最关键的特征是订单流、货物流和资金流"三流"分离。离岸公司泛指在离岸法区（如自贸区、自贸港）内成立的公司。离岸公司开展离岸业务通常没有任何税收负担，离岸法区政府一般只向离岸公司征收年度管理费，不再征收其他任何税款。由于离岸贸易涉及的货物主要发挥了金融市场的国际结算功能，对本国（地）的国际贸易统计而言，与涉及的进出口业务毫无意义，因而被称为离岸贸易。

（6）海外仓。海外仓贸易指企业将货物通过快递、空运、海运或者多式联运的方式将货物运送至目的地国（地区）预先建设或租赁的仓库，然后根据销售订单完成快速中转或者本地配送的一种贸易模式。海外仓经常被应用于跨境电商业务，迅捷的物流和售后服务可以大大提高用户消费体验。

阅读·思考·练习

一、查一查

1. 我国当前主要贸易伙伴和双边贸易情况。
2. 所在省、市近年进出口贸易额、贸易差额、对外贸易依存度。

二、阅读以下材料，思考并分析

1. 一百多年前，罗萨·卢森堡曾就德国在经济上对其他国家的依赖作了如下的描述："德国的产品大部分是输往其他国家及其他大陆，以供他国居民需要，其数额逐年不断增大。德国铁制品不仅销售到欧洲邻近诸国，而且远达南美与澳大利亚；皮革及革制品由德国输往所有欧洲国家；玻璃制品、砂糖、手套输往英国……药品、金属品、棉制品和毛织品以及衣服、铁轨，几乎行销全世界所有经商的国家。"

"另一方面，德国国民不管在生产还是日常消费上，每一步都免不掉依赖其他国家的产品。如我们吃俄国谷物制成的面包，匈牙利、丹麦及俄国家畜的肉类；我们消费的米，是从东印度及北美运来的；烟草是从荷属东印度群岛及巴西运来的；我们还从西非获得可可豆，从印度获得胡椒，从美国获得猪油，从中国买到茶叶，从意大利、西班牙、美国买到水果，从巴西、中美、荷属东印度群岛买到咖啡……"

一百多年后的今天，世界范围的生产社会化和国际化更加强了世界各国与地区之间的相互依赖关系，并加强了各国对国际分工的依赖性。请结合你的生活、身边的现象、了解的事例，举例说明当前我国经济与世界各国之间的相互依赖关系。

2. 苹果公司对外公布的 2017 年物料清单显示，iPhone 的供货商有美国、德国、日本、韩国、中国等 14 个国家和地区的 183 家企业。其中，美国、日本和中国台湾省核心零部件供货商数目合计占比达 69.74%。美国供应商主要提供核心芯片、内存和集成电路等核心零部件，日本供应商提供摄像头模组等光学组件及显示面板，中国台湾省供应商主要从事印刷电路板生产、代工中央处理器芯片以及最终组装，韩国供应商提供显示面板和部分芯片。而中国大陆共有 33 家供应商为 iPhone 提供声学组件以及结构件等非核心零部件。183 家供货商共有 748 家工厂为苹果公司供货，遍布欧洲、北美、东亚等区域的 26 个国家和地区。其中的 347 家工厂设在中国大陆，比例高达 46.4%。

项目一　国际贸易理论政策

单元一　国际贸易基本理论

【单元导学单】

学习目标

素质目标：了解国际经济发展规律；树立国际经贸规则意识。

知识目标：熟悉绝对优势理论和比较优势理论；熟悉保护幼稚工业理论和超保护贸易理论；掌握国际贸易理论的发展。

能力目标：能运用自由贸易理论分析国际分工现状；能初步合理运用保护贸易理论分析国际贸易纠纷。

重难点

重点：比较优势理论；保护幼稚工业理论；要素禀赋论。

难点：保护幼稚工业理论；要素禀赋论。

【知识结构图】

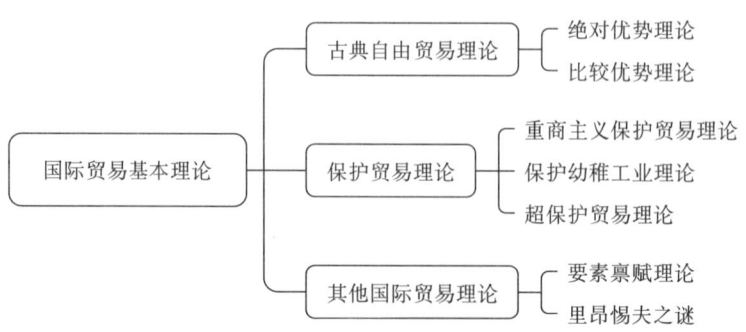

【导入案例】

2024年10月29日，欧盟委员会发布对华电动汽车反补贴调查终裁公告，决定对原产于中国的电动汽车征收为期五年的最终反补贴税。三家中国电动汽车抽样企业（比亚迪、吉利、上汽）最终反补贴税率分别为17.0%、18.8%、35.3%，特斯拉反补贴税率为7.8%，合作非抽样企业反补贴税率为20.7%，其他不合作企业税率为35.3%。终裁自10月30日起实施。

思考：中国出口电动汽车、欧盟对华电动车征收反补贴税分别体现了哪些国际贸易理论的应用？

任务一　学习古典自由贸易理论

古典自由贸易理论起源于18世纪中叶的欧洲，伴随着资本主义经济和国际贸易的快速发展而逐渐形成。这一理论的起源与欧洲的工业革命密切相关，工业革命推动了生产力的提升和国际贸易的发展。古典自由贸易理论的思想可以追溯到英国经济学家亚当·斯密的著作《国富论》。随后，大卫·李嘉图等经济学家进一步发展了这一理论，提出了比较优势理论等核心观点。

知识点1：绝对优势理论

18世纪末，重商主义的贸易观点受到古典经济学派的挑战，亚当·斯密（Adam Smith）在生产分工理论的基础上提出了国际贸易的绝对优势理论。

亚当·斯密（Adam·Smith，1723—1790），英国古典经济学家，国际贸易分工理论的创始人，1776年出版了代表作《国民财富的性质及原因的研究》，后称《国富论》，被誉为经济学的"圣经"。

1. 绝对优势论的理论观点。亚当·斯密认为，分工可以提高劳动生产率，增加国民财富。他以制针业为例说明其观点：分工前，一个粗工每天至多能制造20枚针，分工后，平均每人每天可制造4800枚针，每个工人的劳动生产率提高了几百倍。亚当·斯密进而分析，分工既然可以极大地提高劳动生产率，那么每个人专门从事他最有优势的产品的生产，然后彼此交换，则对每个人都是有利的。裁缝不为自己做鞋子，鞋匠不为自己裁衣服，农场主既不打算自己做鞋子，也不打算缝衣服。他们都认识到，应当把他们的全部精力集中用于比别人有利地位的职业，用自己的产品去交换其他物品，会比自己生产一切物品得到更多的利益。

亚当·斯密由家庭推及国家，认为在国际分工基础上开展国际贸易，对各国都会产生良好效果。他主张，每一个国家都有其适宜于生产某些特定产品的绝对有利的生产条件，如果每一个国家都按照其绝对有利的生产条件（即生产成本绝对低）去进行专业化生产，然后彼此进行交换，则对所有国家都是有利的，世界的财富也会因此而增加。简言之，各国应该集中生产并出口其具有绝对优势的产品，进口其不具有绝对优势的产品。

为了说明观点，亚当·斯密举例（见表1-1）：

表1-1　　　　　　　　单位商品的生产成本（需投入的劳动量）　　　　　（单位：人/年）

国别	葡萄酒	分工前	分工后	节省
英国	120	220	200	20
葡萄牙	80	190	160	30

根据表1-1，很显然英国在生产毛呢上具有绝对成本优势，葡萄牙在生产酒上具有绝对优势，两国施行完全的国际分工，英国应生产毛呢，葡萄牙应集中力量生产酒，然后相互交换，两国都得到好处。

2. 绝对优势论的积极意义。亚当·斯密的国际分工理论对社会经济现象的研究从流通领域转到生产领域，从而对国际贸易问题采取了新的观点，与重商主义相比是一大进步。他认为：生产成本绝对差异的存在是国际分工产生的基础和原因，按绝对成本差异进行国际分工和国际贸易，将使各国的资源、劳动力和资本得到最有效的利用，将会大大提高劳动生产率，增大社会财富。这种关于分工能够提高劳动生产率，参与国际分工、开展国际贸易对各国都有利的见解，虽然经历了200多年的历史，仍具有重大的现实意义。

知识点2：比较优势理论

鉴于绝对优势理论存在一定的局限性，大卫·李嘉图在《政治经济学及赋税原理》中继承和发展了亚当·斯密的理论。

大卫·李嘉图（David Ricardo，1772—1823）是英国产业革命深入发展时期的经济学家，是资产阶级古典经济学的完成者。他1817年出版的《政治经济学及赋税原理》，系统地提出了比较优势理论。

1. 比较优势论的理论观点。李嘉图在《政治经济学及赋税原理》的"论对外贸易"一章中举例，若两个人都能制造鞋和帽，其中一个人在两种职业上都比另一人强些，不过制帽只强20%，而制鞋则强33%，那么这个较强的人专门制鞋，而那个较差的人专门制帽，对双方更有利。由个人推及国家，李嘉图认为国家间也应按"两优取重，两劣取轻"的比较优势原则进行分工。为了说明这个理论，李嘉图沿用了亚当·斯密的例子，稍作修改（见表1-2）：

表1-2　　　　　　　　单位商品的生产成本（需投入的劳动量）　　　　　（单位：人/年）

国别	毛呢	葡萄酒	不分工	分工	节省
英国	100	120	220	200	20
葡萄牙	90	80	170	160	10

从表1-2可以看出，葡萄牙无论生产毛呢还是葡萄酒，其成本都低于英国，即在毛呢和葡萄酒这两种上都具有绝对优势，按绝对优势理论，这两个国家似乎没有发生贸易的机会了。但是李嘉图指出，即使在这样的情况下，两国仍然存在着国际分工和贸易的基础。虽然葡萄牙无论生产毛呢还是葡萄酒的成本都低于英国，具有明显的优势，但是葡萄牙生产葡萄酒的成本比生产毛呢的成本更低，这就是"优势中的优势"/"比较优势"；从英国方面看，尽管无论是生产毛呢还是葡萄酒，英国的生产成本都要高于葡萄牙，但是英国生产毛呢的劣势比葡萄酒的劣势要小些，这就是"劣势中的优势"/"比较优势"。所以两国应在优势中择其最优，在劣势中避其最劣，葡萄牙应集中力量生产葡萄酒，英国应集中力量生产毛呢，然后相互交换，双方都得到更大利益。

2. 比较优势论的积极意义。比较优势理论的问世，标志着国际贸易学说总体系的建立，其作为反映国际贸易领域客观存在的经济运行的一般原则和规律的学说，具有很高的科学价值和现实意义。

（1）比较优势理论比绝对优势理论更全面、更深刻地指出了国际贸易的基础，并指出了任何国家都有参与国际分工和国际贸易的可能性。国际贸易不仅产生于绝对成本的差异，而且产生于比较成本的差异，一国只要按比较优势原则即"两优取重，两劣取轻"参与国际分工和国际贸易，就可获利。这一理论为世界各国参与国际分工和国际贸易提供了理论依据，成为国际贸易的一大基石。

（2）比较优势理论在历史上起过进步作用。它为自由贸易政策提供了有力的理论武器，而自由贸易又促进了当时英国的资本积累和生产力的发展，因此，该理论在推动自由贸易，促进社会经济发展方面所起的作用是不容置疑的。

任务二　学习保护贸易理论

保护贸易理论是与自由贸易理论相对的国际贸易理论，主张国家通过关税、限制进口数量、发放补贴以及更广泛的非关税壁垒等手段，阻止外国竞争，以扶植、加强和保全国内产业。保护贸易理论主要包括重商主义保护贸易理论、保护幼稚工业理论和超保护贸易理论等。

知识点1：重商主义保护贸易理论

重商主义（Mercantilism）也称"商业本位"，是西欧封建制度向资本主义制度过渡时期（资本原始积累时期）受到普遍推崇的一种经济哲学和政治经济体制，代表了15世纪至17世纪欧洲资本原始积累时期的商业资本阶级的利益。这个时期，正是封建社会趋于瓦解，资本主义生产方式形成的准备时期。社会经济活动发生了明显的变化：商业活动范围迅速扩大，海上贸易已趋成形；大量金银流入，商业货币关系急剧发展；社会财富由土地向金银货币转移，金银货币成为全社会追求的对象。

重商主义认为贵金属（货币）是衡量财富的唯一标准，一切经济活动的目的就是为了获取金银，除了开采金银矿以外，对外贸易是货币财富的真正的来源。因此，要使国家变得富强，就应尽量使出口大于进口，因为贸易出超才会导致贵金属的净流入。一国拥有的贵金属越多，就会越富有、越强大。因此，政府应该竭力鼓励出口，不主张甚至限制商品（尤其是奢侈品）进口。

重商主义的发展经历了早期重商主义和晚期重商主义两个阶段。

早期重商主义（15—16世纪中叶）以货币差额论为中心（即重金主义），强调少买，代表人物为英国的威廉·斯塔福。早期重商主义者主张采取行政手段，禁止货币输出，反对商品输入，以贮藏尽量多的货币。一些国家还要求外国人来本国进行交易时，必须将其销售货物的全部款项用于购买本国货物或在本国花费掉。

晚期重商主义（16世纪下半叶到17世纪）的中心思想是贸易差额论，强调多卖，代表人物为托马斯·孟。他认为对外贸易必须做到商品的输出总值大于输入总值（即卖给外国人的商品总值应大于购买他们商品的总值），以增加货币流入量。16世纪下半叶，西欧各国力图通过实施奖励出口，限制进口，即奖出限入的政策措施，保证对外贸易出超，以达到金银流入的目的。

重商主义的政策、理论在历史上曾促进了资本的原始积累，推动了资本主义产生方式的建立与发展。

知识点2：保护幼稚工业理论

当英国完成第一次工业革命时，德国仍然是个农业国家。英国等先进工业国打着自由贸易的旗号，强烈冲击着德国脆弱的民族工业。德国经济学家弗里德里希·李斯特（1789—1846）对此有着清醒的认识：自由贸易反映的是英国作为先发国的利益，德国需要贸易保护，因为它处在后发的位置上。如果按部就班跟着走，只能永远为英国伐木或者牧羊，成为被掠夺的对象。为此，1841年，李斯特提出了影响深远的"幼稚工业保护论"，抨击了英国古典学派的自由放任和"世界主义"政策，认为它忽视了国家的作用和不同国家经济发展的民族特点。

1. 保护幼稚工业理论的主要观点。

（1）生产力论。李斯特强调发展生产力，指出"财富的生产力比之财富本身，不晓得要重要到多少倍。"认为经济落后国家参与国际分工和交换的目的是发展本国的生产力，强调一国采取什么样的对外贸易政策，应首先着眼于生产力的发展，而不能局限于目前从贸易中获得了多少利益。

（2）经济发展阶段论。李斯特认为，各国经济发展一般要经历五个时期，即原始未开化时期、畜牧时期、农业时期、农工业时期、农工商时期。各国所处的经济发展阶段不同，应采取适合本国经济特点的对外贸易政策。处于农业阶段的国家应实行自由贸易政策，以利于农产品的自由输出，以便促进本国农业的发展，培育本国工业化的基础。处于农工业阶段的国家，由于本国的工业刚刚起步，为避免国外竞争对本国工业的猛烈冲击，就必须坚决实行贸易保护制度。一旦进入经济发展的最后一个阶段，即农工商时期，足以同先进国家进行商品竞争时，保护贸易政策则应取消。

（3）国家干预经济。李斯特指出，要想发展生产力，必须借助国家力量，而不能听任经济自发地实现其转变和增长。他承认当时英国工商业的发展，但认为英国工商业的发展也是由于当初政府的扶植政策所造成的。德国正处于类似英国发展初期的状况，应实行在国家干预下的保护贸易政策，具体包括：①保护的对象：主要是那些对国家经济有重要意义并且具有潜在发展优势的幼稚工业；②保护贸易的手段：通过禁止输入与征收高关税的办法来保护幼稚工业，以免税或征收轻微进口税的方式鼓励复杂机器的进口；③保护的程度：对不同的行业给予不同程度的保护，有些国内急需发展的产品，用高税率禁止或大量限制同类产品的进口，而对于那些比较贵重和精细、国内生产又比较困难的和比较易于引起走私的物品，税率应适当低一些；④保护的期限：保护时间也不宜太长，最长为30年。

2. 保护幼稚工业理论的积极意义。

（1）保护幼稚工业理论发展了重商主义的保护贸易理论，以经济发展阶段论和生产力论为基础，充分论证了落后国家实行贸易保护的必要性、阶段性、动态性，并提出了具体的政策建议，从而建立了贸易保护的完整体系，确立了贸易保护理论在国际贸易理论中的牢固地位。

（2）其贸易保护理论反映了经济发展水平落后的国家独立自主地发展民族工业的正当要求和愿望。

（3）在保护政策扶植下，经过1843年、1846年两次提高关税，德国经济确实在短期内有了迅速的发展，终于赶上了英国、法国等。同时，该理论也给当今发展中国家在不合理的国际经济秩序中如何发展自己提供了有益的借鉴。

知识点3：超保护贸易理论

超保护贸易理论（Super – Protective Theory）的代表人物是20世纪英国最著名的经济学家凯恩斯（John M. Keyens）。1929—1933年发生了资本主义发展史上波及范围最广、打击最为沉重的世界经济危机，危机使得凯恩斯改变了原来的自由贸易立场，开始批评自由贸易理论。1936年，凯恩斯出版的《就业、利息和货币通论》阐述了凯恩斯主义经济思想，主张国家干预代替自由竞争。

1. 超保护贸易理论的主要观点。凯恩斯的对外贸易理论主要是对外贸易乘数理论。

对外贸易乘数（Foreign Trade Muliplier）理论是凯恩斯投资乘数在对外贸易方面

的运用。他认为,一国出口和国内投资一样,有增加国民收入的作用;一国的进口则与国内储蓄一样,有减少国民收入的作用。当商品、劳务出口时,从国外得到的货币收入,会使出口产业部门收入增加,消费也增加,它必然引起其他产业部门生产增加,就业增多,收入增加……如此反复下去,收入增加量将为出口增加量的若干倍。当商品、劳务进口时,必然向国外支付货币,于是收入减少,消费随之下降,与储蓄一样,成为国民收入中的漏洞。他们得出结论:只有当贸易为出超或国际收支为顺差时,对外贸易才能增加一国就业量,提高国民的收入。此时,国民收入的增加量将为贸易顺差的若干倍。

因此,凯恩斯主张政府干预对外贸易,奖出限入,实行超保护贸易政策,采取各种手段和保护措施,减少进口,扩大出口,造成对外贸易顺差,促进国内经济发展。

2. 超保护贸易理论的评价。

(1) 以凯恩斯革命为标志的西方宏观经济学理论,把国际贸易作为影响整个经济运行的一个重要因素,认为其既影响总供给水平,也影响总需求水平,是决定宏观经济均衡的一个不可忽视的变量,利用对外贸易可以促进国内经济发展的良性循环。尤其是对外贸易乘数理论,在一定程度上反映了对外贸易与国民经济发展之间的内在规律性。

(2) 该理论主要是从政策入手,认为实行超保护贸易政策的根本宗旨是保护国内先进的和发达的工业以增强其在国际市场上的垄断地位。

(3) 凯恩斯超保护贸易理论与传统的保护贸易理论是有区别的,其中本质的区别是保护对象的不同。传统的保护贸易政策保护的对象是国内幼稚工业,而超保护贸易理论更多地保护高度发展的资本主义工业,保护其在国际竞争中的垄断地位,从而维护资产阶级利益。

任务三 了解其他国际贸易理论

知识点1:要素禀赋理论

要素禀赋理论又称要素禀赋说、赫-俄模式,由瑞典经济学家赫克歇尔首先提出,后又由他的学生俄林(1977年诺贝尔经济学奖获得者)加以发展。该理论继承和发展了李嘉图的比较优势理论,用生产要素的丰缺来解释国际贸易产生的原因和贸易的流向。这一理论的建立被誉为是西方国际贸易理论从古典发展到现在的标志,与李嘉图的比较优势理论并列为国际贸易理论的两大基石。

1. 要素禀赋理论的主要观点。赫克歇尔认为,两国间产生比较成本差异必须有两个前提:(1) 两国的要素禀赋程度不同;(2) 不同产品生产过程中所使用的要素比例不一样。这两点是国际贸易产生的前提条件。俄林认为在生产活动中，除了劳动起作用外，还有资本、土地、技术等生产要素，各国产品成本的不同，必须同时考虑到各个生产要素。同类产品存在的价格绝对差是各国进行交易的直接基础，而引起各国同类物品价格不同的原因是多方面的，最关键的是各国生产各种物品的成本比率不同，而成本比率是由使用要素的价格差别决定的，而要素价格是由要素相对存量决定的，要素存量则是由要素供给决定的，要素供给又是由要素禀赋决定的。

也就是说，各国的生产要素禀赋状况不同，从而生产要素价格比例不同，这样导致商品比较成本不同。比如，有的国家土地丰富，有的国家资本丰富，有的国家劳动力丰富，按照价格的相互依存原理，在一国/地区范围内，某种生产要素的供给丰富，这种生产要素的报酬就低，密集使用这种生产要素的商品也相应便宜，即成本低。

因此，一国应该出口丰裕要素密集型产品，即在出口商品生产中密集使用丰裕生产要素；进口稀缺要素密集型产品，即进口密集使用稀缺生产要素的商品。

2. 要素禀赋论的积极意义。该理论被西方经济学家誉为现代国际贸易理论中最重要的基础理论之一。主张根据生产要素禀赋和商品的要素密集性在各国进行专业分工，使各国通过贸易相互得到利益，反映了比较优势理论的基本思想，且更为深入和全面。它指出了土地、劳动力、资本、技术等生产要素在各国的对外贸易中的重要作用，这对于一个国家如何利用本国的资源优势参与国际分工以获得贸易利益，无疑具有积极意义。

知识点 2：里昂惕夫之谜

沃西里·里昂惕夫（Vassily W Leontief，1906—1999），著名的俄裔美国经济学家，1973 年的诺贝尔经济学奖获得者。里昂惕夫利用投入—产出模型对 1947 年和 1951 年的美国 200 个行业的对外贸易商品结构进行了分析，两次的实证检验都表明：美国进口的是资本密集型产品，出口的是劳动密集型产品。而根据赫克歇尔—俄林理论，美国作为资本丰富的国家，应该出口资本密集型产品，进口劳动密集型产品。这一推论与实证结果之间的矛盾被称为"里昂惕夫之谜"，也称作里昂惕夫悖论。

里昂惕夫的结论是第二次世界大战以后首次对传统的国际贸易理论提出的严峻挑战。这对经验性与理论性研究起到了巨大的促进作用。它促使经济学家们更加积极地去寻求能正确解释国际贸易产生的相关基础理论，从而有力地推动了国际贸易理论的发展。

对里昂惕夫之谜的解释如下。

1. 人力资本说（Human Capital Theory）是美国经济学家凯南（P. B. Kenen）等人提出的。他们以人力资本投入的差异来解释美国对外贸易商品结构。人力资本指资本与劳动结合而形成的一种新的生产要素，包括所有能够提高劳动生产率的教育投资、技术培训等方面投入的资本。国际贸易商品生产所需的资本应包括有形资本与无形资本两部分，而里昂惕夫计算的资本只包括有形资本，而忽略了无形资本。如果在计算资本密度时把人力资本的价值加在有形资本的价值上，那么美国出口的便是资本密集型产品，进口的是劳动密集型产品。

2. 需求偏好差异说。赫克歇尔－俄林理论成立的一个前提假定是贸易国双方的需求偏好是无差异的，因此消费结构也是相同的。实际上，贸易各国国民需求偏好是不相同的，而且这种偏好会强烈地影响国际贸易方式。消费偏好的力量使美国违背了其在生产成本上的比较优势，将劳动密集型产品出口国外，将资本密集型产品留在国内消费。

3. 要素密集度逆转说（Factor-intensity Reversal）指一种给定的商品在劳动力丰裕的国家生产就是劳动密集型产品，在资本丰裕的国家生产就是资本密集型产品。由于每一个国家生产要素价格不同，就有可能出现这样的情况：资本丰裕而劳动力稀缺的国家，例如美国，由于劳动力价格昂贵而资本便宜，往往会在劳动密集型产品，如玩具的生产中使用更多的资本而非劳动力，玩具在美国就变成了资本密集型产品。一旦要素密集型发生逆转，一种商品究竟是劳动密集型产品还是资本密集型产品就没有一个绝对的标准。又如，同样是生产小麦或大豆，在美国是更多地使用化肥、农药、农业机械的生产过程，因而可能是资本密集型产品；但在大多数发展中国家，其生产过程主要是靠人力耕作、除草、施肥、晾晒等，因而是典型的劳动密集型产品。

4. 自然资源说。在赫克歇尔－俄林理论中，只考虑了两种生产要素即资本和劳动力，而忽略了自然资源要素，如土地、矿藏、森林、水资源等，而自然资源要素与资本要素之间存在相互替代关系。美国学者凡涅克（J. Vanek）在1959年指出，里昂惕夫进行研究时，只局限于劳动力和资本两种投入，没有考虑自然资源的影响。实际上美国进口的资本密集型产品中包含了大量资源密集型产品。换言之，美国实际上进口的是其稀缺的自然资源，而不是资本。

5. 贸易保护说。赫克歇尔－俄林理论是建立在完全自由竞争的假设之上的，而现实的国际贸易中存在着大量的关税和非关税壁垒，是一个不完全竞争市场，尤其是在战争初期。一些经济学家认为，里昂惕夫的结论受到关税和贸易壁垒的影响。由于国际商品流动要受贸易参加国关税及非关税的限制，这就使建立在完全竞争的市场假设前提下赫克歇尔－俄林理论不能成立。

阅读·思考·练习

一、阅读以下内容，试用所学国际贸易理论进行分析

第二次世界大战后，发生了三次大的国际产业转移：第一次发生在20世纪五六十年代,第三次科技革命的爆发,使美国对其国内产业结构深度调整,将钢铁、纺织的传统产业转移到日本和德国;第二次发生在20世纪七八十年代,日本经济快速发展,产业结构不断升级,推动了东亚地区的产业转移,引领了东亚地区的"雁阵飞翔",催生了亚洲"四小龙"的经济发展奇迹;第三次发生在20世纪90年代后,美、日、德等大力发展新材料、新能源等高新技术产业,进一步把劳动、资本密集型产业和部分低附加值的技术密集型产业转移到海外。亚洲新兴经济体承接了美、日、德等国家转移出来的重化工业和微电子等高科技产业,并把部分失去比较优势的劳动密集型产业和一部分资本技术密集型产业转移到中国和东南亚国家,带动了这些国家经济发展和产业结构的升级,促进了其工业化进程。我国成为第三次产业转移的核心,也是历史上接受产业转移最多的国家。

二、查找资料并分析

有人说,中美贸易不平衡归根结底是由两国经济结构、产业竞争力和国际产业分工决定的,怎么理解这句话?

单元二　国际贸易政策措施

【单元导学单】

学习目标

素质目标：了解世界贸易发展趋势；树立国际经贸规则意识；树立社会责任感和大国担当意识。

知识目标：熟悉国际贸易政策的内容和类型；掌握各种关税和非关税措施；掌握主要的出口促进措施；熟悉出口管制措施。

能力目标：能运用所学的关税和非关税知识分析并解决实际问题；能运用出口促进措施降低成本，增强国际竞争力。

重难点

重点：关税措施；非关税措施；出口促进措施。

难点：关税措施；非关税措施。

【知识结构图】

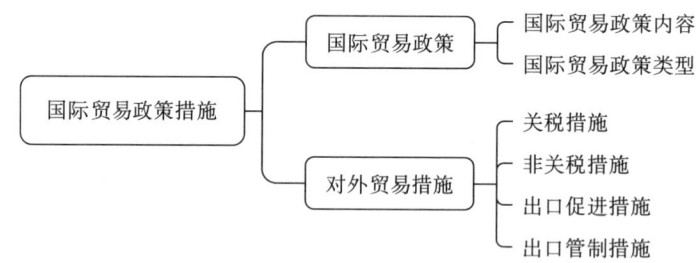

【导入案例】

2024年12月2日，美国政府宣布了一系列针对中国半导体出口管制措施，将36家中国实体和4家中国实体海外子公司列入出口管制清单，限制半导体制造设备及存储芯片等物项对华出口。对此，中方迅速作出反应，12月3日，中国商务部正式发布公告，宣布加强相关两用物项对美国的出口管制。根据商务部公告，为维护国家安全和利益、履行防扩散等国际义务，中方决定禁止两用物项对美国军事用户或军事用途出口，并原则上不予许可镓、锗、锑、超硬材料相关两用物项对美国出口。对石墨两用物项对美国出口，将实施更严格的最终用户和最终用途审查。任何国家和地区的组织或个人，违反上述规定，将依法追究法律责任。

思考：什么是出口管制？管制的目的和商品类型有哪些？

任务一 了解国际贸易政策

国际贸易政策是各国在一定时期内对进出口贸易所制定和实行的政策。它是一国总的经济政策的组成部分，是为该国经济基础和对外政策服务的。

知识点1：国际贸易政策内容

一般来说，国际贸易政策主要包括三个方面的内容。

1. 对外贸易总政策。一国根据本国国民经济的整体状况及发展战略，结合本国在世界经济格局中所处地位而制定的政策，通常会在一个较长的时期内加以贯彻实行。例如一国实行的是相对自由还是保护贸易政策。因此，它是一国对外经济关系的基本政策，是整个对外贸易政策的立足点。

2. 进出口商品政策。在对外贸易总政策的基础上，根据本国的经济结构和国内外市场的供求状况而制定的政策，主要表现为对不同的进出口商品实行不同的待遇。如对有关商品用关税或非关税壁垒来限制进口，或有意识地扶植某些出口部门等。

3. 对外贸易国别政策。一国分解对外贸易总政策，结合国际经济格局及社会政治关系等，对不同的国家和地区制定不同的政策，如对不同国家实行差别关税率或差别优惠待遇等。

国际贸易政策三个方面的内容是相互交织、相互联系在一起的，如进出口的商品政策和国别政策都离不开对外贸易总政策的指导，而对外贸易总政策只有通过具体的进出口商品政策和国别政策才能体现出来。

由于各国经济体制、发展水平及产品竞争力等不同，其对外贸易政策也有所不同，并随着经济实力的变化而不断变化，但其制定对外贸易政策的基本目的是大体一致的，主要有：（1）保护本国市场；（2）扩大本国产品的出口市场；（3）提高本国产品的竞争能力；（4）促进本国经济发展；（5）维护本国对外的政治经济关系等。

知识点2：国际贸易政策类型

从对外贸易的产生与发展来看，基本上有三种类型的对外贸易政策，即自由贸易政策、保护贸易政策和管理贸易政策。

1. 自由贸易政策。国家对商品和服务的进出口不加干预，取消对进出口贸易的限制和障碍，取消对本国进出口商的各种特权和优待，使商品和服务能够自由输出入，在国内外市场上自由竞争，从而使资源得到最有效配置。

2. 保护贸易政策。国家积极干预商品和服务的进出口，广泛采取各种措施限制国外商品和服务的进口，保护本国的商品和服务在本国市场上免受竞争，同时对本国商品和服务的出口给予优待和补贴，以鼓励出口。

3. 管理贸易政策。又称协调贸易政策，指国家对内制定一系列的贸易政策、法规，加强对外贸易的管理，实现一国对外贸易的有秩序、健康的发展；对外通过谈判签订双边、区域及多边贸易条约或协定，协调与其他贸易伙伴在经济贸易方面的权利与义务。管理贸易政策是20世纪80年代以来，在国际经济联系日益加强而新贸易保护主义重新抬头的双重背景下逐步形成的。在这种背景下，为了既保护本国市场，又不伤害国际贸易秩序，保证世界经济的正常发展，各国政府纷纷加强了对外贸易的管理和协调，从而逐步形成了管理贸易政策或者说协调贸易政策。管理贸易是介于自由贸易和保护贸易之间的一种对外贸易政策，是一种协调和管理兼顾的国际贸易体制，是各国对外贸易政策发展的方向。

（1）贸易条约和贸易协定。贸易条约和贸易协定指有关主权国家为确定彼此间的贸易关系，规定各自的权利和义务，协调各自对外的贸易政策，经过协商或谈判缔结的书面协议。

（2）双边协调与多边协调。贸易政策的国际协调指国与国之间的政策协调。它表现为三个不同层次。

双边的贸易政策协调旨在协调贸易伙伴间的关系，通过双方签订贸易条约或协定等形式进行。

经济区域化、集团化与贸易政策协调是贸易政策在国与国之间协调的重要形式。体现了经济集团或区域经济一体化为了共同利益而实施的共同对外贸易政策措施，如贸易集团、共同市场、关税同盟、自由贸易区等。目前世界上各种区域性的国际经济合作组织参加的国家或地区多达140多个。这些规模不等的组织或特殊优惠的安排，将歧视性的贸易壁垒变成一组国家共同的对外贸易壁垒，成为各国贸易政策的主要内容。

全球贸易体制和贸易政策多边协调指从符合世界贸易总体利益的角度，协调和约束各国的对外贸易政策，促进世界贸易的规范化、有序化。1947年以来的关贸总协定（General Agreement on Tariffs and Trade，GATT）引导的多边贸易规则，是第一个全球性的多边贸易体系。1995年结束了它的历史使命，由世贸组织取而代之。贸易政策的区域或集团之间的协调与国际协调有互补的一面也必然存在冲突。发达资本主义国家更强调集团之间和经济区域之间的贸易政策协调，通过集团或区域内部的贸易自由化以增强抵御外部的竞争。这就与世贸组织所倡导的贸易政策的国际协调产生了冲突。特别值得注意的是，由于发展中国家加强了相互之间的合作，使发达国家也越来越重视与发展中国家经济联盟的关系协调，这一趋势将成为贸易政策国际协调的补充。

任务二　了解对外贸易措施

知识点1：关税措施

关税（Tariff、Customs Duty）指进出口商品经过一国关境时，由政府所设置的海关代表国家向进出口商征收的一种税收。关税是一种间接税，税收主体是本国的进出口商，税收客体是进出口货物，海关对进出口货物按不同的税目和税率征收不同的税款。

关税是一国对外贸易政策的重要组成部分。一国的关税制度不仅直接影响本国经济和生产，还会影响世界经济和商品的流通，甚至会影响国家之间的政治关系。具有以下作用。一是增加财政收入。在经济不发达的时候，财政关税是国家财政收入的主要来源，随着国内经济的发展，关税在财政收入中的比重会不断下降。二是保护本国市场。关税的保护作用取决于关税税率的高低，关税的作用就是通过增加成本来削弱甚至完全抵消进口商品价格优势。三是调整本国的产业结构。对于本国有竞争优势的产业，可以通过降低关税，引进国际竞争，让本国企业在与外国同类企业的竞争中得到更大的发展。相反地，长期实行高关税政策，限制进口，则会使本国企业缺乏竞争意识，发展缓慢。

关税可按不同标准进行分类。

1. 按照征税商品的流向划分。

（1）进口税（Import Duties）指进口国的海关在外国商品输入时，对本国进口商所征收的关税。进口税主要可分为最惠国税和普通税。最惠国税适用于与该国签有最惠国待遇原则贸易条约（或协定）的国家（或地区）的进口商品；普通税适用于与该国没有签订上述条约（或协定）的国家（或地区）的进口商品。最惠国税率比普通税率要低，税率差幅则往往很大。第二次世界大战以后，大多数国家加入《关贸总协定》或签订了双边贸易条约或贸易协定，相互提供最惠国待遇，享受最惠国税。因此，正常进口税通常指最惠国税。

（2）出口税（Export Duties）是出口国海关在本国商品输出时对本国出口商所征收的关税。由于世界各国为了鼓励出口追求贸易顺差和获取最大限度的外汇收入，许多国家已不再征收出口税。

（3）过境税（Transit Duties）也称通过税，是一国对于通过其领土（或关境）运往另一国的外国货物所征收的关税。从 19 世纪后半期开始，各国相继废止了过境税，代之以签证费、准许费、登记费、统计费、印花税等形式。

2. 按征税的目的划分。

（1）财政关税（Revenue Tariff）从关税设置的目的看，最初关税只是作为政府增加财政收入的渠道，所以也称为财政关税。

（2）保护关税（Protective Tariff）以保护国内产业为目的而设置的关税称为保护关税。资本主义生产方式建立以后，关税的保护作用开始被发现和重视起来，逐渐成为各国推行贸易保护主义的重要手段。

3. 按照不同的征收标准划分。

（1）从价税（Ad. Val. Duties）以货物的价格或者价值为征税标准，以应征税额占货物价格或者价值的百分比为税率，价格越高，税额越高。目前，我国对于进口货物征收进口关税主要采用从价税。从价税的计算公式是：应征税额＝进口货物完税价格×进口从价税税率。

（2）从量税（Specific Duties）以货物的数量、重量、体积、容量等计量单位为计税标准，以每计量单位货物的应征税额为税率。目前只有少数国家如瑞士，仍完全采用从量税计收关税。我国目前对原油、啤酒和胶卷等进口商品征收从量税。从量税的计算公式是：从量税额＝每单位从量税×商品总量。

（3）混合税（Mixed or Compound Duties）又称复合税，即订立从价、从量两种税率，随着完税价格和进口数量而变化，征收时两种税率合并计征。我国目前对录像机、放像机、摄像机、数字照相机和摄录一体机等进口商品征收复合税。其税额的计算公式是：税额＝从量税额＋从价税额。

（4）选择税（Alternative Duties）指既规定了从量税的税率，又规定了从价税的税率，从中选择一种来征收的关税。一般是选择其中税额较高的一种征收，但也有选择其中税额较低的来征收。

（5）滑准税（Sliding Duties）是根据货物的不同价格适用不同税率的一类特殊的从价关税。它是一种关税税率随进口货物价格由高至低，而由低至高设置计征关税的方法。通俗地讲，就是进口货物的价格越高，其进口关税税率越低，进口商品的价格越低，其进口关税税率越高。滑准税的特点是可保持实行滑准税商品的国内市场价格的相对稳定，而不受国际市场价格波动的影响。我国目前仅对进口棉花实行滑准税。

4. 按不同待遇和特定实施情况划分。

（1）进口附加税（Import Surtaxes），又称为特别关税，是进口国家在对进口商品征收正常进口税后，还会出于某种目的，再加征部分进口税，加征的进口税部分，就是进口附加税。进口附加税不同于进口税，不体现在海关税则中，并且是为特殊目的而设置的，其税率的高低往往视征收的具体目的而定。一般是临时性的或一次性的。

进口附加税主要有反补贴税、反倾销税、紧急关税、惩罚关税和报复关税。

①反补贴税（Counter-Vailing Duty）又称抵销税或补偿税，是对于直接或间接接受任何奖金或贴补的外国商品进口所征收的一种附加税。凡进口商品在生产、制造、加工、买卖、输出过程中所接受的直接或间接的奖金或贴补都构成征收反补贴税的条件，不论奖金或贴补来自政府还是同业分会等。反补贴税的税额一般按奖金或贴补数额征收。国际贸易中，一般认为对出口商品采取补贴方式是不合适而且是不公平的，它与国际贸易体系的自由竞争原则相违背。为此反补贴税被视作是进口国抵御不公平贸易的正当措施，征收的目的在于抵销进口商品所享受的贴补金额，削弱其竞争能力，保护本国产业。例如，自2024年10月30日起，欧盟对从中国进口的电动汽车征收为期五年的最终反补贴税，税率为17.8%至45.3%不等。

②反倾销税（Anti-Dumping Duty）是对于实行商品倾销的进口货物所征收的一种进口附加税。其目的在于抵制商品倾销，保护本国的市场与工业。所谓倾销是指低于本国国内市场价格或低于正常价格在其他国家进行商品销售的行为。它使进口国厂商处于不平等竞争地位，造成冲击。进口国政府为了保护本国产业免受外国商品倾销的冲击，就有可能考虑对实施倾销的产品征收反倾销税。反倾销税的征收必须同时符合三项基本条件：A. 倾销存在，即产品出口价格低于其正常价格（国内销售价格或对第三国出口价格或其生产成本）；B. 损害存在，即进口国竞争产业受到严重损害或损害威胁，或者一项新产业的建立受到严重阻碍；C. 损害与倾销之间存在因果关系，即进口竞争产业所受的损害是由倾销造成的。

但是，对于倾销的认定、"正常价值"的含义、反倾销的实施方式等，各个国家之间存在着一定的分歧；一些发达的国家则利用反倾销手段对来自低成本的发展中国家产品进口加以限制，反倾销扩大化的趋势明显，成为非关税壁垒的手段之一。

如果一国遭受来自他国产品的倾销，一般都会对倾销商品征收反倾销税。但在征收反倾销税之前，必须对倾销行为进行调查。作为WTO一揽子文件之一的《关于执行1994年关贸总协定第六条的协议》对反倾销调查程序作出了详细的规定。根据WTO的有关原则，凡成员方制定反倾销法律或者采取反倾销调查行动，都必须与该文件保持一致。

反倾销调查程序包括申诉、立案、调查、裁决、复审等阶段。

【资料链接】中国对美国太阳能级多晶硅反补贴案

【资料链接】中国对美丙酸反倾销案

③紧急关税、惩罚关税、报复关税、保障措施关税。紧急关税亦称"紧急进口附加税",指为应付某种紧急情况,对某些商品加征的进口税。在国际贸易中,外国某种商品大量涌入某国,进口量大大超过正常水平,对某国生产此种产品的行业构成威胁,甚至造成巨大损失,通过正常谈判渠道又难以解决时,该国往往以加征紧急进口附加关税,来限制该商品大量涌入,保护本国工业生产。例如,由于美国产冷冻牛肉在日本的进口量出现大幅增加,日本从 2017 年 8 月 1 日开始到 2018 年 3 月底征收紧急关税,将美国冷冻牛肉的进口税率从 38.5% 上调到 50%。

惩罚关税指在出口国某商品违反了与进口国之间协议,或者未按进口国海关规定办理进口手续时,进口国海关对该进口商品征收的一种临时性的进口附加税。例如,1988 年日本半导体元件出口商因违反了与美国达成的自动出口限制协定,被美国征收 100% 的惩罚关税。

报复关税是一国为报复他国对本国商品、船舶、企业、投资或知识产权的不公正待遇而对从该国进口的商品所课征的进口附加税。当他国取消上述不公正待遇时,报复关税也即取消了。但报复关税往往容易引起他国采取同样的手段,最终导致关税战。例如,2000 年 10 月,美国国会通过《伯德修正案》,规定美国政府将上一年度向外国公司征收的反倾销和反补贴税款按比例直接分配给提起反倾销和反补贴诉讼的本国公司,而不是上缴财政部门。12 月,日本和欧盟等 9 个国家和地区以美国违反有关协定为由,向世贸组织提起诉讼,要求美国立即废除《伯德修正案》。2003 年 1 月,世贸组织裁定《伯德修正案》非法,并限期美国予以废除。然而,美国国会一直置之不理。为此,日本和欧盟等国家和地区于 2004 年 1 月向世贸组织申请对美国产品实施征收报复性关税的措施。同年 11 月,世贸组织同意日本可在这一范围内通过实施报复性关税减少美国对日的出口。

此外,根据世贸组织规则,成员方在进口激增并对其国内产业造成严重损害或严重损害威胁时,可征收保障措施关税。该措施是成员政府在正常贸易条件下维护本国国内产业利益的一种重要手段,它与针对不公平贸易的措施不同。设置该措施的目的在于:使成员所承担的国际义务具有一定灵活性,以便其在特殊情况出现时免除其在有关 WTO 协定中应当承担的义务,从而对已造成的严重损害进行补救或避免严重损害之威胁可能产生的后果。

(2) 差价税(Variable Levy)又叫差额税,当某种本国生产的产品国内价格高于同类的进口商品价格时,为了削弱进口商品的竞争能力,保护国内生产和国内市场,按国内价格与进口价格之间的差额征收关税。由于差价税是随着国内外价格差额的变动而变动的,因此它是一种滑动关税(Sliding Duty)。

(3) 特惠税(Preferential Duties),指对从某个国家或地区进口的全部商品或部分商品,给予特别优惠的低关税或免税待遇。使用特惠税的目的是增进与受惠国之间的友好贸易往来。特惠税有的是互惠的，有的是非互惠的。税率一般低于最惠国税率和协定税率。互惠的特惠关税主要是区域贸易协定或双边自由贸易协定成员间根据协定实行的特惠税。如欧盟成员之间、北美自由贸易协定成员之间、中国与东盟国家之间实行的特惠税。

（4）普惠制关税（Generalized System of Preference Duties）。普惠制是发展中国家经过长期的斗争后获得的胜利成果。1968年第二届联合国贸易与发展会议上通过了建立普惠制的决议。该决议规定，发达国家承诺对从发展中国家或地区输入的商品，特别是制成品和半制成品给予普遍的、非歧视的和非互惠的关税优惠待遇，这种关税被称为普惠制关税。

普惠制关税的主要原则是普遍的、非歧视的、非互惠的。所谓普遍的，是指发达国家对所有发展中国家出口的制成品和半制成品给予普遍的优惠待遇。所谓非歧视的，是指应使所有的发展中国家都无歧视地、无例外地享受普惠制待遇。所谓非互惠的是指非对等的，发达国家应单方面给予发展中国家特别的关税减让，而不要求发展中国家对发达国家给予同等待遇。

普惠制的目标是扩大发展中国家对发达国家制成品和半制成品的出口，增加发展中国家的外汇收入，促进发展中国家的工业化，加速经济增长，享受普惠制待遇的发展中国家和地区达170多个。

【资料链接】中国对进口牛肉保障措施案

【资料链接】部分给惠国陆续取消受惠国普惠制待遇

5. 按保护程度和有效性划分。

（1）名义关税（Nominal Tariff），指一国对某种进口商品，由海关直接根据关税税率而征收的关税。在其他条件相同的情况下，进口税的税率越高，对本国同类产品部门的保护程度就越高，反之则越低。但是，直接用关税税率的高低所反映的保护程度的高低只是名义上的，并不能反映实际的或有效的保护程度。

（2）有效关税（Effective Tariff），指对某个工业单位产品"增值"部分的从价税，其税率代表着关税对本国同类产品的真正的保护程度。

假定在自由贸易情况下，一台吸尘器进口价格折合人民币300元，其零配件投入价格为210元，增值部分为90元。如果我国进口吸尘器零部件并在国内进行加工制成成品，且零配件投入比例不变，按照对吸尘器零配件和制成品征收关税的不同情况，引起的有效保护率如下。

①若对制成品征收10%进口关税，零配件免税，则国内吸尘器市场价格应该为：

300×110% = 330（元），其中零配件费用仍为 210 元，则国内加工增值额为：330 - 210 = 120（元）。按照上述公式计算，吸尘器的有效保护率为：（120 - 90）/90 × 100% = 33.33%。

②若对制成品征收 10% 进口关税，零配件也征收 10% 进口关税，则国内吸尘器市场价格仍为：300×110% = 330（元），但零配件费用增加了 21 元，则国内加工增值额为：330 - 210 - 21 = 99（元）。按照上述公式计算，吸尘器的有效保护率为：（99 - 90）/90 × 100% = 10%。

③若对制成品征收 8% 进口关税，零配件征收 10% 进口关税，则国内吸尘器市场价格仍为：300×108% = 324（元），但零配件费用增加了 21 元，则国内加工增值额为：324 - 210 - 21 = 93（元）。按照上述公式计算，吸尘器的有效保护率为：（93 - 90）/90 × 100% = 3.33%。

④若对制成品免税，零配件征收 10% 进口关税，则国内吸尘器市场价格仍为 300 元，但零配件费用增加了 21 元，则国内加工增值额为：300 - 210 - 21 = 69（元）。按照上述公式计算，吸尘器的有效保护率为：（69 - 90）/90 × 100% = -23.33%。

知识点 2：非关税措施

非关税措施即非关税壁垒（Non-tariff Barriers，NTBs）指一国政府采取除关税以外的一切限制进口的各种措施，其目的是试图在一定程度上限制进口，以保护国内市场和国内产业的发展。

与关税措施相比，非关税措施特点明显：更具有灵活性和针对性，保护作用更为强烈和直接，更具有隐蔽性和歧视性，因而在限制进口方面的作用更加有效。

1. 传统的非关税壁垒。

（1）进口配额制（Import Quotas System）又称进口限额，是一国政府在一定时期内（如一季度、半年或一年）内对某些商品的进口数量或金额加以直接的限制。在规定的期限内，配额以内的货物可以进口，超过配额不准进口或者征收更高的关税或罚款后才能进口。

进口配额制主要分为绝对配额和关税配额两种。

绝对配额（Absolute Quotas）指在一定时期内，对某些商品的进口数量或金额规定一个最高数额，达到这个数额后，便不准进口。绝对配额可以进一步分为全球配额和国别配额。全球配额（Global Quotas）属于一种世界范围内的绝对配额，对于来自任何国家或地区的商品一律适用。国别配额（Country Quotas）是将总配额按国家或地区来分配一定的额度，超过规定的额度便不准进口。国别配额的最初分配通常是以各主要出口国在本国市场的份额为基础进行分配，往往也会根据国家关系不同而给予差别待遇。

关税配额（Tariff Quotas）指对商品进口的绝对数额不加限制，而对在一定时期内所规定的配额以内的进口商品,给予低税或减免税的优惠待遇,对超过配额的进口商品则征收较高的关税或者罚款。例如,我国 2017 年对羊毛、毛条、食糖、化肥进口关税配额数量如下:羊毛进口关税配额总量为 28.7 万吨,毛条进口关税配额总量为 8 万吨,羊毛、毛条进口国别关税配额量为 3.4 万吨(自新西兰进口)、603 吨(该数量为洗净/公定数量);食糖进口关税配额总量为 194.5 万吨;化肥进口关税配额总量为 1365 万吨,其中尿素为 330 万吨,磷酸二铵为 690 万吨,复合肥为 345 万吨。

(2)"自动"出口配额制("Voluntary" Export Quotas)又称"自动"出口限制(Voluntary Restriction of Export)也是一种限制进口的手段,指出口国家或地区在进口国的要求或压力下,自动规定某一时期内(一般为 3—5 年)向进口国输出某种特定商品的限额,在限定的配额内自行控制出口,超过配额即禁止出口。其目的在于避免因这些商品出口过多而严重损害进口国生产者的利益,招致进口国采取严厉措施限制从该国的进口。"自动"出口限制最早出现于 20 世纪 30 年代的美日纺织品贸易中。到了六七十年代,"自动"出口限制被广泛采用,范围已从纺织、钢铁、小汽车扩大到彩电、电子元件和船舶等,甚至涉及一些农产品如奶酪、苹果、肉类等。

"自动"出口配额制一般有非协定的"自动"出口配额和协定的"自动"出口配额两种形式。

(3)进口许可证制(Import Licensing System)指进口国家规定某些商品进口必须事先领取许可证才可进口,否则一律不准进口。大多数国家将配额制和进口许可证制结合起来使用,即受配额限制进口的商品,进口商必须向有关部门申请进口许可证,政府发放进口配额许可证,进口商凭证进口。

①根据进口许可证和进口配额的关系划分,可以分为有定额与无定额进口许可证。有定额的进口许可证即与配额结合的许可证,管理当局预先规定有关商品的进口配额,然后在配额的限度内,根据进口商申请逐笔发放具有一定数量或金额的许可证,配额用完即停止发放。此类进口许可证一般由进口国当局颁发给本国提出申请的进口商,也有将此权限交给出口国方自行分配使用(通常是国别配额情况),又转化为出口国依据配额发放的出口许可证。有的国家则要求进口商用出口国签发的出口许可证来换取进口许可证,即所谓的"双重管理"。无定额的进口许可证即政府管理当局发放有关商品的进口许可证只是在个别考虑的基础上进行,而没有公开的配额数量依据。由于此种许可证没有公开的标准,在执行上具有很大的灵活性,起到的限制作用更大。

②根据进口商品有无限制划分,可以分为公开一般许可证和特种许可证。公开一般进口许可证(Open General License,OGL)又称公开进口许可证、一般进口许可证或自动进口许可证,指对国别或地区没有限制的许可证。凡属公开一般许可证项下所列商品,进口商只要填写此许可证即可获准进口。此类商品实际上是"自由进口"的

商品，填写许可证只是履行报关手续，供海关统计和监督需要。特种许可证（Special License，SL）又称非自动进口许可证，即进口商必须向有关当局提出申请，获准后才能进口。这种许可证适用于特殊商品以及特定的目的申请，如烟、酒、麻醉物品、军火武器或某些禁止进口物品。进口许可直接受管理当局控制，并用以贯彻国别地区政策。进口国定期公布须领取不同性质进口许可证的商品项目，并根据需要加以调整。

【资料链接】欧盟对中国禽肉产品开放新的关税配额

【资料链接】我国进口商品许可证管理制度

（4）技术性贸易壁垒（Technical Barriers to Trade，TBT）指一国或地区政府为了限制进口，借维护生产、消费者安全和人民健康的理由，所设立的复杂苛刻的技术标准、卫生检疫规定以及商品包装和标签规定，从而提高进口产品的技术要求，增加进口难度，最终达到限制进口的目的的一种非关税壁垒措施。技术性贸易壁垒有狭义和广义之分。狭义的技术性贸易壁垒主要指世贸组织《技术性贸易壁垒协议》所规定的技术法规、标准和合格评定程序；广义的技术性贸易壁垒还包括动植物及其产品的检验和检疫措施（SPS），包装和标签及标志要求、绿色贸易壁垒、信息技术壁垒等。

由于技术性贸易壁垒所具有的广泛性、复杂性、隐蔽性，使其在国际社会关税壁垒和非关税壁垒不断减少的情况下，成为各个国家尤其是发达国家保护国内企业、争夺国际市场份额的有力手段，也因此成为许多国家尤其是发展中国家发展对外贸易的障碍。

【知识拓展】技术贸易壁垒的形式

WTO《技术性贸易壁垒协议》将技术性贸易壁垒分为技术法规、技术标准和合格评定程序。世界各国主要的技术性贸易壁垒主要有以下几种。

1. 严格复杂的技术法规和技术标准。

欧盟是世界上技术性贸易壁垒最多、要求最严、保护程度最高的，其工业标准就不下10万种。进入欧盟市场的产品至少应满足以下三个条件之一：一是符合欧洲标准EN，取得欧洲标准委员会CEN认证标志；二是取得欧盟安全认证CE；三是取得ISO9000质量管理体系认证证书。不仅如此，欧盟成员国也有各自的标准，比如德国就有自己1.5万个标准，还有自己的DIN认证。

2. 复杂的合格评定程序。

世界上广泛采用的质量认证标准是ISO9000系列标准，此外，美、日、欧盟等还有各自的技术标准体系。

3. 严格的商品包装和标签的规定。

根据欧盟食品法规规定,食品包装图设计必须和内容一致,食品成分中没有的东西,不能出现在图案上。要求商品包装及其内装物不许对人类健康和环境带来损害。欧盟的《关于包装和包装废弃物处理的欧洲议会和理事会指令》要求包装材料的最低回收利用率目标为50%,最低再生包装废弃物率为25%—45%。

【资料链接】日本农产品肯定列表制度

(5)其他非关税措施。

外汇管制(Foreign Exchange Control),指一国或地区的政府通过法令对国际结算和外汇买卖实行限制来平衡国际收支和维持本币对外汇率的一种制度。外汇管制的方式主要有以下几种。①数量性外汇管制:国家外汇管理机构对外汇买卖的数量直接进行限制和分配,主要目的在于集中外汇收入,控制外汇支出。②成本性外汇管制:国家外汇管理机构对外汇买卖实行复汇率制度,利用外汇买卖成本的差异,间接影响不同商品的进出口。③混合性外汇管制:同时采用数量性和成本性的外汇管制,对外汇实行更为严格的控制。

进出口的国家垄断(State Monopoly of Import and Export)指在对外贸易中,对某些或全部商品的进、出口规定由国家机构直接经营,或者是把某些商品的进口或出口的专营权给予某些垄断组织。

歧视性政府采购政策(Discriminatory Government Procurement Policy)指国家或地区制定法令,规定政府机构在采购时要优先购买本国产品,从而导致对境外产品歧视,达到限制进口目的的做法。该政策措施是通过政府采购的形式,从保护本国生产而不是从商业的观念出发,尽可能购买和消费本国产品,歧视外国产品,以此来限制国外产品在本国的销售规模,达到限制外国商品进口的目的。

国内税(Internal Taxes)指在一国的国境内,对生产、销售、使用或消费的商品所应支付的捐税,一些国家往往采取国内税制度直接或间接地限制某些商品进口。这是一种比关税更灵活、更易于伪装的贸易政策手段。国内税通常是不受贸易条件或多边协议限制的。国内税的制定和执行属于本国政府机构的权限,有时甚至是地方政府机构的权限。各国国内税有不同的名称,诸如周转税、零售税、消费税、货物税、营业税、销售税等。

最低限价(Minimum Price)和禁止进口(Prohibitive Import)。最低限价又称"保护价",指一国政府对某种进口商品规定的最低价格界限,即当进口货物的价格低于规定的最低价格时,则对其征收进口附加税或禁止进口。禁止进口指当一些国家感到实行进口数量限制已不能走出经济与贸易困境时,往往颁布法令,公布禁止进口的商品名单,禁止这些商品的进口。例如,世界各国在发现疯牛病病毒之后,均禁止进口病毒发现地的牛肉。乳制品中发现二恶英时,各国对于乳制品也下达了禁止进口的命令。

进口押金制（Advanced Deposit）又称进口存款制。在这种制度下，进口商在进口商品时，必须预先按进口金额的一定比率和规定的时间，在指定的银行无息存入一笔现金，才能进口。这样就增加了进口商的资金负担，影响了资金的周转，从而起到了限制进口的作用。

专断的海关估价制（Customs Value）。海关估价制本来是海关为了征收关税而确定进口商品价格的制度。但是在实践中，有些国家根据某些特殊的规定，海关当局通过人为地提高进口货物的海关估计价值，来增加进口货物的关税负担，从而限制外国商品的进口，这就使海关估价成为专断的海关估价制度。

2. 新型非关税壁垒。

（1）绿色贸易壁垒又称环境贸易壁垒（Environmental Trade Barriers，ETBs），指以保护自然资源、生态环境、人类和动植物健康为名，通过制定一系列环境保护标准限制进口，保护本国市场。具体体现在绿色关税制度、绿色技术标准制度、绿色环境标志制度、绿色卫生检疫制度和绿色包装制度等。绿色壁垒从名义上具有一定的合理性，首先，它适应了当今社会的发展潮流，其次，世贸组织的规则允许各成员根据本国（地区）的发展情况建立相应的环境卫生标准，阻止不符合标准的产品进口，这也给西方发达国家制定苛刻的标准提供了充足的理由。

【知识拓展】绿色贸易壁垒的主要形式

（1）环境附加税是发达国家保护环境、限制进口最早采用的手段，即对一些污染环境、影响生态的进口产品征收进口附加税，或者限制、禁止进口，甚至实行贸易制裁。

（2）绿色环境标志制度。由政府部门或公共、私人团体依据一定的环境标准颁发图形标签，印制或粘贴在合格的商品及包装上，用以表明该产品不仅质量、功能符合要求，而且从生产到使用以及处理全过程都符合环境保护要求，对环境和人类健康无害或危害极少，有利于资源的再生产和利用。自德国于1978年第一个实施环境标志制度"蓝天使"计划以来，环境标志制度发展极为迅速，世界上已有50多个国家和地区实施这一制度。

（3）产品加工标准制度。针对有形产品在使用时能成功满足在用户需要程度标准下作出的强制性规范。发达国家往往拥有较高的技术水平，而以环境保护为目的的环保技术标准都是根据本国的生产及其技术水平制定的，发展中国家仅靠技术力量很难达到这些严格的环保标准。

（4）绿色包装制度，指能节约能源、减少废弃物、用后易于回收再用或再生易于自然分解、不污染环境的包装。发达国家制定了各种法规，以规范包装材料市场。这些"绿色包装"法规有利于环境保护，但同时大大增加了出口商的成本，也为这些国家制造"绿色壁垒"提供了借口。

（5）检疫制度。为保护国内消费者利益，满足对此商品健康、安全等隐性需求，各国海关、商检机构都制定了不同的卫生检疫制度，对进口商品的品质进行检测和鉴定。发达国家往往把海关的卫生检疫制度作为控制从发展中国家进口的重要工具。他们对食品、药品的卫生指标十分敏感，对食品的安全卫生、农药残留、放射性残留、重金属含量、细菌含量等指标的要求极为苛刻。

（6）绿色补贴制度。为了保护环境和资源，各国政府采取干预政策，将环境和资源成本内在化。发达国家将严重污染的产业转移到发展中国家以降低自身环境保护成本，造成发展中国家环境保护成本上升。而发展中国家的企业大多无力承担环境治理的费用，政府有时不得不给予一定的环境补贴。按世贸组织修改后的国际补贴与反补贴规则，这类补贴属于不可申诉补贴范围，因而为越来越多的国家所采用。

（2）社会责任壁垒指以劳动者劳动环境和生存权利为借口而采取的贸易保护措施。社会壁垒由各种国际公约的社会条款，包括社会保障、劳动者待遇、劳动权利、劳动技术标准等条款构成。社会条款的提出是为了保护劳动者的权益，本来不是贸易壁垒，但被贸易保护主义者利用为削弱或限制发展中国家企业产品低成本而成为变相的贸易壁垒。

【知识拓展】社会责任标准"SA8000"

社会责任标准"SA8000"，是 Social Accountability 8000 的英文简称，是全球首个道德规范国际标准。1997年，总部设在美国的社会责任国际组织（Social Accountability International）发起并联合欧美跨国公司和其他国际组织，制定了 SA8000 社会责任国际标准。其宗旨是确保供应商所供应的产品，皆符合社会责任标准的要求。SA8000 标准适用于世界各地，任何行业，不同规模的公司。SA8000 认证一般需要1年的时间，证书有效期为3年，每6个月复查一次。主要内容包括童工、强迫性劳动、健康与安全、结社自由和集体谈判权、歧视、惩戒性措施、工作时间、工资报酬、管理系统等。

在关税和一般非关税壁垒不断被削减的今天，SA8000 非常容易被贸易保护主义者所利用，成为限制发展中国家劳动密集型产品出口的有力工具。某些贸易保护主义者已与人权组织联手，以 SA8000 的名义对发展中国家的纺织品服装、鞋类、玩具及皮制品、小家电等行业的出口进行全方位的限制。因此，有人认为其具有某种贸易壁垒的特性，称之为"蓝色壁垒"。

（3）知识产权壁垒指一国采取的与贸易有关知识产权保护的立法、行政、司法等方面的措施，违反世贸组织的《与贸易有关的知识产权协定》，构成贸易壁垒，从而阻碍了正常的国际贸易与国际投资。当知识产权的排他性应用到跨国生产经营当中时，一国的知识产权保护政策就与进出口贸易联系起来了，于是成为各国重要的贸易政策之一。

【知识拓展】美国"337调查"

"337调查"是美国依据《1930年关税法》第337节及相关修正案,对一切不公平竞争行为或向美国出口产品中的任何不公平贸易尤其是侵犯专利、商标、商业秘密等知识产权行为开展的调查。美国国际贸易委员会（ITC）负责"337调查"工作。

"337调查"是一种具有单边制裁性质的贸易保护主义手段。凡是被认定侵犯知识产权的产品,将被禁止进口到美国及销售。一旦发布普遍排除令,除被申请人的相关产品,其他同类产品也可能被禁止进入美国。

2024年,美国国际贸易委员会（ITC）发起的45起"337调查"案件中有24起案件涉及中国企业。

（4）动物福利保护壁垒。动物福利指动物作为一种生命所享有的最基本的权利。截至目前,包括一些非洲国家在内的世界上100多个国家都出台了反动物虐待法案,动物福利开始影响到国际贸易。一国以保护动物,或以维护动物福利为由,制定一系列动物保护或维护动物福利的措施,以限制甚至拒绝外国货物进口,从而达到保护本国产品和市场的目的,即成为动物福利保护壁垒。

知识点3：出口促进措施

出口国政府为增强本国出口产品的国际竞争力,促进本国商品的出口,开拓和扩大国外市场而采取的经济、行政和组织等方面的各种措施。关税与非关税政策措施必须结合鼓励出口的政策措施,才能构成一个比较完整的对外贸易政策体系。

一国的出口促进措施主要包括出口信贷、出口信贷国家担保制、出口补贴、商品倾销、外汇倾销、经济特区和促进出口的行政组织措施等。

1. 出口信贷（Export Credit）指一个国家或者地区为了鼓励商品出口,增强本国商品在国际市场上的竞争能力,通过本国银行（官方金融机构或商业银行）向本国出口商、国外进口商或进口方银行所提供的信贷业务。

短期信贷（Short-term Credit）,一般在180天以内,主要适用于原料、消费品及小型机器设备的出口；中期信贷（Medium-term Credit）,为期1—5年,常用于中型机器设备出口；长期信贷（Long-term Credit）,通常是5—10年甚至更长时期,用于重型机器、成套设备等。

卖方信贷（Supplier's Credit）,指出口国银行向本国出口厂商即卖方提供的信贷。由出口厂商与银行签订贷款合同,一次成交金额大、交货期长的成套设备和船舶等运输工具的出口,进口方通常以延期付款的方式,一般要四五年,长的达七八年才能全部收回货款。卖方信贷就是银行直接资助出口厂商向外国进口商提供延期付款,以利商品出口。

买方信贷（Buyer's Credit）是出口国银行直接向进口国银行或进口厂商（即买方）

提供的贷款。帮助解决进口厂商资金不足，不能立即付款的困难，以刺激国外消费者购买大型机器设备或成套设备。买方信贷是一种约束性贷款（Tied Credit），即所贷款项必须用于购买债权国的商品。

2. 出口信贷国家担保制（Export Credit Guarantee System）又称出口信贷保险，指一国政府设立专门机构，对本国出口商和商业银行向国外进口商或银行提供的延期付款商业信用或银行信贷进行担保，当国外债务人不能按期付款时，由这个专门机构按承保金额给予补偿。这是国家用承担出口风险的方法，鼓励扩大商品出口和争夺海外市场的一种措施。通常商业保险公司不承保的出口风险项目（如政治风险和经济风险等），都可向国家有关机构进行投保。

3. 出口补贴（Export Subsidies）又称出口津贴，指一个国家或地区政府给予本国出口厂商的现金补贴或财政上的优惠待遇。其目的旨在降低本国厂商的出口成本和价格，提高其在国外市场上的竞争能力，扩大本国产品的出口。

出口补贴的方式主要包括直接补贴和间接补贴。直接补贴指政府在商品出口时，直接付给出口商的现金补贴，有时候补贴金额还可能超过实际的差价，这中间包含出口奖励的意思，其中以欧盟对农产品的出口补贴最为典型。间接补贴指政府对某些商品的出口给予财政上的优惠，如退还或减免出口商品所缴纳的销售税、消费税、增值税、所得税等国内税，对进口原料或半制成品加工再出口给予暂时免税或退还已缴纳的进口税，免征出口税，对出口商品实行延期付税、减低运费、提供低息贷款、实行优惠汇率以及对企业开拓出口市场提供补贴等。

4. 商品倾销（Dumping）。出口商以低于国际市场价格、国内市场价格甚至生产成本价格的方式，在国外大量抛售商品的贸易行为。商品倾销的根本目的是打击竞争对手，占领国外市场。根据WTO的《反倾销协议》：倾销行为属于不公平贸易行为，允许世贸组织对有倾销行为国家的贸易厂商进行反倾销的权利。

5. 外汇倾销（Exchange Dumping）指出口企业利用本国货币对外贬值的机会，降低用外国货币表示的本国商品的价格，以达到扩大本国商品出口的目的。当一国货币贬值以后，导致本国出口产品以外币表示的价格降低了，从而提高其在国际市场的竞争力，有利于出口的扩大。同时，货币贬值后，进口商品以本币表示的价格相应上升，从而降低其在国内市场的竞争力，有利于限制进口。因此，货币贬值能够起到促进出口和抑制进口的双重作用。

外汇倾销不能无限制和无条件地进行，只有在具备以下条件时，外汇倾销才可起到扩大出口的作用：货币贬值的程度要大于国内物价上涨的程度；其他国家不同时实行同等程度的货币贬值；其他国家不同时采取另外的报复性措施。

6. 经济特区（Special Economic Zone）指的是一个国家或地区在其关境以外划出一定的区域，在这区域内实行各种特殊的优惠政策，发展出口加工贸易、转口贸易，以推动该地区和邻近地区经济贸易的发展。

（1）自由港（Free Port）和自由贸易区（Free Trade Zone）又称自由口岸，是世界性经济特区的最早形式。自由港指全部或绝大多数外国商品可以免税进出的港口，这种港口划在一国关境之外，外国商品进出港口时除免交关税外，还可在港内自由改装、加工、长期储存或销售。但须遵守所在国的有关政策和法令。最早的自由港出现于欧洲，13世纪，法国已开辟马赛港为自由贸易区。1547年，热那亚共和国正式将热那亚湾的里南那港定名为世界上第一个自由港。其后，为了扩大对外的国际贸易，一些欧洲国家便陆续将一些港口城市开辟为自由港。

自由贸易区又称免税贸易区（Tax-Free Trade Zone）和自由区（Free Zone），也有的称为对外贸易区（Foreign Trade Zone）等。指在关境以外，准许外国商品自由免税进出的地区。自由贸易区一般依靠河、山等天然屏障或藩篱等其他障碍把它与其他受海关管辖的区域隔离开来，规定允许在区内经营活动的种类，如贸易、工业及劳务等。

（2）出口加工区（Export Processing Zone）源于自由贸易区，是专门为加工、制造和装配出口产品而开辟的特定区域。是自由贸易区转口贸易功能弱化、出口加工功能强化的产物。一般设置在港口或邻近港口、国际机场的地方，提供基础设施以及免税等优惠待遇，主要的目的是引进国外资金、技术和经营管理方法，利用本国的劳动力资源与国际市场，发展出口加工工业，以扩大设区国的出口贸易，增加劳动就业和外汇收入，取得工业方面的收益，促进本国经济的发展。

出口加工区有两种类型：一是综合性出口加工区，即在区内可以经营各种产品的出口加工；二是专业性出口加工区，即区内只能经营某种特定产品的加工。

出口加工区与自由港、自由贸易区的重要区别是：其功能主要是开发外向型的加工或精加工的业务，发展具有国际竞争能力的工业；其政策优惠主要是对经过加工后增值、最终产品销往国外的厂商给予减免优惠。

（3）综合型经济特区与科技型经济特区。综合型经济特区的特点是规模大、经营范围广，是一种多行业、多功能的特殊经济区域。它比小型的出口加工区具有更大的优势，经济效益显著。除了出口加工业和进出口贸易外，还经营农牧种植业、旅游业、金融服务业、交通电讯以及其他的行业。例如巴西的马瑙斯自由贸易区。

科技型经济特区则一般以大学和科研机构为依托，以科学研究为先导，拥有较雄厚的技术力量，能够创立技术密集与知识密集型的新兴产业，发展高精尖产品，具有较强的国际竞争力。这种类型的经济特区，对于东道国的科技进步和工业化起到巨大的促进作用。

（4）保税区（Bonded Area）也称保税仓库（Bonded Warehouse），它是由国家海关所设置的或经海关批准设置的特定地区或仓库。它的功能基本类似于自由贸易区。

进入保税区的外国商品可以暂不缴纳进口税，如再出口也不必缴纳出口税。进入区内的商品也可以进行储存、改装、分类、混合、展览、加工与制造等。保税区（仓库）的设立，有利于货主选择有利的时机交易，有利于贸易业务的顺利开展和促进转口贸易。

（5）自由边境区（Free Perimeter）与过境区。自由边境区现已不常用，仅见于少数美洲国家（如墨西哥）。一般指设在本国的一个省或几个省的边境地区，按照自由贸易区或者出口加工区的优惠措施，对区内使用的机器、设备、原料和消费品，实行减税或免税，以吸引国内外厂商投资。过境区和自由贸易区的区别在于，过境货物可以在过境区作短期储存、重新包装，但不得加工制造。

7. 促进出口的行政组织措施。行政组织措施一般包括：设立专门组织；建立商业情报网及驻外商务机构；设立贸易中心，举办各种形式的贸易展览会和展销会；组织出口商的评奖活动；积极组织或协助外贸救济措施的申诉调查与应诉工作，努力寻求贸易纠纷的公平解决；大力培养外贸人才等。

知识点 4：出口管制措施

出口管制是一国对外贸易政策的组成部分。许多国家为了达到一定的政治、军事和经济目的，往往对某些产品，特别是战略物资和高技术产品等的出口实行管制，以限制或禁止这类商品的出口。出口管制有时是针对商品，有时是针对国家或地区，因此，它也是实施歧视性出口政策的手段。

1. 出口管制的商品。

（1）战略物资及与军事有关的先进技术设备和技术资料。如规定军用武器、装备、先进的电子计算机以及与军事有关的技术、设备和资料的出口必须得到政府机构的特别许可。

（2）国内生产所需的原材料、半制成品及国内市场供应不足的某些必需品。如对稀有金属、石油和天然气、煤等物品实行出口控制，乃至禁止出口。

（3）某些文物古董、艺术品、珍稀动植物、黄金、白银等。

（4）为了缓和与进口国在贸易上的摩擦，在进口国的要求或压力下，"自动"控制出口的商品。

（5）为了有计划安排生产和统一对外而实行出口许可证制管理的商品。

（6）被列入对进口国进行经济制裁范围的出口商品。

（7）特殊形势下需要禁止或限制出口的商品。

2. 出口管制的形式。一般有单边出口管制和多边出口管制两种形式。

单边出口管制，即一国根据本国的需要和外交关系的考虑，制定本国的出口管制方案，设立专门的执行机构，对本国某些商品的出口进行审批和颁发出口许可证，实行出口管制。单边出口管制由一国单方面自主决定，不对其他国家承担义务与责任。

单边出口管制往往是一国实施歧视性贸易政策的手段,具有政治和经济的双重意义。

多边出口管制,即两个以上国家的政府,通过一定的方式建立国际性的多边出口管制机构,商讨和编制多边出口管制清单和出口管制对象国,规定出口管制办法,以协调彼此的出口管制政策和措施,达到共同的政治和军事目的。

3. 出口管制的措施。单边出口管制的国家通常采取以下一些措施来实现其控制目标:国家专营;征收出口税;出口许可证制;出口配额制和禁止出口。

阅读·思考·练习

一、查一查
1. 我国现设哪些自由贸易(试验)区?
2. 海南自由贸易港的基本情况如何?

二、阅读以下材料,思考并分析
1. 我国调整电解铝进出口关税。

长期以来,我国一直是电解铝的净进口国,2001年首度从铝净进口国变净出口国。自2002年开始,我国电解铝产量明显大于需求量,成为世界第一大产铝国。在国家出口退税优惠政策和国内供应过剩的双重作用下,我国铝出口快速增长,2004年净出口65万吨。2005年起,国家取消电解铝的出口退税,对电解铝出口加征5%的出口关税;2006年1月1日,氧化铝的进口关税下调至5.5%,并于2006年11月进一步下调至3%;2006年11月,电解铝出口关税进一步提高到15%;2007年6—7月,为抑制铝材出口过快增长,国家相继取消简单初级加工铝材的出口退税,并加征15%的出口关税;2007年8月1日起,国家以暂定税率形式,将电解铝进口关税由5%下调至0,对非铝合金制铝条、杆开征出口暂定关税,暂定税率为15%,维持铝板带11%出口退税率、铝箔13%出口退税率不变。2024年11月15日,财政部、税务总局发布《关于调整出口退税政策的公告》,取消铝材、铜材等产品出口退税,自2024年12月1日起实施。

2. 中国出口婴童产品因社会责任标准受到影响。

我国越来越多的出口企业在面临客户下单的时候,都需要按客户的要求提供通过的证明,并接受客户指定的第三方认证机构的工厂审核。某婴童用品制造有限公司连续接待4批美国客户委托第三方机构进行的工厂审核,由于婴童产品进入美国市场,除了达到平时普通客户一般要求达到的验厂标准,还要符合婴童行业社会责任标准。而在验厂过程中,社会责任标准与美国政府C/PPAT反恐认证在不少地方有冲突,反恐认证要求车间各个门处于关闭状态,而社会责任标准又要求车间门要向外打开。越来越细的社会责任标准,让企业人员颇为头疼。

单元三　全球多边贸易体制与区域经济一体化

【单元导学单】

学习目标

素质目标：了解世界贸易发展趋势；树立国际经贸规则意识。

知识目标：熟悉世贸组织机构设置和运作机制；熟悉全球主要区域经济一体化协定；掌握世贸组织原则和决策制度；掌握区域经济一体化的类型。

能力目标：能基本辨别国际贸易摩擦风险；能初步合理运用多边贸易体制机制维护企业权益；能初步合理运用区域经济一体化规则降低企业关税成本。

重难点

重点：世贸组织的宗旨和原则；中国与世贸组织；区域经济一体化的类型。

难点：世贸组织的决策制度与运作机制；主要区域经济一体化协定。

【知识结构图】

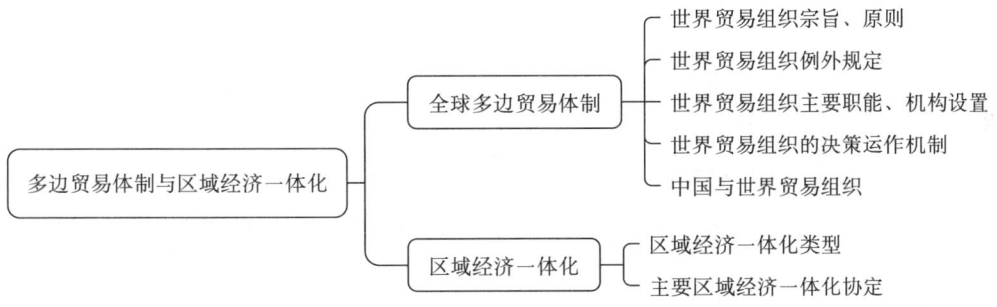

【导入案例】

2024 年 9 月 9 日，商务部宣布依据《中华人民共和国反倾销条例》规定，对原产于加拿大的进口油菜籽进行反倾销立案调查，倾销调查期为 2023 年 1 月 1 日至 2023 年 12 月 31 日，产业损害调查期为 2021 年 1 月 1 日至 2023 年 12 月 31 日。调查范围为原产于加拿大的进口油菜籽。该产品在《中华人民共和国进出口税则》中商品归类号为 12051090、12059090。

思考：什么是反倾销？反倾销规则的依据是什么？

任务一 认识全球多边贸易体制

第二次世界大战以来，全球贸易逐渐形成了当前以世贸组织为核心的多边贸易体制。近年来，世贸组织机制运行遇到障碍，区域经济一体化方兴未艾，持续不断推动全球贸易和经济增长。

世贸组织是当代最重要的国际经济组织之一，目前拥有164个成员，贸易总额达到全球的98%，有"经济联合国"之称。其前身是关贸总协定，该协定在美国策动下由23个国家于1947年10月30日在日内瓦签订，并于1948年正式生效。1994年4月15日，在摩洛哥的马拉喀什市举行的关贸总协定乌拉圭回合部长会议决定成立更具全球性的世贸组织，以取代成立于1947年的关贸总协定。

知识点1：世贸组织的宗旨和原则

1. 世贸组织的宗旨："全体成员方认识到在处理它们的贸易和经济事业的关系方面，应以提高生活水平、保证充分就业、大幅度和稳定地增加实际收入和有效需求，以扩大货物和服务的生产与贸易、可持续发展为目的，开发世界资源并加以充分利用，寻求对环境的保护和维护，并根据成员方不同经济发展水平下各自需要的方式，加强采取各种相应措施。"

世贸组织的宗旨与《1947年关贸总协定》的宗旨基本相似，但根据形势发展作了以下三点补充：一是将服务业的发展纳入世贸组织体系；二是提出了环境保护和可持续发展问题；三是要考虑到各国经济发展水平的需要，要确保发展中国家尤其是最不发达国家在国际贸易增长中获得与其经济发展相适应的份额。

在《1947年关贸总协定》序言中还明确指出实现这一宗旨的途径是"通过互惠互利的安排，导致关税和其他贸易壁垒的大量减少和国际贸易关系中歧视性待遇的取消"。

2. 世贸组织的原则。

（1）非歧视原则（Non-Discrimination）又称不歧视待遇或无差别待遇原则，是世贸组织全部规则体系的基础，它充分体现了平等精神，完全符合各国主权平等的国际法原则。非歧视原则规定：成员方在实施某种优惠或限制措施时，不得对其他成员方采取歧视待遇。该原则主要通过关贸总协定中的最惠国待遇条款和国民待遇条款予以体现。

最惠国待遇（Most-Favored-Nation Treatment）是《1947年关贸总协定》实施以来最基本的一条原则。它的含义是，一成员现在和将来给予另一成员的优惠、特权和豁免，都不应低于该成员给予任何第三方的优惠、特权和豁免，否则就构成差别待遇或者歧视。也就是说，成员方可以不直接就每个商品项目同其他成员方谈判就可以享受任何成员方通过谈判达成的所有优惠待遇。可见，通过最惠国待遇，世贸组织将双边互惠推广到了多边，这种多边无条件最惠国待遇使成员方享受到比双边协议中更为稳定的最惠国待遇。最惠国待遇适用于进出口商品的关税和费用的征收、征收方式以及进出口规章手续等方面。世贸组织还规定了最惠国待遇的例外，主要是边境贸易、关税同盟和自由贸易区以及关贸总协定的一般例外和安全例外等。

国民待遇（National Treatment）要求在国内税费和规章等政府管理措施方面，进口商品与本国商品享受同等待遇。这一原则保证了进口商品和本国商品能在同等条件下竞争，避免成员方利用征收国内税费的办法保护国内产业、抵消关税减让效果。但是，国民待遇义务并不适用于有关政府采购的法令、规章和条例，当然这里的政府采购专指日用品采购而非商业用途的采购。至于服务贸易，由于它的特殊性，《服务贸易总协定》中采用了具体承诺的方式，国民待遇并未成为普遍义务。这些构成国民待遇的例外。

总之，最惠国待遇和国民待遇都体现了非歧视原则。两者的区别在于：最惠国待遇强调一国不得针对不同进口来源的商品实行歧视待遇，而国民待遇则强调一国不得在进口商品与本国商品之间实行歧视待遇；最惠国待遇的目的是使来自不同国家的进口商品在成员方市场上处于同等竞争地位，不受歧视，而国民待遇的目的是使进口商品在成员方的国内市场上与其本国商品处于同等竞争地位，不受歧视。

（2）开放原则（More Open）要求成员方降低贸易壁垒，包括关税和有选择地限制数量的进口禁令或配额等措施，促进自由贸易。

世贸组织主张各成员方主要通过关税来保护国内产业和市场，也就是说，关税是唯一合法的保护手段。关税保护原则在肯定关税保护是合法手段，限制、取消或禁止使用各种非关税措施的同时，要求各成员方在互惠基础上通过多边谈判削减关税，各成员方政府不得征收高于它在关税减让表中所承诺的税率。关税保护原则也有例外规定，例如发展中国家以促进经济发展或国际收支平衡需要等为由修改或撤销已做出的关税减让。

（3）透明度原则（Predictable and Transparent）要求各成员方正式实施的有关进出口贸易的所有法律、法规、条例以及与其他成员方达成的所有影响贸易政策的条约与协定等都必须事先正式公布，否则不得实施。《1994年关贸总协定》对有关公布和实施的具体规定为：①成员方在互惠基础上迅速公布现行有效的有关贸易法律、法规、条例以及条约与协定等；②成员方采取的按既定统一办法提高进口货物关税或其他税费的征收率或者对进口货物及其支付实施新的或更严格的规定、限制或禁止的普遍适用的措施，非经正式公布不得实施；③成员方应以统一、公正和合理的方式实施所有应予公布的法律、法规、条例等。透明度原则的目的是保证各成员方在货物贸易、服务贸易和知识产权保护方面的贸易政策实现最大限度的透明。

（4）公平贸易原则（More Competitive）也称公平竞争原则，指各成员在国际贸易中不应采用不公正的贸易手段进行竞争，尤其是不应以倾销或补贴方式出口商品。进口国（地区）如果遇到其他国家（地区）出口商以倾销或补贴方式出口商品，就可以采取反倾销或反补贴措施来抵制不公平竞争，维护公平竞争的贸易环境。为防止滥用反倾销和反补贴措施达到贸易保护主义目的，世贸组织对反倾销和反补贴制定了严格的程序和标准。

（5）对发展中国家（地区）特殊优惠原则（More Beneficial for Less Developed Countries）给予发展中国家（地区）更多的调整时间、更大的灵活性和特权；世贸组织 3/4 以上的成员正处于向市场经济过渡的发展阶段中。世贸组织的协定使它们有过渡时期来适应世贸组织的规定，这对它们来说较为陌生且有一定困难。

（6）环境保护原则（Protect the Environment）。世贸组织的协定允许成员采取措施，不仅保护环境，而且保护公共卫生、动物卫生和植物卫生。但是，这些措施必须以同样的方式适用于自身和其他伙伴。换句话说，绝不能以环保措施作为掩饰保护主义政策的手段。

知识点 2：世贸组织的例外规定

1. 基本原则的例外。

（1）最惠国待遇原则的例外。根据世贸组织多边贸易协议中的规定，成员之间在某些特定情况下不适用协议最惠国待遇原则条款，主要有以下几种。第一，以关税同盟和自由贸易区等形式出现的区域经济安排。第二，属发展中国家的成员实行的特殊和差别待遇（如普遍优惠制、"最佳努力"条款与"授权条款"）。第三，允许成员为便利边境贸易而只给予毗邻国家优惠。第四，知识产权领域的例外；在一般司法协助的国际协议中享有的权利；在世贸组织成立前已生效的国际知识产权保护公约中规定的权利，各成员可不给予最惠国待遇。第五，服务贸易的一次性例外，在《服务贸易总协定》生效时，已在双边或几个国家之间签有服务贸易优惠协定的，可一次性列出豁免清单，但一般要在 10 年内取消。

（2）国民待遇原则的例外。主要有：第一，政府采购的例外。未参加政府采购协议的成员方政府，在为自用或为公共目的采购货物时，可优先购买国（地区）内产品；第二，只给予符合《补贴与反补贴措施协议》和《农业协议》规定的某种产品的国（地区）内生产者补贴；第三，成员可要求本国（地区）电影院只能放映特定数量的外国（地区）影片；第四，在服务贸易领域，成员没有做出开放承诺的服务部门，不适用国民待遇原则，即使在已经做出承诺的部门，也允许对国民待遇采取某些限制；第五，知识产权协定未作规定的有关表演者、录音录像制作者和广播组织的权利可不适用国民待遇。

（3）自由贸易原则的例外。主要是：第一，实施数量限制例外。在特殊情况下，成员可以实行数量限制，但要做到非歧视性；第二，《服务贸易总协定》的市场准入例外，未谈判达成协议的部门即为限制或禁止的。此外，公平竞争原则和透明度原则也有一些例外规定，如在进口激增并对国内相关产业造成严重损害或严重损害威胁时，可采取进口限制的保障措施；不要求成员公布那些会妨碍法令的贯彻执行、会违反公共利益或会损害某一企业正当商业利益的机密材料。

2. 一般例外。

（1）货物贸易领域的一般例外。《1947年关贸总协定》第20条具体规定了可以免除成员义务的10种一般例外措施：为维护公共道德、为保障人类和动植物的生命或健康以及有关输出或输入黄金或白银、有关罪犯生产的产品等，成员可采取必要的措施限制特定来源的进口。《1994年关贸总协定》第14条规定成员在非歧视原则下，可以实施5种一般例外措施。

（2）服务贸易领域的一般例外。《服务贸易总协定》第14条规定成员在不对其他成员构成歧视，或不对服务贸易变相限制的情况下可以实施6种一般例外措施。

（3）知识产权领域的一般例外。《与贸易有关的知识产权协定》也有类似规定，如第27条第2款、第3款等。成员如采取一般例外措施，可不受世贸组织规则及该成员承诺的约束，但应遵守非歧视原则。成员援用一般例外条款采取有关措施的依据是国内法和国际公约。

3. 安全例外。允许成员在战争、外交关系恶化等紧急情况下，为保护国家安全利益采取必要的行动，对其他相关成员不履行世贸组织规定的义务。

知识点3：世贸组织的主要职能和机构设置

世贸组织的主要职能：管理、组织、协调、调节、提供。重点是三大职能：一是谈判职能，164个WTO成员可以在这里制定新的贸易规则，达成贸易自由化协定；二是行政职能，WTO可以作为一个中央信息交换所（涉及关税减让表、服务承诺、非关税措施、补贴通知等）；三是争端解决职能，就各成员是否履行承诺进行裁决。世贸组织的机构设置如下。

1. 部长级会议和总理事会。部长级会议是世贸组织的最高权力机构，由全体成员方的代表组成，负责履行世贸组织的职能。部长级会议的主要权力有：（1）有权对世贸组织的各项协定做出修改和权威性解释；（2）对成员方之间发生的争议或其贸易政策是否与世贸组织规定一致做出裁决或提出修改意见；（3）在特定情况下豁免某个成员的义务；（4）批准世贸组织的新成员或观察员。

部长级会议至少每两年举行一次。在部长级会议休会期间，其职能由总理事会代为行使。总理事会由全体成员方的代表组成，负责处理世贸组织的日常事务，监督和指导各项协定以及部长级会议所作决定的贯彻执行情况。总理事会还有两项具体职能，即履行争端解决机构和贸易政策审议机构的职责。总理事会定期召开会议，通常每两个月一次。

2. 理事会。总理事会下设货物贸易理事会、服务贸易理事会和与贸易有关的知识产权理事会（简称"知识产权理事会"），在总理事会指导下分别负责管理、监督相关协议的实施，并负责行使相关协议规定的职能以及总理事会赋予的其他职能。

3. 专门委员会。总理事会下还设贸易与发展委员会、贸易与环境委员会、国际收支限制委员会、区域贸易协议委员会以及预算、财务与行政委员会，负责处理三个理事会的共性事务及其他事务。

4. 秘书处及总干事。世贸组织下设秘书处，秘书处由总干事负责。部长级会议任命总干事并明确规定其权力、职责、服务条件及任期，总干事任命副总干事和秘书处工作人员并按部长级会议通过的规则确定他们的职责。

5. 其他机构。除上述常设机构外，世贸组织还根据需要设立一些临时机构，即所谓的工作组，例如加入世贸组织工作组、服务贸易理事会下的专业服务工作组、《服务贸易总协定》规则工作组等。工作组的任务是研究和报告有关专门事项并最终提交相关理事会作决定。有的工作组则直接向总理事会报告，例如加入世贸组织工作组。

知识点4：世贸组织的决策运作机制

1. 世贸组织的决策制度。

（1）意思一致原则。即当有关机构就提交的事项做出决定时，如果出席会议的成员方未正式提出反对所建议的决定，则视为该机构已以意思一致做出了决定。下列事项除另有特殊规定外，都明确要求以意思一致做出决定：对世贸组织协定以及多边贸易协定的修改；豁免义务；对纠纷谅解协定的修改；纠纷解决机构依据纠纷谅解协定做决定时。

（2）简单多数规则。若某一决定无法取得意思一致时，则由投票决定，该项决定应以多数表决通过。在部长会议和总理事会上，每一成员方有一票投票权。

（3）三分之二通过规则。当某些事项不能以意思一致通过时，必须有投票权的三分之二多数通过。须三分之二多数通过的事项主要有：对世贸组织协定附件一中的《多边货物贸易协定》和《与贸易有关的知识产权协定》的修改建议；对《服务贸易总协定》一至三部分及其附件的修改建议；将某些对世贸组织协定和多边贸易协定的修改递交成员方接受的决定；世贸组织接收新成员；财务规则和年度预算。

（4）四分之三通过规则。须以四分之三多数通过的事项包括：条文解释；协定修改；豁免义务。

（5）所有成员方接受规则。对世贸组织协定某些条文的修改必须所有成员方都接受才可实施。这一规则的目的实际上是限制做出这种修改，从而保持这些条文的绝对稳定。

（6）反向一致规则。反向一致规则指对某些事项，如果没有一致的反对，就可视为已通过。如《WTO 关于争端解决规则与程序的谅解》第六条第一款规定：当申诉方提出设立专家小组的请求后，除非在纠纷解决机构的会议上以协商一致方式不同意成立专家小组，否则就应成立该小组。

2. 世贸组织的运作机制。多边贸易谈判、贸易政策审议和争端解决是 WTO 的重要职能，也被称作 WTO 的三大支柱。

（1）多边贸易谈判机制。2001 年，世贸组织决定启动多哈回合谈判，推进贸易投资自由化。谈判包括农业、非农产品市场准入、服务贸易、规则谈判、争端解决、知识产权、贸易与发展以及贸易与环境等 8 个主要议题。谈判的关键是农业和非农产品市场准入问题，主要包括削减农业补贴、削减农产品进口关税及降低工业品进口关税三个部分。议程原定于 2005 年 1 月 1 日前全面结束谈判，但至 2005 年底为止仍未能达成协议。2006 年 7 月，由于世贸组织 6 个主要成员美国、欧盟、日本、澳大利亚、巴西和印度未能就农业和非农产品市场准入问题达成协议，世贸组织被迫宣告中止多哈回合谈判。2021 年 12 月，中美欧等 67 个成员在世贸组织框架内，宣布服务贸易国内规制联合声明倡议谈判圆满结束。

（2）贸易政策审议机制。贸易政策审议机制通过定期监督和全面审查各成员贸易政策及实施情况，增强成员贸易政策的透明度，敦促成员遵守世贸组织规则和承诺，切实承担义务和责任。根据世贸组织规则，所有成员均定期接受审议。审议机构直接隶属于部长会议或总理事会，负责定期审议成员方的贸易政策、贸易法规和贸易实践等。按照目前规则，贸易额排名前四位的成员，即中国、美国、欧盟、日本每两年审议一次，排名其后的 16 个成员每 4 年审议一次，其他成员每 6 年一次。从 2019 年起逐步开始，根据成员的经济体量，将审议周期从每 2 年、4 年和 6 年分别改为每 3 年、5 年和 7 年一次。凡接受评审的成员，必须在当年向贸易政策审议机构提交其贸易政策和做法的详尽报告。审议结束后，世贸组织秘书处负责将成员方提交的报告、秘书处的报告以及贸易政策审议机构会议记录概要三份文件合订一起，印刷出版。所有这些文件都提交给部长会议，部长会议将这些文件记录在案。

（3）贸易争端解决机制。世贸组织设立了专门负责解决争端的机构——纠纷解决机构（Dispute Settlement Body，DSB），该机构直接隶属于部长会议或总理事会。接到磋商（谈判）的请求后，纠纷解决机构应在 10 日内做出响应，并于 30 日内开始磋商。若有关成员在 10 日内对磋商要求置之不理，或在 60 日后磋商未果，则申诉方可要求成立专家组进行仲裁。争端解决机构应在专家组提出仲裁报告后 60 日内通过该报告，除非当事一方已通知其有意上诉，或纠纷解决机构以"反向一致"的方式反对该报告。世贸组织解决纠纷的程序中设立了上诉程序，并建立了相应的常设上诉庭，受理上诉的案件。若进行上诉，其程序一般不应超过 60 日，最多不超过 90 日，上诉庭就应做出裁决。

【资料链接】世贸组织完成对中国第八次贸易政策审议

【资料链接】世贸组织如何处理国家间贸易争端？

知识点 5：中国与世贸组织

为适应改革开放的需要，中国政府于 1986 年 7 月正式向关贸总协定提出恢复缔约国地位的申请。1995 年世贸组织建立后，中国由恢复缔约方地位谈判转为加入世贸组织的谈判。经过 15 年的艰苦谈判，在 2001 年 11 月 10 日世贸组织第四次部长级会议上，通过了接纳中国为世贸组织成员的决议，2001 年 12 月 11 日，中国成为第 143 个世贸组织成员。

中国加入世贸组织享受的权利：全面参与世贸组织各理事会和委员会的所有正式和非正式会议，维护我国的经济利益；全面参与贸易政策审议，对美、欧、日、加等重要贸易伙伴的贸易政策进行质询和监督，敦促其他世贸组织成员履行多边义务；在其他世贸组织成员对我国采取反倾销、反补贴和保障措施时，可以在多边框架体制下进行双边磋商，增加解决问题的渠道；充分利用世贸组织的争端解决机制解决双边贸易争端，避免某些双边贸易机制对我国的不利影响；全面参与新一轮多边贸易谈判，参与制定多边贸易规则，维护我国的经济利益，用好最初谈判权，为我国有优势的产品进入其他成员市场削减贸易壁垒；对现在或将来与我国有重要贸易关系的申请加入方，将要求与其进行双边谈判，并通过多边谈判解决一些双边贸易中的问题，包括促其取消对我国产品实施的不符合世贸组织规则的贸易限制措施，扩大我国出口产品和服务的市场准入机会和创造更为优惠的投资环境。

中国加入世贸组织遵守的义务：遵守非歧视原则，承诺废止和停止实施效果与世贸组织国民待遇原则不一致的所有现行法律、法规及其他措施，在法律、法规和行政要求上取消生产供应国内销售的产品与生产供出口的产品之间、在国产品和进口品之间的非歧视待遇，取消与第三国和单独关税区之间的与《建立世贸组织的协议》不符的特殊贸易安排；遵守外汇管理与国际收支措施的规定；制定贸易政策统一措施，统一、公正、合理地实施贸易政策；在贸易法律法规、政策措施制定、发布、实施方面遵守透明度规则；建立司法审查制度，审查与世贸组织各项协定的相关规定所指的法律、法规、普遍适用的司法决定和行政决定的实施有关的所有行政行为；接受特定产品过渡性保险机制；接受过渡性审议机制。

入世后，我国对外贸易高速增长。2001 年，我国货物贸易出口额 0.3 万亿美元，进口额 0.24 万亿美元。到 2009 年，我国成为第一出口贸易大国和第二进口贸易大国。2013 年，我国成为全球货物贸易第一大国，并连续保持这一地位。其中，2022 年货物贸易出口额达到 3.4 万亿美元，比 2001 年增长了 10.33 倍，进口额 2.7 万亿美元，比 2001 年增长了 10.25 倍。除了贸易规模增长，贸易结构持续优化，2011 年，一般贸易首次超过加工贸易，到 2015 年，加工贸易只占全部进出口总额的 31.5%，2022 年这一比例继续下降为 20%。

任务二　了解区域经济一体化

普遍将区域经济一体化（Economic Integration）定义为：两个或两个以上的国家或地区，通过协商并缔结经济条约或协议，实施统一的经济政策和措施，消除商品、要素、金融等市场的人为分割和限制，以国际分工为基础来提高经济效率和获得更大经济效果，把各国或各地区的经济融合起来形成一个区域性经济联合体的过程。

知识点 1：区域经济一体化的类型

根据成员间政策协调程度不同，区域经济一体化可分为以下几种形式。

1. **优惠贸易安排**（Preferential Trade Arrangement）是区域经济一体化中最低级和最松散的组织形式。成员国之间通过贸易条约或协议，规定了相互贸易中对全部商品或部分商品的关税优惠，对来自非成员国的进口商品，各成员国按自己的关税政策实行进口限制。如第二次世界大战前建立的"英联邦特惠制"。

【资料链接】亚太贸易协定

2. **自由贸易区**（Free Trade Area）指签订自由贸易协定的成员相互取消在商品贸易中的关税和数量限制，使商品在各成员之间可以自由流动。其最大特点是，各成员仍保持各自对来自非成员进口商品的限制政策，各成员按照各自的关税制度和非关税的贸易限制措施，对非成员的货物征收关税，并限制其进口。

在全球众多的自由贸易区中，自由贸易的商品范围是有所不同的。有的自由贸易区只对部分商品实行自由贸易，如在"欧洲自由贸易联盟"内，自由贸易的商品只限于工业品，而不包括农产品。这种自由贸易区也被称作"工业自由贸易区"。有的自由贸易区对全部商品实行自由贸易，如"拉丁美洲自由贸易协会"和"北美自由贸易区"对区内所有的工农业产品的贸易往来都免除关税和数量限制。

3. **关税同盟**（Customs Union）指成员之间取消在商品贸易中的关税和数量限制，使商品在各成员之间可以自由流动，成员之间还规定对来自非成员的进口商品采取统一的限制政策，关税同盟外的商品不论进入哪个同盟内的成员都将被征收相同的关税。例如，早期的"欧洲经济共同体"和"东非共同体"。

关税同盟意味着撤除了成员各自原有的关境，组成了共同的对外关境。这样使成员的商品在区域内部自由流动时，排除了来自非成员商品的竞争。关税同盟使成员在商品贸易方面彻底形成了一体化。关税同盟开始具有超国家性质，是实现全面经济一体化的基础。

4. 共同市场（Common Market）指成员之间不仅在商品贸易方面废除了关税和数量限制，并对非成员商品进口征收共同关税，还规定了生产要素（资本、劳动力等）也可在成员间自由流动。例如，"欧洲共同体"在1992年底建成的统一大市场，其主要内容就是实现商品、人员、劳务、资本在成员国之间的自由流动。

5. 经济联盟（Economic Union）指成员之间除了商品与生产要素可以进行自由流动及建立共同对外关税之外，还要求成员实施更多统一的经济政策和社会政策，如财政政策、货币政策、产业政策、区域发展政策等。例如，"欧洲联盟"属于此类经济一体化组织。

在理论上，应在多大的经济政策范围内实现统一才能称得上经济联盟，尚没有明确界定。但是，货币政策的统一作为一个重要标志是具有共识的，即成员之间有统一的中央银行、单一的货币和共同的外汇储备。到目前为止，世界上也只有欧洲联盟达到这一阶段。

6. 完全经济一体化（Complete Economic Integration）是经济一体化的最高级组织形式。区域内各成员在经济联盟的基础上，全面实行统一的经济和社会政策，使各成员在经济上形成单一的经济实体。而该经济实体的超国家机构拥有全部的经济政策制定和管理权。目前世界上尚无此类经济一体化组织，只有欧盟在为实行这一目标而努力。

上述六种形式的区域经济一体化组织是由低级到高级排列的。各种形式的一体化组织之所以可以分级排列是因为上一级形式的一体化组织包含下一级形式一体化组织的特点。但是，必须要指出的是，区域经济一体化组织形式的分级排列并不意味着一个区域性组织在向一体化深度发展时一定是由低级向高级逐级发展的。从区域经济一体化的实践来看，一体化的起点并非一定是优惠贸易安排；某个区域经济一体化组织也可能兼有两种组织形式的某些特点。区域经济一体化的组织在实践中也许会产生出更多的形式（见表1-3）。

表1-3　　　　　　　区域经济一体化形式特征一览表

合作特征	优惠贸易安排	自由贸易区	关税同盟	共同市场	经济同盟	完全经济一体化
关税减让	是	是	是	是	是	是
货物自由贸易	否	是	是	是	是	是
统一对外关税	否	否	是	是	是	是

续表

合作特征	优惠贸易安排	自由贸易区	关税同盟	共同市场	经济同盟	完全经济一体化
生产要素自由流动	否	否	否	是	是	是
统一国家经济政策	否	否	否	否	是	是
统一协调社会与政治政策	否	否	否	否	否	是

知识点 2：主要区域经济一体化协定

1. 欧洲联盟（以下简称"欧盟"，European Union，EU）是当今世界一体化程度最高的区域政治、经济集团组织，其前身是欧洲经济共同体（European Economic Community，EEC）。欧盟现有奥地利、比利时、克罗地亚、卢森堡、保加利亚、塞浦路斯、捷克、丹麦、爱沙尼亚、芬兰、法国、德国、希腊、匈牙利、冰岛、意大利、拉脱维亚、立陶宛、马耳他、荷兰、波兰、葡萄牙、罗马尼亚、斯洛伐克、斯洛文尼亚、西班牙、瑞典 27 个成员，是世界上经济实力最强，一体化程度最高的区域政治经济集团组织。

欧盟成立和发展的过程经历了不同的阶段。

1951 年成立欧洲煤钢共同体。1951 年 4 月，西欧 6 国（法国、德国、意大利、荷兰、比利时、卢森堡）在法国巴黎签订了《欧洲煤钢联营条约》（也称《巴黎条约》），建立了欧洲煤钢共同体。

1968 年建成关税同盟。实现了对内取消关税，对外统一关税。在关税同盟建设快完成时，欧洲煤钢共同体、欧洲原子能共同体、欧洲经济共同体三个机构合并为一个机构，统称为欧洲共同体（European Communities，EC），简称欧共体。

1992 年建成统一大市场。各国基本撤除了各种阻碍商品和要素自由流动的壁垒，一个统一大市场基本形成。这意味着欧共体从关税同盟进入了共同市场。

1993 年成立欧洲联盟，进入经济联盟阶段。1991 年 12 月，在荷兰马斯特里赫特城举行了成员国首脑会议，正式签署《马斯特里赫特条约》（简称《马约》），又称《欧洲联盟条约》。这个条约由《经济和货币联盟条约》和《政治联盟条约》组成。前者的最终目标是实现欧洲统一货币和成立欧洲中央银行；后者的目标是建立共同外交、防务、社会政策等方面的国家联盟。1993 年 11 月，《马约》被所有的成员国批准通过。从此，"欧洲共同体"被改名为"欧洲联盟"，进入经济联盟阶段。

1994 年启动"欧洲经济区"。1991 年 10 月 22 日，欧共体与"欧洲自由贸易联盟"在卢森堡达成了建设"欧洲经济区"的协定。按照该协定，欧洲 19 个发达国家将建成一个能保证货物、服务、资本和人员自由流动的贸易集团。1994 年 1 月 1 日，"欧洲经济区"正式启动。

1999 年开始启动欧洲货币联盟及欧洲联盟的持续扩大。从 1999 年 1 月 1 日开始，欧盟 11 个国家开始在其国内经济贸易活动中使用欧元。

2017 年 6 月，英国公投退出欧盟，并于 2020 年 1 月 31 日正式退出。

2. 北美自由贸易区（North American Free Trade Area，NAFTA）由美国、加拿大和墨西哥三国组成，于 1992 年 8 月 12 日就《北美自由贸易协定》达成一致意见，并于同年 12 月 17 日由三国领导人分别在各自国家正式签署。协定规定，自生效之日起在 15 年内逐步消除贸易壁垒、实施商品和劳务的自由流通。1994 年 1 月 1 日，协定正式生效，北美自由贸易区宣布成立。2017 年北美自由贸易协定启动重新谈判，于 2018 年 9 月 30 日达成新版北美自贸协议《美国—墨西哥—加拿大协定》（USMCA）。

3. 亚太经济合作组织（Asia-Pacific Economic Cooperation，APEC）是亚太地区最具影响的经济合作官方论坛，1989 年伴随着新一轮区域经济一体化浪潮的兴起应运而生，历经多年的发展，已成为在亚太乃至全球都具有极高影响力的区域经济合作组织。包括 21 个国家和地区，即中国、澳大利亚、文莱、加拿大、智利、中国香港特区、印度尼西亚、日本、韩国、墨西哥、马来西亚、新西兰、巴布亚新几内亚、秘鲁、菲律宾、俄罗斯、新加坡、中国台北、泰国、美国、越南以及三个观察员：东盟秘书处、太平洋经济合作理事会和太平洋岛国论坛。APEC 总人口达 26 亿，约占世界人口的 40%；国内生产总值约占世界的 56%，贸易额约占世界总量的 48%。

APEC 是一个不同于世贸组织、自由贸易区及其他各类国际经济集团的组织。APEC 成立之初就表明，它将实行"开放的多边贸易体制"，"不使 APEC 朝着组成一个贸易集团的方向发展"，主张对区域外的非成员开放，各成员可以在自愿基础上有条件或无条件地给予非成员优惠待遇。APEC 的这种性质，决定了其独特的行事准则，即不靠谈判达成的条约规定，而是靠领导人的协商或领导人的承诺来行事。

中国在 1991 年加入 APEC，为全面和深入地参与亚太区域经济合作开创了新局面，有效地加强了与 APEC 各成员的经贸关系，也为推动 APEC 的发展作出了多方面的重要贡献。2024 年 11 月，习近平主席在亚太经合组织第三十一次领导人非正式会议上宣布，中国将担任亚太经合组织 2026 年东道主。

4. 中国—东盟"10+1"自由贸易区（CAFTA）是中国与东盟 10 国组建的自由贸易区，2010 年 1 月 1 日全面启动，拥有 19 亿人口，是发展中国家间最大的自由贸易区。在实施自由贸易协定之前，东盟是我国的第五大贸易伙伴，2019 年成为我国第一大贸易伙伴。中国—东盟自贸区建设大致分为三个阶段：第一阶段（2002—2010 年），启动并大幅下调关税阶段。自 2002 年 11 月双方签署《中国—东盟全面经济合作框架协议》始，至 2010 年 1 月 1 日中国对东盟 93% 产品的贸易关税降为零。第二阶段（2011—2015 年），全面建成自贸区阶段，即东盟越、老、柬、缅四国与中国贸易的绝大多数产品亦实现零关税，与此同时，双方实现更广泛深入的开放服务贸易市场和投资市场。第三阶段（2016 年之后），自贸区巩固完善阶段。2015 年 11 月 22 日，中国与东盟结束自贸区升级谈判并签署升级《议定书》。2022年11月，中国与东盟宣布正式启动中国—东盟自贸区3.0版谈判，谈判将涵盖货物贸易、投资、数字经济和绿色经济等领域，打造更加包容、现代、全面和互利的中国—东盟自贸区。2024年10月，中国与东盟宣布实质性结束中国—东盟自贸区3.0版谈判。

5. 日欧自由贸易协定（EPA）于2019年2月1日正式生效。日欧EPA共覆盖6亿多人口，国内生产总值（GDP）占世界经济总量的28%，贸易总量占全球贸易总量近四成。根据日欧EPA，欧盟将逐步取消约99%自日本进口商品的关税，而日本将逐步取消约94%自欧盟进口商品的关税，但大米、小麦、牛猪肉、乳制品和砂糖（糖料作物）除外。

6. 全面与进步跨太平洋伙伴关系协定（Comprehensive Progressive Trans-Pacific Partnership，CPTPP）。2005年7月，智利、新西兰、新加坡和文莱四国签订了"跨太平洋战略经济伙伴关系协议"（TPSEP），承诺在货物贸易、服务贸易、知识产权以及投资等领域相互给予优惠并加强合作，重要目标之一是建立自由贸易区。2009年，美国参与TPP谈判。2010年，马来西亚和越南成为TPP谈判成员。2013年7月，日本加入TPP谈判。2013年9月，韩国宣布加入TPP谈判。2016年2月4日，12个成员国代表正式签署《跨太平洋伙伴关系协定》（TPP）。2017年1月20日，美国退出。2017年11月11日，除美国外的11国就继续推进TPP正式达成一致，11国将签署新的自由贸易协定，新名称为"全面且先进的TPP"（Comprehensive Progressive Trans-Pacific Partnership）。2018年12月30日，全面与进步跨太平洋伙伴关系协定正式生效，包括11个国家，经济总量占全球的13.2%，贸易总量占全球的15%，是有5亿人口的大市场。

7. 《区域全面经济伙伴关系协定》（Regional Comprehensive Economic Partnership，RCEP）。谈判由东盟发起，于2012年11月启动，初始成员国为东盟10国及中国、日本、韩国、澳大利亚、新西兰、印度六国，也被称为"10+6"。历经8年谈判，于2020年11月15日正式签署协定，成员国包括除印度外的15国。15个成员国总人口达22.7亿，GDP达26万亿美元，出口总额达5.2万亿美元，均占全球30%左右，经济规模占全球比重超过CPTPP占比，是当前世界上人口最多、经贸规模最大的自由贸易区。2022年1月1日，RCEP正式生效。

RCEP是全面、互利互惠的自由贸易协定，旨在通过削减关税及非关税壁垒，建立统一市场的自由贸易协定，内容涉及货物贸易、服务贸易、投资准入、标准和技术、动植物检疫、经济技术合作、知识产权、电子商务、争议解决等领域。15个成员国达成了相互间贸易、投资规则的统一，实现了多重制度框架的整合。货物贸易零关税产品数整体上超过90%，服务贸易和投资开放水平显著高于原有的"10+1"自由贸易协定，新增了中日、日韩两对重要国家间的自贸关系，使区域内自由贸易程度显著提升。

RCEP成员均是我国重要的经贸伙伴。2022年，我国与其他RCEP成员贸易总额达12.95万亿元，占我国外贸进出口总值的30.8%。

【资料链接】利用协定原产地规则降低企业成本

【资料链接】其他区域自由贸易协定

阅读·思考·练习

一、阅读案例，理解世贸组织在解决贸易争端中的作用

1. 2010年，中国宣布对美国肉鸡产品征收至多105.4%的反倾销税和30.3%的反补贴税。美国2011年9月就此向WTO投诉，2013年WTO作出对美有利的裁决。作为回应，中国在2014年将这两项关税分别降至73.8%和4.2%。美国于2016年再度向WTO提起投诉，要求中国对美国鸡肉开放市场。2018年1月，世贸组织作出裁决，认定中国继续对从美国进口的鸡肉征收惩罚性关税。这一裁决意味着中国被迫进一步降低对美国鸡肉产品的关税。

2. 2012年，中国向WTO申诉称美国对以钢铁工业产品为主的22种产品征收反补贴税，其中包括太阳能电池板、风力发电塔、钢瓶和铝型材等，关系到每年中国对美73亿美元（约合462亿元人民币）的出口额。2018年3月，世贸组织裁定，美国错误计算了"替代国"（第三国）成本——中国政府进行国家补贴的价格基准，来评估中国向美国出口商品的补贴水平。

3. 2015年8月，日本向世贸组织投诉在2011年福岛核事故后，韩国禁止进口日本青森、岩手、宫城、福岛、茨城、栃木、群马和千叶县的部分水产品，并在2013年9月以核污水泄漏为由，将禁止对象扩大到8县的全部水产品。2018年2月，WTO的争端解决专家组裁定禁止进口是"不正当歧视"，并提出多项建议，包括解除对所有日产食品的追加检查要求。

二、阅读材料，思考并分析

中国对WTO改革的立场

作为全球经贸治理体系中的重要成员，面临当前发达国家率先发起的WTO改革，中国也适时发出自己的声音。2018年11月23日，商务部召开新闻发布会，发布《中国关于世贸组织改革的立场文件》，并针对WTO改革提出三个基本原则和五点主张。

三个基本原则包括：世贸组织改革应维护多边贸易体制的核心价值，非歧视和开放是世贸组织最重要的核心价值；世贸组织应保障发展中成员的发展利益；世贸组织改革应遵循协商一致的决策机制，规则应由国际社会共同制定。

五点主张包括：世贸组织改革应维护多边贸易体制的主渠道地位；世贸组织改革应优先处理危及世贸组织生存的关键问题；世贸组织改革应解决贸易规则的公平问题并回应时代需要；世贸组织改革应保证发展中成员的特殊与差别待遇；世贸组织改革应尊重成员各自的发展模式。

2019年5月，中国正式向WTO提交了《中国关于世贸组织改革的建议文件》，提出了WTO改革四方面重点领域和建议。2019年11月5日，世贸组织小型部长会议在上海举行。中国商务部官员在会后举行的新闻发布会上称，中国认为WTO改革应坚持"三个不变"："WTO的核心价值不能变，开放、透明、包容、非歧视的基本原则不能变，坚持自由贸易和多边主义、实现互利共赢的总体目标不能变。"

（资料来源：WTO/FTA咨询网）

单元四　对外贸易与经济发展

【单元导学单】

学习目标

素质目标：培养宏观经济战略观念；培养经济学综合思维。

知识目标：认识对外贸易在各国对外经济关系中的地位；了解对外贸易在国际经济中的"传递"作用；掌握对外贸易发展战略的分类。

能力目标：能初步分析对外贸易在国际经济中"传递"；能初步分析主要国家对外贸易发展战略的类型；能初步运用对外贸易发展战略分析中国经济。

重难点

重点：对外贸易是"经济增长的发动机"学说；中国的对外贸易发展战略。

难点：对外贸易是"经济增长的发动机"学说；对外贸易发展战略的分类。

【知识结构图】

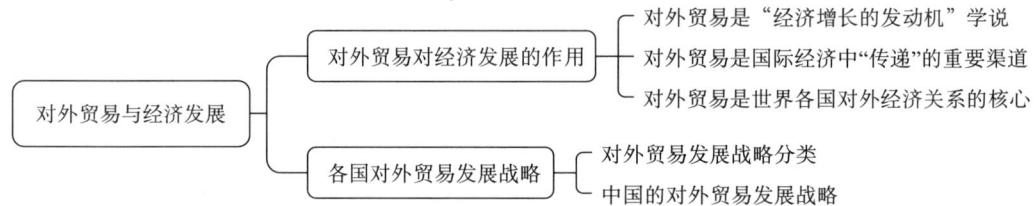

【导入案例】

党的十八大提出加快实施自由贸易区战略，党的十八届三中、五中全会进一步要求以周边为基础加快实施自由贸易区战略，形成面向全球的高标准自由贸易区网络。2015年12月，国务院发布了《关于加快实施自由贸易区战略的若干意见》（以下简称《意见》）。该意见指出，我国自由贸易区战略目标是加快现有自由贸易区谈判进程，在条件具备的情况下逐步提升已有自由贸易区的自由化水平，积极推动与我国周边大部分国家和地区建立自由贸易区，使我国与自由贸易伙伴贸易额占我国对外贸易总额的比重达到或超过多数发达国家和新兴经济体的水平；中长期目标是形成包括邻近国家和地区、涵盖"一带一路"共建国家以及辐射五大洲重要国家的全球自由贸易区网络，使我国大部分对外贸易、双向投资实现自由化和便利化。该意见提出，加快建设高水平自贸区，要提高货物贸易开放水平，扩大服务业对外开放，放宽投资准入，推进规则谈判，提升贸易便利化水平，推进规制合作，推动自然人移动便利化，加强经济技术合作。

思考： 1. 我国为何实施自由贸易区战略？

2. 党的十八大以来，我国是如何推进自由贸易区战略的？

任务一 认识对外贸易对经济发展的作用

对外贸易对一国经济发展起着巨大的推动作用，国际贸易成为当今世界政治经济关系的桥梁和纽带。

知识点1：对外贸易是"经济增长的发动机"学说

20世纪30年代，英国经济学家罗伯特逊（D. H. Robertson）提出了对外贸易是"经济增长发动机"（Engine for Growth）的命题。20世纪50年代，经济学家诺克斯根据对19世纪英国与新的经济发展的分析，进一步补充和发展了这一命题。他认为，19世纪国际贸易的发展是许多国家经济增长的主要原因。他认为，各国按比较成本规律进行国际贸易，通过两优取其更优、两劣取其次劣的办法进行专业化分工，使资源得到更有效的配置，增加了产量。通过交换，各国都得到了多于自己生产的消费量。这是对外贸易的直接利益。同时，对外贸易也带来间接的动态利益。

1. 出口扩大意味进口能力的提高。进口中的资本货物对经济落后国家的决定性的意义。一方面，资本货物的进口使这个国家取得国际分工的利益，大大地节约了社会劳动力。另一方面，资本货物的进口，尤其是先进技术设备的进口可以提高国内的技术水平，会大大地缩短与发达国家的技术差距。

2. 对外贸易的发展使国内的投资流向发生变化，资本会越来越集中在有比较优势的领域，在这些领域中进行专业化生产能大大提高劳动生产率。

3. 规模经济利益。一国国内市场相对来说总是狭小的，出口的扩大克服市场的狭小性，生产规模可以不断扩大，以达到最佳程度，使生产效率不断提高，单位成本不断下降。这一方面可以提高利润率，另一方面会增强国际竞争能力。

4. 出口扩大还会加强部门之间的相互联系，促进国内统一市场的形成。这对经济运行机制不健全的国家尤其重要。出口的扩大，特别是加工程度较深的制成品出口的扩大，会增加对向出口部门提供投入物部门的需求。这些部门转而向其他供给部门增加需求。如此传导下去，不但能带动所有部门的发展，而且会大大地促进国内经济的一体化。

5. 出口的不断扩大会鼓励外国资本的流入。这对普遍缺乏资本的落后国家日益重要。外资的流入不但能解决国内投资不足的难题，而且会促进先进技术和管理知识的传播。

6. 在世界市场上进行激烈的竞争会使国内出口产业以及与之相关的产业改进质量、降低成本，从而促进国内产业的发展。

知识点2：对外贸易是国际经济中"传递"的重要渠道

"传递"指一个国家经济的盛衰如何对另一国产生影响。对外贸易是国际经济中传递的重要渠道。各国经济发展通过对外贸易"传递"的过程是：世界市场价格变动→国内开放部门（经营对外贸易部门）价格变动→国内非开放部门价格变动；国内价格变动→产量与就业变动；产量与就业变动→整个国家经济变动；一国经济变动→对世界市场的供应、需求变动→世界市场价格变动。

知识点3：对外贸易是世界各国对外经济关系的核心

劳动和科学技术的交流、资本的使用，都以对外贸易为活动中枢。一国利用外资的能力取决于该国的偿还能力，出口所得的外汇收入在偿还能力中占绝大比重。因此对外贸易也是各国进行政治斗争、维护经济权益的重要手段。

总结对外贸易促进一国经济发展的作用，主要表现在：利用国际分工，节约社会劳动，产生更多的使用价值；利用国际市场，使一部分商品价值得以实现；有利于生产要素的充分利用；有利于解决劳动力就业问题；有利于提高国民多样化消费水平。对发展中国家而言，除上述一般作用外，对外贸易还带来以下作用：对外贸易是获得外国先进技术的主要渠道；对外贸易增强国内企业的竞争压力，能够刺激生产效率提高；开展对外贸易，有利于改善国内落后产业结构；对外贸易是保障经济协调发展的重要环节。

任务二　理解各国对外贸易发展战略

对外贸易发展战略是实现一国既定的社会经济发展战略可供选择的对外贸易发展方针、目标、步骤、措施的总称。它是一定的对外经济发展战略思想的重要体现。

知识点1：对外贸易发展战略分类

对外贸易发展战略有多种分类方法。目前最常见的是发展经济学分类法，即把外贸战略分为以下三类。

1. 初级产品出口鼓励战略亦称初级外向发展战略。这一发展战略的基本要求是：

充分发挥发展中国家自然资源丰富的优势，通过出口农产品和矿产品等初级产品换取外汇，然后进口本国不能生产的工业制成品，实现国内经济与国外经济的互补。

这一发展战略在理论上得到了西方经济学中"比较成本学说"的支持。但由于大量初级产品在发达国家逐渐转向工业化生产，导致国际价格增长太慢，甚至不升反降，使发展中国家的对外贸易条件不断恶化、国内经济增长的传导路线严重受阻。于是，许多发展经济学家认为，发展中国家主要依靠初级产品出口来发展本国经济是不妥当的，而应该尽力谋求国内工业制成品的自给自足，这样就出现了进口替代型发展战略。

2. 进口替代发展战略又称进口替代工业化政策，是一种内向型战略发展的产物。世界银行的定义是"对工业和贸易的奖励制度有偏向，重视内销的生产，轻视出口的生产"。

这一发展战略的基本要求是：通过引进技术和设备，大力发展本国的制成品工业，并用自己生产的制成品来替代原来需要进口的制成品，以实现国内工业品的自给自足。这一发展战略是以贸易保护主义为前提的。

进口替代型发展战略的最大优点是便于保护和发展本国的民族工业，建立独立、完整的国内工业体系和国民经济体系。在这种发展模式下，由于工业产品主要销往国内市场，所以国内经济的发展受国际市场的影响较小。但是，事实表明，进口替代型发展战略实施过久，也会产生一系列问题，如滥用保护主义政策，导致了国内生产的高成本和低效率；由于国内技术水平有限，随着替代范围的扩大，替代的可能性也越来越小；由于国内市场容量有限，导致了生产规模的不经济性等。于是，发展经济学家又主张发展中国家应实施出口导向战略。

3. 出口导向战略又称出口导向工业化政策或出口替代工业化政策，是外向型经济发展战略的产物。这一发展战略的基本要求是：用工业制成品的出口替代初级产品的出口，用技术含量高、附加值大的产品出口替代技术含量低、附加值小的产品出口，通过这种替代来促进外向型经济的发展，以获取国际分工的比较利益，加快国内经济现代化的步伐。这一发展战略是以对外开放、面向世界的思想为指导的。实践表明，实施出口替代型的发展战略，参与激烈的国际竞争，可以有

【资料链接】东亚国家的出口导向战略

效地提高本国工业化的水平和制成品的质量，使其向高技术、高效益的方向大大迈进；同时，也有利于国内生产规模和就业面的扩大，并有利于增加外汇储备，提高进口能力和偿还债务的能力。

知识点 2：中国的对外贸易发展战略

改革开放前，中国对外贸易发展经历了闭关自守、进口替代两个不同的时期，改革开放后从主张进口替代战略与出口导向战略并存，到主张出口导向战略，再从全国大部分地区执行进口替代内向型战略为主、沿海地区执行一般外向型战略为主的复合

战略,到转变为在全方位开放条件下的多领域、多层次、多元化和双向交流合作的外向型发展战略。

1. 进口替代与出口导向战略并存时期(1978—1990年)。改革开放之后,中国政府放弃了对外贸易的国家垄断制度,逐步建立出口导向型贸易战略。该阶段,对外贸易政策主要如下。

(1) 采取出口导向战略。国家鼓励和扶持出口型产业,并进口相应技术设备,实施物资分配、税收和利率等优惠,组建出口生产体系;实行外汇留成和复汇率制度;限制外资企业商品的内销;实行出口退税制度;建立进出口协调服务机制等一系列措施。

(2) 实施较严格的传统进口限制措施。国家通过关税、进口许可证、外汇管制、进口商品分类经营管理、国营贸易等措施实施进口限制。

(3) 鼓励吸收外国直接投资,鼓励利用两种资源、两个市场和引进先进技术。与改革开放前相比,这一时期对外贸易政策是在对外开放前提下,更注重奖出与限入的结合,实行有条件的、动态的贸易保护手段,因此称之为有管制的开放型贸易保护政策。

(4) 提出沿海地区经济发展战略。1988年,中国提出沿海地区经济发展战略,开始积极参与国际分工和国际交换,大力发展外向型经济,进一步促进我国对外贸易体制由"进口替代战略"向"出口导向战略"转变。1988年中国对外贸易总额首次突破千亿美元大关,达到1027.8亿美元;1990年打破对外贸易长期逆差态势,实现87.5亿美元顺差。

这一时期,中国对外贸易的开放是要冲破因循守旧、闭关自守的陈腐思想,大力发展和不断加强对外经济技术交流,积极参与国际交换和国际竞争,由封闭型经济转为开放型经济,从此走上了经济快速发展的道路。

2. 出口导向战略下贸易自由化倾向的保护贸易政策(1991—2001年)。20世纪90年代,中国进入改革开放深化时期,对外贸易政策开始进行了深入调整,特别是进口限制方面的改革步伐加快。

在进口限制方面:(1) 对关税政策进行调整,1992年1月1日采用了按照《国际商品名称和编码协调制度》调整的关税税则,并降低了225个税目的进口税率,其后进行多次关税下调,到1996年,我国的关税总水平已下降至23%;(2) 减少、规范非关税措施,包括进口外汇体制改革,实行单一的有管理的浮动汇率制度,取消大量配额许可证和进口控制措施,配额分配也转向公开招标的规范化分配制度;(3) 依据GATT/WTO的规则,对我国涉外法律体系进行完善,其中,包括建立大量的技术法规、反倾销条例等。

在促进出口方面:(1) 继续执行出口退税政策;(2) 成立中国进出口银行,扶持企业对外出口;(3) 采取有管理的浮动汇率制度;(4) 成立各类商会和协会,积极组织和参与国际性贸易博览会和展览会等；（5）大力发展出口援助等。

3. 入世后全方位开放战略下的对外贸易政策（2001—2012年）。2001年年底，中国成为世贸组织的正式成员。该阶段，对外贸易政策进行了调整，主要内容如下。

（1）按照《入世议定书》做出的承诺，逐步取消非关税壁垒；（2）针对外贸领域进行一系列深入的改革；（3）积极参与并推进多哈回合谈判，并积极参与多边贸易体系，签订区域自由贸易协定；（4）简化检验检疫流程，促进对外贸易发展；（5）不断提高对外贸易透明度，减少贸易摩擦；（6）利用产业政策，推动国内产业持续快速发展；（7）逐步建立并完善知识产权保护体系；（8）持续利用对外贸易政策促进国内产业结构的升级优化，提高国内产品的技术含量。

4. 新时代高水平对外开放（党的十八大以来）。

（1）科技兴贸。通过面向国际市场的科研开发、技术改造等活动，提高出口产品附加值，提升出口企业国际市场竞争力，实现我国由贸易大国向贸易强国的跨越。

（2）自由贸易战略。对内设立21个自由贸易试验区，建设海南自由贸易港；对外签署RCEP等多个区域性自由贸易协定，建设区域自由贸易区，积极推进加入《全面与进步跨太平洋伙伴关系协定》《数字经济伙伴关系协定》。

（3）贸易创新。推进贸易便利化措施，支持跨境电商、市场采购等外贸新业态发展。外贸新业态以极快的速度发展，成为带动外贸增长的新动能。

（4）推进贸易市场多元化，建设泛亚铁路、发展中欧班列，加强开拓"一带一路"共建国家新兴市场。

（5）进出口平衡。设立中国国际进口博览会，鼓励进口，政策目标由鼓励出口转向贸易平衡。

阅读·思考·练习

一、阅读资料，思考并分析

【资料链接】中国经济深刻影响世界经济（节选）

二、阅读案例，了解自贸区战略实施为我国企业出口带来的实惠

2020年11月15日，第四次区域全面经济伙伴关系协定领导人会议以视频方式举行，会后东盟10国和中国、日本、韩国、澳大利亚、新西兰共15个亚太国家正式签署了《区域全面经济伙伴关系协定》(RCEP)。RCEP的生效实施,标志着全球人口最多、经贸规模最大、最具发展潜力的自由贸易区正式落地。海关总署公布数据显示,2022上半年,我国出口企业申领RCEP原产地证书和开具原产地声明26.6万份、货值979亿元,可享受进口国关税减让7.1亿元;RCEP项下享惠进口货值238.6亿元,减让关税5.2亿元。

案例一:某化纤生产企业,产品出口越南、印度尼西亚、马来西亚。产品出口至越南、印度尼西亚时没有关税减免,企业以为出口至马来西亚的产品同样没有关税减免优惠,因此,对出口马来西亚的产品一直未申办自贸区原产地证书,在马来西亚海关被征收10%的进口关税。后经查阅RCEP各国关税减让表发现,该类产品出口马来西亚可享受零关税。此后,该公司出口马来西亚的货物均申领了自贸区原产地证书,享受了自贸区带来的关税减免红利。

案例二:2022年3月6日,一批171吨中国原产的锂电池原材料运抵韩国釜山港,韩国进口商同时还收到了一份3月4日经成都海关签发的RCEP原产地证书。根据RCEP协定税率,这批锂电池原材料可在韩国享受到279.28万元的税款减让。这也是RCEP实施以来四川省单票出口金额最高、享惠力度最大的贸易。

案例三:以日本清酒进入中国市场为例。随着RCEP生效,其关税税率将由此前的40%降至首年的38.1%,并将在20年内逐步降为零关税。日本某企业负责人表示,日本清酒在中国市场很受欢迎,进口量逐年增加。但RCEP生效前,关税等因素导致日本清酒在中国市场价格较高,生效后关税逐步下调,进入中国市场的价格将会降低,期望未来销路能越来越好。

案例四:某服装公司熟练运用我国对外签订的自由贸易协定优惠政策,不仅在原材料进口、产品出口等环节享受关税减免,而且在海外设立生产基地,综合运用投资所在国的自由贸易协定等优惠政策合理配置订单和产能,实现资源优化配置,提升产品市场竞争力。该公司利用自贸区优惠政策将原辅材料出口到其在越南和柬埔寨的工厂,再根据客户所在国自由贸易协定网络和订单品种进行合理分配。如将出口到欧盟、日本的订单放在柬埔寨工厂生产,只要缝制工艺在柬埔寨进行,达到相关原产地标准,出口到欧盟和日本便可享受零关税。

项目二 进出口业务基础

单元五 交易标的

【单元导学单】

学习目标

素质目标：熟悉国际惯例，了解对象国的商业习惯；培养学生诚信交易、依法经营的职业操守。

知识目标：掌握商品品质的表示方法；掌握商品数量的表示方法；熟悉商品包装的各种标志。

能力目标：能灵活制定合同中的品名、品质条款；能灵活使用数量的溢短装条款；能合理约定合同中的包装条款。

重难点

重点：选用样品表示商品品质的注意事项；溢短装条款的灵活运用。

难点：运输标志的缮制；灵活应用溢短装条款。

【知识结构图】

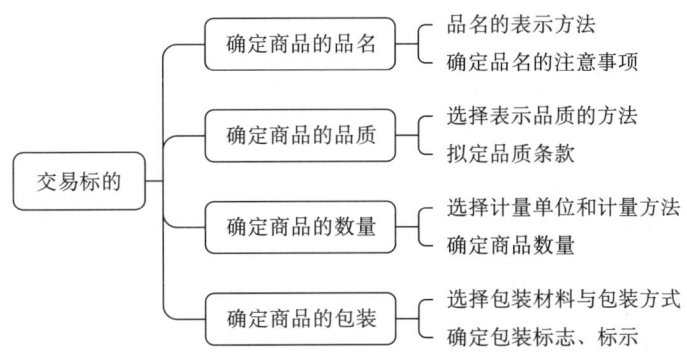

【导入案例】

2024年我国某外贸公司业务员通过电子邮件与某美国供应商洽谈一笔国际贸易业务。我公司称拟采购100吨大豆（100 Tons of Soybeans），美供应商报价530美元/吨 FOB 洛杉矶（US＄530.00/Ton Fob Los Angeles）。我方业务员感觉价格比市场价便宜不少，遂向公司业务主管请示接受该报价并拟签订采购合同。请示过程中，业务主管提示，在商品描述方面，中美习惯不一样，需要仔细确认。一是需要跟美方确认计量单位是否是公吨（Metric Ton），二是需确认大豆品质是否是非转基因大豆，三是需要针对价格条款进行仔细确认。经询问，美方说明其供应大豆是转基因大豆，报价价格单位为短吨（Short Ton）。

国际贸易合同中关于商品品名、品质、数量、包装等内容描述的条款称为合同的标的条款。在国际贸易实践中，由于交易双方文化、习惯等不同，双方对于交易商品的品名、品质、计量单位等都有可能存在较大认知差异，需要在交易开始阶段就加以确认。

思考：你还知道有哪些与国际贸易标的条款相关的国际文化或习惯差异？

任务一　确定商品品名

【实务案例】"手工制造书写纸"品名纠纷案

我国某企业对外出售一批土纸，在双方签订的买卖合同品名栏内，载明土纸即为手工制造书写纸，在发运的商品及包装上贴有标签，印有手工制造字样，在发票、提单、品质与质量检验证书和产地证书中也都载明商品名称为手工制造书写纸。国外买方收到货物后，经制纸实验场鉴定证明"抄纸及干燥工序均为机械操作"，故该商品品名不应表示为手工制纸。买方据此向我某企业索赔。

知识点1：商品的品名

商品的品名（Name of Commodity）或称商品的名称，指某种商品区别于其他商品的称呼或概念。品名条款是买卖合同中的一项主要交易条件。

按照有关的法律和惯例，对商品的描述是构成商品说明的一个主要组成部分，是买卖双方交接货物的一项基本依据。按约定进行商品交货是卖方的基本义务。

知识点2：拟定品名条款的注意事项

合同中的品名条款一般比较简单，通常是在"商品名称"或"品名"的标题下，

列明买卖双方成交商品的名称。确定商品品名要遵循以下原则:

1. 品名明确、具体,避免空泛、笼统的规定;
2. 实事求是反映商品的实际情况;
3. 不应使用不必要或做不到的描述性词句;
4. 尽可能使用国际上通用的名称。

任务二 确定商品品质

> 【实务案例】农产品品质依据纠纷案
>
> 我国某公司向外商出口 200 公吨花生。合同中规定花生的具体规格为含水分 14%、含油量 28%、破碎粒率 1%。国外客户收到货物不久,我方便收到对方来电称:我方的货物品质与合同规定相差较远,具体规格为含水分 18%,含油量 25%,破碎粒 2%,要求我方给予合同金额 40% 的损失赔偿。

品质(Quality)是国际货物买卖的主要交易条件。按约定品质交货是卖方的基本义务。

品质又称商品的质量,是商品的外观形态和内在素质的综合。商品的内在素质指化学成分、物理性能、技术指标等,外观形态指大小、款式、色泽等。在国际贸易中,商品的品质以某种方法表示,并在合同中明确规定。

知识点 1:表示品质的方法

1. 用文字说明表示商品品质的方法包括规格、等级、标准、商标或牌名、产地名称、说明书或图样等。

(1)规格(Specification),是用来反映商品品质的主要指标,如成分、含量、纯度、性能、大小等。用规格表示质量的方法,简单方便,明确具体,在国际贸易中使用最为广泛。

(2)等级(Grade),指同一类商品按其规格的差异,分为不同的若干等级,如特级、一级、二级等。

(3)标准(Standard),指标准化了的规格和等级。标准有的由国家或有关政府部门制定,有的由商品交易所、同业工会或有关国际组织制定。我国的标准多而复杂,有国家标准、行业标准、地方标准、企业标准,对某些农副产品的买卖,有时采用良好平均品质。良好平均品质指在装运地装运出口时的货物的平均品质,即平均中等品质,其含义通常是"大路货"。我国对 F.A.Q 的内容的一般解释是:农产品在每一生产年份的平均质量或某一装船月份或季度所取装船样品求得的平均质量指标。在使用

"F. A. Q"时,有时还要表明具体的规格。例如:"中国桐油,大路货。规格:游离脂肪酸最高4%"。

(4)商标或牌名(Brand Name or Trade Mark)是由字母、数字或图形组成的生产者或商号用来识别其生产或销售的商品的标志。牌名指工商企业给其所制造或销售的商品所冠的名称。商标和牌名是区分和识别货物的标志,商标是牌名的图案化。凭商标和牌名买卖指某些商品品质比较稳定,享有良好的声誉,已有一定的市场,在交易时习惯上就采用这些商品的商标和牌名来表示其品质。主要适合于品质比较稳定的工业制成品。

(5)产地名称(Name of Origin)。有些产品,由于产地的自然条件、传统加工工艺等因素的影响,品质独具特色,可用产地名称来表示其品质,尤其是一些传统农副产品,如烟台苹果、郫县豆瓣、五常大米、武夷山大红袍等。

【知识拓展】中欧地理标志协定

2020年9月14日,中欧地理标志协定正式签署。地理标志是表明产品产地来源的重要标志,属于知识产权的一种。据欧盟估算,有地理标志产品的平均售价要比普通产品高出2.23倍。签署双边地理标志保护与合作协定旨在保护双方的地理标志商品,防止它们被模仿或侵犯。纳入协定的地理标志将享受高水平保护,并可使用双方的地理标志官方标志等。协定附录共纳入双方各275个地理标志产品,涉及酒类、茶叶、农产品、食品等。保护分两批进行:第一批双方互认的各100个地理标志将于协定生效之日起开始保护;第二批各175个地理标志计划于协定生效后四年内完成相关保护程序。中国地理标志产品遍布中国27个省和直辖市,包括郫县豆瓣、安溪铁观音、安吉白茶、烟台苹果、山西老陈醋、库尔勒香梨、盘锦大米等产品。

【资料链接】中欧地理标志协定首批保护名录

(6)说明书和图样(Description and Illustration)。一些机械、电子、仪表等技术密集型产品,通常以说明书附以图样、照片等来说明其具体性能和结构特点。

2. 用实物表示商品品质。

(1)看货买卖。如采用拍卖方式成交的商品,必须现场看货成交。

(2)凭样品买卖(Sales by Samples)指买卖双方约定以样品来表示质量,并用样品作为衡量卖方交货是否符合合同的依据。

样品(Sample)是从一批商品中抽取出来的或由生产使用部门加工出来的,足以反映和代表整批商品的品质的少量实物。一般凭样品买卖的货物大都具有用文字不易描述的货物的品质规格,如在造型上有特殊要求或具有色、香、味等方面特征的商品。在我国出口业务中,许多服装、工艺品、土特产品等,在交易时一般都采用凭样品买卖。

由卖方提供样品,称为"凭卖方样品买卖";由买方提供样品,称为"凭买方样品买卖"。实践中,卖方通常按买方来样复制或选择品质相近的样品,交给对方确认,确认后的样品作为交货品质依据,叫作"对等样品"(Counter Sample)或"回样"(Return Sample)。

【知识拓展】国际贸易中的样品种类

一般常用的有宣传推广样、参考样、测试样、修改样、确认样、产前样、生产样、出货样等,在不同的行业还有针对本行业的样品分类。

参考样指卖方向买方提供仅作为双方谈判参考用的样品。样品寄给买方只做品质、样式、结构、工艺等方面的参考,为产品的某一方面达成共识创造条件。

确认样(Approval Sample)指买卖双方认可、最后经买方确认的样品。

产前样(Pre-production Sample)指生产之前需寄客户确认的样品。一般是客户为了确认大货生产前的颜色、工艺等是否正确而向卖方提出的基本要求之一。

生产样是大货生产中的样品。在随机抽取的前提下反映大货生产时品质等情况,客人根据生产样,可能会作出一些新的改进指示。

出货样是产品已经做好准备出货之前的样品。有些客户就根据这个样品来决定这批货的品质。此外,在不同的行业中,还有与该行业对应的其他样品种类。如纺织服装中的款式样、广告样、齐色齐码样、水洗样、船样、色样、绣(印)花样、辅料样等。

复样(Duplicate Sample)指向买方送交样品时留存的一份或数份同样品质的样品。

封样(Sealed Sample)指由公证机构在一批商品中抽取几件同样品质的样品,在每份样品上烫上火漆或铅封,由发样人自封或由买卖双方会同加封。

知识点 2:确定商品品质应注意问题

确定商品品质应注意以下问题。

1. 凡是能够用一种方法表示品质的,一般不要采用两种或两种以上的方法来表示;如果同时采用凭样品和凭规格买卖的方式,则卖方交货时,既要与样品一致,又要与规格一致。

2. 凭样品买卖的。

(1) 样品要有代表性;

(2) 要留有复样;

(3) 对于某些在制造、加工技术上确有困难,难以做到货物与样品一致的,可规定"质量与样品大致相符"(quality to be about equal to the sample);

(4) 凭买方样品买卖时,要提交对等样,还应规定知识产权争议免责条款。

3. 凭规格表示商品品质的,规格不宜过高或过低,并应注意合理规定品质机动幅度或品质公差。

品质机动幅度指允许卖方所交货物的品质指标在一定的范围内上下浮动。只要卖方所交货物的品质没有超出机动范围的幅度,买方就无权拒收货物。这一方法主要适用于某些质量不稳定的初级产品,如农副产品等。例如棉布幅阔 35/36,即卖方所交的棉布幅阔在 35 英寸到 36 英寸间均属符合规定。一般来说，在品质机动幅度内，价格一般按合同单价计算，价格不做调整，但有时经双方协商同意，也可按比例增减价格。如东北大豆含油量 ±1%，价格 ±1.5%。

品质公差（Quality Tolerance）指国际上公认的产品品质的误差。这一方法主要用于工业制成品。例如，男士手表允许每 48 小时误差 1 秒。

【操作示范】确定商品品质 拟定品质条款

确定商品品质并在合同中拟定品质条款，要列明规格、等级、标准、商标或牌号等项内容，如果是凭样品买卖，要列明样品的编号或寄送日期或者规定凭双方确认的样品（According to the sample confirmed by both parties）。

例 5-1 以样品表示品质的条款

品名品质：样品号 S20121008，玩具熊，尺码 26 英寸，根据卖方于 2020 年 5 月 8 日寄送的样品。

Commodity and Description: Teddy Bear, Sample S20121008, Size 26", as per the samples dispatched by the seller on May 8th, 2020.

例 5-2 以规格表示、含机动幅度的品质条款

中国芝麻：水分（最高）8%，杂质（最高）2%，含油量（湿态、乙醚浸出物）52% 基础，如实际装运货物的含油量高或低 1%，价格相应增减 1%，不足整数部分，按比例计算。

China Sesame seed: Moisture (max) 8%, Admixture (max) 2%, Oil Content (Wet basis ethyl ether extract) 52% basis, Should the oil content of the goods actually shipped be 1% higher or lower, the price will be accordingly increased or decreased by 1%, and any fraction will be proportionally calculated.

任务三　确定商品数量

【实务案例】交货重量纠纷案

我国某公司出口一批羊毛到中东某国。货物到达后，进口商拒绝接受，认为我出口公司在货物的重量上欺骗了他们。在双方来回长时间磋商后，才发现问题出在羊毛从气候湿润的地区发出时含有潮气。当运到进口国时，由于气候比较干燥，羊毛里的潮气散发后，重量就轻了。而这时，双方都已浪费了许多宝贵的时间，在经济上造成了很大的损失。

数量（Quantity）是国际货物买卖的主要交易条件。按约定数量交货是卖方的基本义务。

数量指以一定的度量衡单位表示的货物重量、个数、长度、宽度、面积、体积等，即成交商品的数量和计量单位。《联合国国际货物销售合同公约》规定：卖方必须按合同数量条款的规定交付货物。如果卖方交货数量大于合同规定的数量，买方可以收取，也可以拒收多交部分货物的全部或一部分，如果买方收取多交部分，应按合同价格付款；如果卖方交货数量少于合同规定的数量，买方应在规定的交货期前补交，但不得使买方遭受不合理的不便或承担不合理的开支，即使如此，买方也有保留要求损害赔偿的权利。

知识点1：计量单位和计量方法

1. 选择合适的计量单位。国际贸易中商品的种类和性质不同，使用的计量单位也不同，常用的计量单位有以下六种。

（1）重量（Weight）单位。对大量的农副产品、矿产品等货物的贸易，一般按毛重计量。计量单位常见的有：公吨（M/T）、长吨（l.t.）、短吨（s.t.）、公斤（kg）、磅（1b）、盎司（oz）等。

（2）个数（Number）单位。许多工业制成品，如消费品、轻工业品、机械产品等习惯于按个数计量。计量单位有：件（piece）、双（pair）、套（set）、打（dozen）、卷（roll）、令（ream）、袋（bag）、包（bag）等。

（3）长度（Length）单位。在金属绳索、丝绸、布匹等商品交易中适宜计量其长度。长度的计量单位主要有：米（meter）、英尺（foot）、码（yard）等。

（4）面积（Area）单位。在玻璃板、地毯、皮革等商品交易中，常用面积大小来做计量，其单位主要有平方米（square meter）、平方英尺（square foot）、平方（square yard）等。

（5）体积（Volume）单位。在木材等商品的交易中常用体积表示商品的数量。主要计量单位有立方米（cubic meter）、立方英尺（cubic foot）、立方码（cubic yard）等。

（6）容积（Capacity）单位。各种流体货物一般按其容积计算数量。计量单位主要有升（liter）、加仑（gallon）、蒲式耳（bushel）。

不同的度量衡制度下有不同的计量单位。

【知识拓展】国际贸易中的度量衡制度

公制或米制（Metric System），基本单位为千克和米。世界大多数国家采用。

国际单位制（International System of Units），国际标准计量组织在公制基础上制定公布的。基本单位包括千克、米、秒、摩尔、坎德拉、安培和开尔文七种。

英制（British System），基本单位为磅和码。英联邦国家采用。

美制（US System），基本单位和英制相同，为磅和码，但有个别派生单位不一致。如英制为长吨等于2200磅，而美制为短吨等于2000磅。此外容积单位加仑和蒲式耳，英美制名称相同，大小不同。

我国所采用的是以国际单位制为基础的法定计量单位。《中华人民共和国计量法》明确规定："国家采用国际单位制。国际单位制计量单位和国家选定的其他计量单位，为国家法定计量单位。"

2. 选用合适的重量计量方法。国际贸易中，有很多货物是按重量计算的。计算重量的方法有以下几种。

（1）毛重（Gross Weight）指商品本身的重量加上包装的重量。一些价值不高的产品可采用按毛重计价，即习惯上所称"以毛作净"（Gross for Net）的办法。

（2）净重（Net Weight）指商品本身的重量，即除掉包装后商品本身的重量。《联合国国际货物销售合同公约》规定，如果在合同中没有规定商品重量是按毛重还是净重计量，则按净重计量。

（3）公量（Conditioned Weight）指用科学方法抽去商品中的水分后，再加上标准含水量所求得的重量。适用于价值较高而含水量不稳定的羊毛、生丝等商品。公量是以货物的标准回潮率计算出来的。所谓标准回潮率，是交易双方约定的货物中的水分与干量之比。而货物中的实际水分与干量之比称为实际回潮率。

（4）理论重量（Theoretical Weight）指某些有固定和统一规格的货物，如马口铁、钢板等，有统一形状和尺寸，只要规格一致、尺寸符合，其重量大致相同，这样，可以其件数推算总毛重。

（5）法定重量（Legal Weight）指商品重量加上直接接触商品的包装材料（如销售包装等）的重量。法定重量主要在海关征税时使用。

知识点2：确定商品数量注意事项

1. 数量应明确、具体。

2. 准确选用计量单位和计量方法。针对不同商品选择合适的计量单位，特别注意不同计量制度下的计量单位所代表的具体数量，比如国际单位制的公吨、英制的长吨、美制的短吨；按重量成交的商品要订明计算重量的方法，如按毛重、净重等。

3. 合理规定数量机动幅度。数量机动幅度条款又叫溢短装条款（More or Less Clause），指在数量条款中明确规定卖方可以多装或少装的百分比，但以不超过规定的百分比为限。

实践中，允许溢短装的比例一般在3%—10%，不宜过高，主要考虑船只的承载能力和货物的自然损耗；溢短装的选择权，可以规定由买方决定、由卖方决定或者由船方决定，一般情况下规定由卖方决定；溢短装数量的计价方法，可以规定按照交货时的市场价格计算，防止卖方根据市场行情的变动随意选择多装少装，造成买方损失，如果没有规定,则默认为按照合同价格计算。

【操作示范】 确定商品数量 拟定数量条款

数量条款包括数量、计量单位,有时有数量机动幅度。

例5-3 女士上衣5000件

Quantity:Ladies Cotton Blazer 5000PCS.

例5-4 东北大豆60000吨,以毛作净,5%溢短装,由卖方决定,增减部分按合同价计算。

Quantity:Northeast Soybean 60000 M/T, 5% more or less at seller's option at contract price.

任务四 确定商品的包装

【实务案例】 出口包装与合同不符致损案

我国某公司于2023年底出口一批洗漱包到美国一家大型零售商。客户要求的是围卡包装（Sleeve Card,也称彩套包装）,正常应该是把洗漱包的提手留在外面,以方便挂在货架上销售,但是生产工厂实际包装时把提手也围进去了,导致洗漱包无法直接挂在货架上销售。发货前没有注意到此问题,客户收到货物后以包装错误为由,要求我出口公司赔偿他们零售价的一半或直接退货。经过长达5个月的多次协商,最终以到客户仓库返工并给予成交金额的25%作为产品上架延误损失的赔偿,全部损失（返工加赔偿）达到了成交金额的35%。

商品的包装（Packing）包括包装材料与包装方式的选择、包装费用的负担和包装标志等。

知识点1:包装材料与包装方式

国际贸易商品的包装包括运输包装和销售包装。

1. 运输包装（Transport Packing）又称大包装或外包装（Outer Packing）,指将货物装入特定容器,或以特定方式成件或成箱地包装。运输包装的主要作用:一是保护商品,防止货损、货差;二是便于运输、储存和保管。运输包装分为单件运输包装和集合运输包装两类。

单件运输包装指货物在运输过程中作为一个计件单位的包装,如箱（Case）、桶（Drum）、包（Bale）、袋（Bag）、捆（Bundle）等。

集合运输包装又称成组化包装,指将一定数量的单件包装组合成一件大包装。集合运输包装有提高装卸效率、保护商品、节省费用的作用。常见的集合运输包装如下。

集装箱(Container)又称"货柜",由金属板材或木材、塑料、纤维板材制成的长方形的大箱。国际贸易中使用的集装箱有多种不同的标准、规格,其中使用最多的是 20 英尺和 40 英尺标准化集装箱,我们通常称 8 英尺×8.6 英尺×20 英尺的集装箱规格为一个"标准箱位",即"TEU"(Twenty – Foot Equivalent Unit)。

集装袋(Flexible Container)是由合成纤维或复合材料编织成的圆形大袋或方形大包。

托盘(Pallet)指由木材、金属或塑料制成的,能够用铲车叉起的托板。承载力一般为 0.5—2 吨。

【资料链接】集合运输包装实例

2. 销售包装又称小包装或内包装(Inner Packing),指直接接触商品并随商品进入零售网点和消费者直接见面的包装。有挂式包装、堆叠式包装、便携式包装、易开包装、喷雾包装、一次用量包装、配套包装、礼品包装等。

知识点 2:确定包装标志、标示

1. 运输包装上的标志。

(1) 运输标志(Shipping Mark)又称唛头,指在运输包装上刷制的简单图形、字母、数字及简单的文字。主要作用是使有关人员在运输过程中便于识别货物,避免错发、错运和便于核对单据。主要包括三项内容,即收/发货人名称代号、目的地的名称或代号、件号或批号。

国际标准化组织制定了标准运输标志向各国推荐使用。标准运输标志包括四项内容:收货人或买方名称的英文字母缩写或简称;参考号,如运单号、订单号或发票号;目的地;件号。

【操作示范】

例 5 – 5

N. E OT——收货人名称缩写

NEO2013/026——参考号

DAMMAN PORT——目的地

B/N 1 – 600——件号

实践中,唛头有正唛和侧唛之分。常规唛头的内容为:正唛为收货人名称,侧唛为产品名称、编号、规格、毛净重、尺寸、箱数和订单数量等。如果客户对唛头没有特殊的要求,出口企业可自行设计,如采用标准化唛头:收货人的简称、合同号、目的地、件数之类的信息。如果没有唛头就写 N/M。

（2）指示性标志（Indicative Mark）指为指示有关人员在装卸、搬运和存储易碎、易损、易变质货物时应注意的事项，而在运输包装上刷制的图形和简单文字。例如，"小心轻放""易碎""怕湿"等（见图5-1）。

图5-1 指示性标志

（3）警告性标志（Warning Mark），又称危险品标志，指在爆炸品、易燃品、有毒物品、放射性物品等危险性货物的运输包装上，刷制的醒目图形和简单文字，以示警告。各国政府一般对危险性货物的包装、运输、储存有专门的管理规定，应严格遵照执行。我国在出口危险品货物时，要求标志我国《危险货物包装标志》和《联合国危险货物运输标志》中规定的危险品标志。

【资料链接】唛头实例

【资料链接】联合国危险货物运输标志

2. 销售包装上的标示。在销售包装上，一般都附有装潢画面和文字说明，用来突出商品的特点，说明商品的商标、牌名、品名、产地、数量、规格、成分、用途和使用方法等。有的销售包装上还印有条形码的标志。由欧洲12国成立的欧洲物品编码协会（后改名为国际物品编码协会）编制的EAN条码（European Article Number）是国际上使用最广、国际公认的物品编码标识系统。它由12位数字的产品代码和1位校验码组成。前3位为国别码，中间4位为厂商号，后5位数字为产品代码。国际物品编码协会分配给我国的国别号如下：内地（大陆）为690—695，香港为489，澳门为958，台湾为471。

3. 中性包装与定牌生产。中性包装（Neutral Packing）指既不标明生产国别、地名和厂商名称，也不标明商标或牌名的包装。定牌指卖方应买方的要求在其出售的商品或包装上标明买方指定的商标或牌名的做法。中性包装有两种形式：一是无牌中性包装，既无生产国别、地名、厂名，也无商标牌号；二是有牌中性包装，不注明商品生产国别、地名、厂名，但要注明买方指定商标或牌号，称作定牌中性。

关于中性包装，各国的海关规定不同。有的国家对来自中国的商品进口清关时，中性包装上一定要有"MADE IN CHINA"才可以通关，要求进口商明示这批货物是来自中国。如果不显示，有可能会拒绝放行，或者退回。比如科威特、埃及、尼日利亚、叙利亚、约旦、孟加拉国等。

我国海关总署规定，为规范进口原产国别（地区）的申报与统计，自2008年2月1日起，以中性包装形式进口的货物应按照《中华人民共和国进出口货物原产地条例》的规定申报原产国别（地区）；原产国别（地区）确实不详时，应申报为"国别（地区）不详"（代码为"701"）。

知识点3：确定商品包装注意事项

实践中，对于商品的包装要注意以下事项：
1. 对包装的规定要明确、具体；
2. 包装费用一般包括在货价中，不另计收；
3. 注意有关国家对包装的特殊要求；
4. 为了避免在定牌业务中造成被动，可以在合同中规定："买方指定的商标，当发生被第三者控告为侵权时，应由买方与控告方交涉，与卖方无关，并由此给卖方造成的损失由买方负责赔偿。"

【资料链接】出口商品包装标识不清被退运案

【操作示范】确定商品包装，拟定包装条款

包装条款包括包装材料、包装方式。

例5-6　具体规定包装材料、包装方式

包装：每套装一个塑料袋，印制有款式图、尺码、组成，独款混码每箱40套，纸箱上注明款式号、尺码和数量。

Packing: each set in a polybag printed with style diagram, size, composition, solid design in assorted sizes 40 sets per carton, marked with design number, sizes and quantity.

例5-7　简单规定包装要求

包装：卖方按买方提供的样品制作包装袋，费用包含在货价中。

Packing: The Seller makes the bags according the sample which provided by the Buyer, the cost will be included in the payment of the goods.

例5-8　简单规定包装材料

包装：纸箱装。

Packing：In cartons.

阅读·思考·练习

一、练习

1. 判断。

（1）某外商来电要我方提供大豆，按含油率18%、含水率4%、不完全粒7%、杂质1%的规格订立合同，对此，在一般情况下我方可以接受。（　　）

（2）我国某公司向《联合国国际货物销售合同公约》缔约国B公司出口大米，合同规定数量为50000公吨，允许卖方可溢短装10%。我公司在装船时共装了58000公吨，遭到买方拒收全部货物。按《联合国国际货物销售合同公约》的规定，买方有权这样做。（　　）

（3）毛重就是商品本身的重量加上包装材料的重量。（　　）

（4）合同中未规定以毛重还是净重计算时，一般以毛重计算。（　　）

（5）包装费用一般包括在售价中，不需要在合同中另行规定。（　　）

2. 选择。

（1）在凭样品进行买卖时，样品（　　）。

A. 只能由卖方提出

B. 只能由买方提出

C. 既可由卖方提出，又可由买方提出

（2）卖方凭规格达成一笔交易，并将参考样品留给买方，货到目的港，经检验各项指标与合同相符，但有一项不符合参考样品，买方（　　）。

A. 有权提出索赔，品质应符合参考样品

B. 无权提出索赔，卖方不受参考样品的约束

C. 有权提出索赔，品质不但要符合合同规定，还应符合参考样品

（3）出口羊毛计算重量的方法通常是按（　　）。

A. 毛重　　　　B. 净重　　　　C. 公量

（4）某公司与外商签订了一份出口合同，合同中规定的出口数量为500公吨。在溢短装条款中规定，允许卖方交货的数量可增减5%，但未对多交部分如何作价给予规定。卖方依合同规定多交了20公吨。根据《联合国国际货物销售合同公约》的规定，此20公吨应按（　　）作价。

A. 到岸价　　　B. 合同价　　　C. 离岸价　　　D. 议定价

二、实训操作：解读以下合同条款

Description of Goods	Quantity
5 in1 Programming Cable J0015A	1000pcs

Packing: In cartons
Shipping Mark:　　UNICAM
　　　　　　　　　ES1406009
　　　　　　　　　LONDON
　　　　　　　　　C/No.1-100

三、分析案例

1. 菲律宾某公司与我国上海某自行车厂洽谈进口业务，打算进口"永久"牌自行车1000辆，但要求我方改用"剑"牌商标，并在外包装上不得标注"Made in China"。

分析：可否接受对方要求？应注意什么问题？

2. 我国某公司出口某农产品一批，经买卖双方磋商确定商品品质，并在合同中明确规定：水分含量最高不超过15%，碎粒率最高不超过20%，杂质率最高不高于1%。交易达成前，该公司曾向买方寄送过样品供参考，订约后电告对方成交货物与样品品质一致。货物装运前，由中国商品检验局检验签发品质规格合格证书。进口方收到货物后，提出货物的质量比样品低，要求降价。此时我出口公司留存的复样已遗失，便以合同中并未规定凭样品交货、只规定了凭规格交货为由，主张我方所交货物品质符合合同规定，不同意降价。进口公司又请该国某检验公司进行检验，出具了所交货物平均品质比样品低7%的检验证明，据此要求我出口公司赔偿。我出口公司坚持拒赔，理由是：该批货物是凭规格买卖而不是凭样品买卖。

分析：我方公司拒赔理由是否充分合理？

单元六　交易价格

【单元导学单】

学习目标

素质目标：熟悉国际规则，尊重国际贸易惯例；具有良好沟通能力和认真细致的工作作风。

知识目标：熟悉国际贸易术语的主要惯例；掌握《国际贸易术语解释通则2020》主要贸易术语的应用；掌握不同贸易术语之间的价格换算；掌握价格的核算及佣金、折扣的计算。

能力目标：能正确理解国际贸易术语的含义和作用；能灵活选用各种国际贸易惯例和术语；能够正确进行价格的换算、确定成交价格；能够合理拟定价格条款。

重难点

重点：不同贸易术语的风险划分；不同贸易术语的价格换算。

难点：不同贸易术语的责任归属；国际贸易术语与其他条款的匹配；不同贸易术语的价格核算。

【知识结构图】

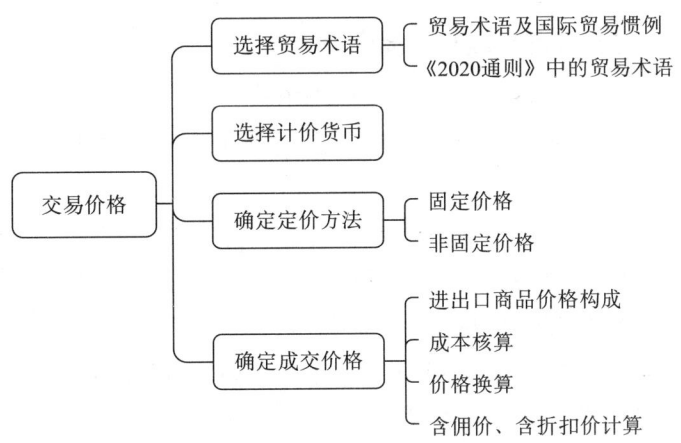

【导入案例】
第五单元导入案例中，美供应商报价 530 美元/吨 FOB 洛杉矶（US＄530.00/Ton Fob Los Angeles）。经我方业务员确认，其中 FOB 术语美方也是按照《1990 年美国对外贸易定义（修订本）》理解的，美方只负责运输至洛杉矶火车站，而非我方理解按照《2020 通则》将货物装至船上。国际贸易价格需要明确货币、金额、单位和贸易术语。其中术语用以明确双方的责任、义务和费用。

思考： 如何理解国际贸易术语？国际贸易术语与国际贸易惯例是什么关系？

任务一　选择贸易术语

【实务案例】贸易术语使用不当致损案

2024 年 5 月，美国某贸易公司（以下简称"进口方"）与我国内地某进出口公司（以下简称"出口方"）签订合同购买一批日用瓷具，价格条件为 CIF LOSANGELES。8 月初，出口方在内地生产工厂将货物备妥，装上承运人派来的货车跨省运输驶往装运港。途中由于驾驶员的过失发生了车祸，耽误了时间，错过了规定的装船日期。得知发生车祸后，我出口方即刻与进口方洽商要求将装船期延展半个月，并本着诚信原则告知进口方两箱瓷具可能受损。美国进口方回电称同意延期，但要求货价降 5%。最终我出口方做出让步，受震荡的两箱降价 2.5%，其余降价 1.5%，为此受到货价、利息等有关损失共计达 15 万美元。事后，承运人赔偿各方面损失共计 5.5 万美元。出口方实际损失 9.5 万美元。

知识点 1. 贸易术语与国际贸易惯例

1. 贸易术语（Trade Terms）指用一个简短的概念或三个字母的英文缩写来表示商品的价格构成，说明交货地点，明确货物交接过程中有关的责任、风险、费用的划分问题的专门用语。

贸易术语具有两重性质。一是表明交货条件，即交货地点、责任划分、风险划分、费用分担。贸易术语用简短的概念明确了买卖双方的权利和义务，每种术语代表特定的交货条件，表明买卖双方各自承担的不同的责任、费用和风险，供交易双方选择使用，从而取代了繁琐、冗长的交易磋商。二是表示商品的价格构成。卖方因承担具体责任、风险而产生的成本、费用会作为货价的组成部分，承担的责任、费用和风险的大小影响着成交商品的价格。例如：如果出口商承担的风险大、责任广、费用多，他便会将这些计入货价中，货价自然会高；反之，如果进口商承担的风险、责任、费用多,而出口商承担得少,货价自然就会低。按不同的贸易术语成交,会表示出成交商品具有不同的价格。

因此,贸易术语又被称为"价格术语""价格条件"。

2. 有关贸易术语的国际贸易惯例

为了解决因对贸易术语理解不同而形成分歧这一问题,国际商会、国际法协会等国际组织以及美国的一些商业团体纷纷制定了解释国际贸易术语的规则,这些规则被广泛采用,形成了有关贸易术语的国际贸易惯例。

国际贸易惯例不同于法律,不具有普遍的法律约束力。交易当事人可以自主决定是否采用某惯例,并有权在合同中做出与某项惯例不符的规定。只要合同有效成立,买卖双方都要履行合同规定的义务,一旦发生争议,法院和仲裁机构也要维护合同的有效性。但如果买卖双方在合同中既未排除,也未注明适用某项惯例,则在合同执行中发生争议时,法院或仲裁机构往往会引用某一国际贸易惯例进行判决或裁决。

目前,国际上有关贸易术语的惯例有以下三种。

(1)《1932年华沙—牛津规则》(Warsaw – Oxford Rules 1932)。由国际法协会制定,对 CIF 合同的性质、特点及买卖双方的权利和义务都作了具体的规定和说明,自 1932 年公布后,一直沿用至今,并成为国际贸易中颇有影响的国际贸易惯例,它在一定程度上反映了各国对 CIF 合同的一般解释。

(2)《1990年美国对外贸易定义(修订本)》(Revised American Foreign Trade Definition 1990)。1919 年,美国九大商业团体在纽约制定并于 1941 年修订、命名为《1941 年美国对外贸易定义(修订本)》(Revised American Foreign Trade Definitions 1941),成为在美洲国家通用的主要贸易惯例。1990 年,该规则进行了修订。《1941 年美国对外贸易定义(修订本)》解释了六种术语:EX(Point of Origin),即产地交货;FOB(Free on Board),即在运输工具上交货;FAS(Free Along Side),即在运输工具旁边交货;CFR(Cost and Freight),即成本加运费;CIF(Cost, Insurance and Freight),即成本加保险费、运费;EX Dock(named port of importation),即进口港码头交货。

3.《国际贸易术语解释通则》(International Rules for the Interpretation of Trade Terms)。1936 年,国际商会制定了一套解释贸易术语的具有国际性的统一规则,称为《国际贸易术语解释通则》,简称 INCOTERMS。随后,为了适应国际贸易业务的不断发展,国际商会先后于 1953 年、1967 年、1976 年、1980 年、1990 年、2000 年、2010 年、2020 年推出该通则的修订本,现在通用的是 2020 年 1 月 1 日生效的新修订本,即《2020 通则》(INCOTERMS 2020)。《国际贸易术语解释通则》是内容最多、使用范围最广、影响最大的有关贸易术语的国际贸易惯例,但在适用的时间效力上并不存在新惯例生效则旧惯例失效的问题,即《2020 通则》实施之后并不意味着 2010 年版的通则自动废止,当事人仍然可以选择适用《2010 通则》。

《2010 通则》解释了 11 种贸易术语,分为特征明显的两大类:适用于任何运输方式或多种运输方式的术语:EXW、FCA、CPT、CIP、DAT、DAP、DDP 7 种;适用于海运及内河水运的术语:FAS、FOB、CFR、CIF 4 种(见表 6-1)。

表 6-1 《2010 通则》贸易术语一览表

适用的运输方式	术语缩写	含义	
		英文	中文
适合任何运输方式或多种运输方式	EXW	EX Works	产地交货
	FCA	Free Carrier	货交承运人
	CPT	Carriage Paid to	运费付至
	CIP	Carriage Insurance Paid to	运费、保险费付至
	DAT	Delivered at Terminal	运输终端交货
	DAP	Delivered at Place	目的地交货
	DDP	Delivered Duty Paid	完税后交货
适合海运及内河运输	FAS	Free alongside Ship	船边交货
	FOB	Free on Board	船上交货
	CFR	Cost and Freight	成本加运费
	CIF	Cost Insurance and Freight	成本加保险费、运费

《2020 通则》(见表 6-2)对《2010 通则》的主要修改:

(1)将原来的 DAT(运输终端交货)术语改为 DPU(卸货地交货)术语,强调卸货地不一定是"运输终端",术语涵盖在运输终端外的其他地点交货情形,如厂房;

(2)增加 CIP(运费保险费付至)术语的保险范围,最低保险范围延伸到 ICC(A)险,但 CIF 贸易术语的最低投保险别依然是 ICC(C);

(3)FCA(货交承运人)术语买方可指示承运人在卸货时向卖方签发已装船提单;

(4)当适用 FCA/DAP/DPU/DDP 等术语时,卖方或买方可自定义运输方式的承运,而不是一定需要第三方承运人;

(5)对买卖双方之间的互相担保要求(包括相关费用)进行了更为精确的分配。

表 6-2 《2020 通则》贸易术语一览表

适用的运输方式	术语缩写	含义	
		英文	中文
适合任何运输方式或多种运输方式	EXW	EX Works	产地交货
	FCA	Free Carrier	货交承运人
	CPT	Carriage Paid to	运费付至

续表

适用的运输方式	术语缩写	含义	
		英文	中文
适合任何运输方式或多种运输方式	CIP	Carriage Insurance Paid to	运费、保险费付至
	DAP	Delivered at Place	目的地交货
	DPU	Delivered at Place Unloaded	卸货地交货
	DDP	Delivered Duty Paid	完税后交货
适合海运及内河运输	FAS	Free alongside Ship	船边交货
	FOB	Free on Board	船上交货
	CFR	Cost and Freight	成本加运费
	CIF	Cost Insurance and Freight	成本加保险费、运费

知识点 2.《2020 通则》中的贸易术语

（一）FOB 术语

FOB 全称是 Free on Board（…named port of shipment），即船上交货（指定装运港），指卖方以在指定装运港将货物装上买方指定的船舶或通过取得已交付至船上货物的方式交货，货物灭失或损坏的风险在货物交到船上时转移，同时买方承担自那时起的一切费用。

该术语只适用于海运或者内河运输，不适用于货物在上船前已经交给承运人的情况，如集装箱运输的货物通常在集装箱码头交货，此时应使用 FCA 术语

1. FOB 术语下买卖双方基本义务划分（见表 6-3）。

表 6-3 FOB 术语买卖双方主要义务划分

卖方	买方
1. 负责在合同规定的日期或期限内，在指定装运港内的装船点，以将货物置于买方指定的船舶之上的方式，或以取得已经在船上交付的货物的方式交货，并给予买方充分的通知	1. 负责租船订舱，支付运费，并给予卖方关于船名、装船地点和要求交货时间的充分通知
2. 卖方必须自负风险和费用，取得所需的出口许可证和其他官方授权，办理货物出口所需的一切海关手续	2. 负责办理货物进口和从他国过境运输所需的一切海关手续
3. 承担交货前货物灭失或损坏的一切风险	3. 承担自卖方交货时起货物灭失或损坏的一切风险
4. 负责提交商业发票、证明交货的通常证据，或者同等效力的电子单证	4. 接受卖方提交的与合同相符的单据，受领与合同相符的货物并支付价款

2. FOB 术语的实践应用。

（1）船货衔接。按 FOB 术语成交的合同，卖方应按合同规定的装船期和装运港，将货物装上船。但订立运输合同、安排船只是买方的义务，买方应租船订舱，将船名、

装船时间等及时通告卖方，以便卖方备货装船。这就存在船货衔接的问题，如果处理不好这一问题，发生货等船或船等货的情况，势必影响合同的正常履行。如买方对买卖双方义务的规定，如果买方按期派船到装运港并给予了卖方充分的通知，而卖方因货未备妥未能及时装运，则卖方应承担未按合同履约的后果，包括负担空舱费或滞期费；如果买方延迟派船导致卖方不能按合同规定时间装船交货，则由买方承担由此产生的损失和费用。

（2）FOB 术语下卖方的通知义务。为了配合买方及时派船和办理保险，在交货期比较长的情况下，要求卖方发送货已备妥通知，货物装船后发送已装船通知。

（3）《1990 年美国对外贸易定义（修订本）》对 FOB 的不同解释。《1990 年美国对外贸易定义（修订本）》将 FOB 分成六种解释，其中的第五种"指定装运港船上交货"与《2020 通则》的解释基本相近。与美洲国家的商人进行交易，要注意两个惯例规定的区别。

一是《1990 年美国对外贸易定义（修订本）》中的第五种解释"FOB Vessel"指"装运港船上交货"，要注意在 FOB 术语后加上"Vessel"一词，如：FOB Vessel New York。

二是关于出口清关问题，《2020 通则》规定卖方办理出口清关，而《1990 年美国对外贸易定义（修订本）》规定卖方只是"在买方请求并由其负担费用的情况下，协助买方取得由原产地及/或装运地国家签发的，为货物出口或在目的地进口所需的各种证件"，即买方应负担一切出口捐税及各种费用。

（4）注意在程租船运输方式下使用 FOB 的变形方式。在程租船运输中，如果船方不愿意负担装船费用，买卖双方往往在 FOB 术语后加列附加条件，用来说明装船费用由谁负担，称为贸易术语的变形。

FOB Liner Terms（FOB 班轮条件），指装船费用的负担按照班轮的做法处理，由负责运输的一方承担。所以，采用这一变形方式，卖方不负担装船费用。

FOB Under Tackle（FOB 吊钩下交货），指卖方仅负担将货物交到买方所派船只的吊钩所及之处的费用，而吊装入舱以及其他各项费用，一概由买方负担。

FOB Stowed（FOB 包括理舱费），指卖方负责将货物装入船舱并承担包括理舱费在内的装船费用。理舱指货物入舱后，放置和整理货物。

FOB Trimmed（FOB 包括平舱费），指卖方负责将货物装入船舱并承担包括平舱费在内的装船费用。平舱指对装入船舱的散装货物进行平整。

在许多标准合同中，为表明由卖方承担包括理舱费和平舱费在内的各项装船费用，常采用 FOBST（FOB Stowed and Trimmed）方式。

（二）CFR 术语

CFR 全称是 Cost and Freight（…named port of destination），即成本加运费（指定

目的港),指卖方在船上交货或以取得已装船货物的方式交货,货物灭失或损坏的风险在货物交到船上时转移。卖方必须签订合同,并支付必要的成本和运费,将货物运至指定的目的港。

适用于海运和内河航运,不适用于货物在上船前已经交给承运人的情况。

1. CFR 术语下买卖双方基本义务划分(见表 6-4)。

表 6-4　　　　　　　　　　CFR 术语买卖双方基本义务划分

卖方	买方
1. 负责租船订舱,支付货物运至目的港的运费;在合同规定的时间和交货地的约定交货点,将货物装上船,或者取得已装船货物的方式交货;装船后及时通知买方	1. 接收卖方提供的与合同相符的单据,受领货物,支付货款
2. 承担货物在装运港交货前的一切费用和风险	2. 承担货物在装运港交货后的一切风险
3. 负责办理货物出口清关	3. 负责办理货物进口清关
4. 负责提供商业发票以及合同可能要求的其他与合同相符的证据,或具有同等效力的电子单证	

CFR 术语代表的价格构成,除"成本"(即 FOB 价)外,还应包括出口运费。

2. CFR 术语的实践应用。

(1) 卖方装船后及时发装运通知,以便买方及时投保。卖方应按约定或惯常方式,在货物装船后及时以电传、传真、电子邮件等方式向买方发出装船通知。这是因为在 CFR 条件下,卖方仅负责办理货物的出口运输,不负责办理货物自装运港至目的港的货运保险,而货物在装运港装上船后,风险即由买方负担。按有关法律及惯例的规定,如果货物在运输途中受损,而卖方未及时发出装船通知导致买方漏保,那么卖方不能以风险在装运港装上船后转移为由免除责任。

(2) 程租船运输方式下 CFR 术语的变形。在程租船运输中,如果船方不愿负担卸货费,买卖双方就必须在合同中明确由谁负担卸货费。这在实践中是通过 CFR 术语的变形,即在 CFR 术语后加列附加条件来说明的。

CFR Liner Terms (CFR 班轮条件),指卸货费用按班轮办法处理,由支付运费的一方承担,即卖方负担卸货费。

CFR Landed (CFR 卸到岸上),指由卖方负担卸货费,包括因船不能靠岸,需将货物用驳船运至岸上而支出的驳运费。

CFR Ex Tackle (CFR 吊钩交货),指卖方负责将货物从船舱吊起卸到船舶吊钩所及之处(码头上或驳船上)的费用。在船舶不能靠岸的情况下,租用驳船的费用和货物从驳船卸到岸上的费用,一概由买方负担。

CFR Ex Ship's Hold (CFR 舱底交货),指货物运到目的港后,由买方自行启舱,并负担货物从舱底卸到码头的费用。

与 FOB 术语的变形相同，CFR 术语的变形通常也仅说明卸货费用的划分，并不改变买卖双方交货地点、风险划分等。

（三）CIF 术语

CIF 全称是 Cost, Insurance and Freight（named port of destination），即成本加保险费、运费（指定目的港），指卖方在船上交货或以取得已经这样交付的货物方式交货，货物灭失或损坏的风险在货物交到船上时转移。本术语只能用于海运和内河运输。

1. CIF 术语下买卖双方的基本义务划分（见表 6-5）。

表 6-5　　　　　　　　　CIF 术语买卖双方基本义务划分

卖方	买方
1. 负责租船或订舱，支付至目的港的运费；在合同规定的日期或期限内，在装运港将符合合同的货物装上船或者取得已这样交付的货物的方式交货；装船后及时通知买方	1. 接收卖方提供的与合同相符的单据，支付货款，受领货物
2. 承担货物在装运港交货之前的一切费用和风险	2. 承担货物在装运港交货后的一切风险
3. 负责办理货物运输保险，支付保险费	3. 负责办理货物进口清关
4. 负责办理货物出口清关	
5. 负责提供商业发票、保险单和在目的港提货用的运输单据或具有同等效力的电子单证	

CIF 术语与 FOB 术语、CFR 术语同属于装运港交货的术语，卖方只要在装运港将货物装上船或者取得这样交付的货物，就完成了交货义务，对货物交付后发生的一切风险和由此产生的额外费用不负责任。不同的是，在 CIF 术语下，卖方为运输过程中的买方风险办理保险，并支付保险费，因此从商品的价格构成来说，CIF 价等于在 CFR 价基础上加上保险费。

2. CIF 术语的实践应用。

（1）CIF 是一个典型的象征性交货术语。象征性交货指卖方只要按期在约定地点完成装运，并向买方提交包括物权证书在内的有关单证，就算完成了交货义务，而无须保证到货。与此相对的交货方式是实际交货，指卖方必须按照合同规定的时间和方式，将符合合同的货物交给买方或其指定人，不能以交单代替交货。在这种交货方式下，卖方凭单交货，买方凭单付款。只要卖方如期向买方提交了合同规定的全套单据（种类、名称、内容、份数相符），即使货物在运输途中损坏或灭失，买方也必须履行付款义务。反之，如果卖方提交的单据不符合要求，即使货物完好无损地到达目的地，买方仍有权拒付货款。

（2）卖方办理保险的责任为代办保险。按《2020 通则》的规定，如合同中没有另外规定，卖方只需按最低险别投保；如果买方有要求并承担费用，卖方应办理买方要求的附加险别。

（3）CIF 术语的变形。采用程租船运输时，如果船方不愿承担卸货费，买卖双方就要通过 CIF 的变形来明确卸货费用由谁承担。与 CFR 相同，CIF 的变形仅是为了说明卸货费用的负担，并不改变交货地点和风险划分。

CIF Ex Ship's Hold（CIF 舱底交货），卸货费用由买方负担。

CIF Liner Terms（CIF 班轮条件），卸货费用按班轮办法处理，由支付运费的一方承担，即卖方负担卸货费。

CIF Landed（CIF 卸到岸上），卖方负担卸货费，包括可能支出的驳船费在内。

CIF Ex Tackle（CIF 吊钩交货），卖方负责将货物从船舱吊起卸到船舶吊钩所及之处（码头上或驳船上）的费用。

（四）FCA 术语

FCA 全称是 Free Carrier，即货交承运人（指定交货地点），指卖方在卖方所在地或其他指定地点将货物交给买方指定的承运人或其他人。本术语适用于各种运输方式，尤其是多式联运（见表 6-6）。

表 6-6　　　　　　　　　　FCA 术语买卖双方基本义务划分

卖方	买方
1. 负责办理货物出口清关	1. 签订自指定地点承运货物的合同，支付货物运至目的地的运费，将承运人名称及有关情况及时通知卖方
2. 在合同规定的时间、地点，将货物交给买方指定的承运人或其他人，并及时通知买方	2. 负担货交承运人后的一切费用及风险
3. 承担货交承运人之前的一切费用和风险	3. 负责办理货物进口清关
4. 负责向买方提交交货的单据或同等效力的电子单证	4. 根据合同规定受领货物，支付货款

FCA 术语实际是在 FOB 术语的基础上发展起来的，买卖双方的义务划分原则与 FOB 术语相同，只不过在适用的运输方式上做了很大的扩展，既可用于海运，又可用于空运、陆运、多式联运，而尤其适用于集装箱运输和多式联运。卖方的交货责任都是在装运地将经出口清关的货物交给买方指定的承运人（FOB 术语要求卖方将经出口清关的货物交到装运港船上），因此，FOB 术语实际上是 FCA 术语的一个特例。但在实际业务中，显然是 FCA 术语应用更为广泛，并对卖方更为有利。

按照 FCA 术语的解释，卖方应将货物交至买方指定的地点、交付给买方指定的人员，风险自此转移给买方。但在海运集装箱运输方式中，如货物交付至集装箱码头，卖方往往不能取得已装船提单，《2020 通则》对此作出修订：如果双方同意按 FCA 要求将货物交付集装箱码头，买方可以指示承运人在卸货时向卖方签发已装船提单。

（五）CPT 术语

CPT 全称是 Carriage Paid to （... named place of destination），即运费付至（指定目的地），指卖方将货物在双方约定地点交给卖方指定的承运人或其他人，卖方必须签订运输合同并支付将货物运至指定目的地所需费用。适用于任何运输方式，包括多式联运（见表 6-7）。

表 6-7　　　　　　　　　　　CPT 术语买卖双方基本义务划分

卖方	买方
1. 负责办理货物出口清关	1. 负责办理货物进口清关
2. 订立将货物运至目的地的合同并支付运费，在合同规定的时间、地点将货物交给承运人，及时通知买方	2. 承担货交承运人后的一切风险和费用
3. 承担货交承运人前的一切风险	3. 接受卖方提交的单据，受领货物，支付货款
4. 向买方提供交货的单据或具有同等效力的电子单证	

从以上买卖双方义务划分可知，CPT 术语下的卖方义务仅比 FCA 术语下多了办理出口运输，因此 CPT 的价格构成中含有出口运费，即 CPT 价 = FCA 价 + 运费。其余在交货地点、风险划分上，两者是相同的。

使用 CPT 术语应注意的问题如下。

（1）风险划分。建议双方尽可能在合同中明确交货地点（风险在这里转移至买方）以及指定的目的地（卖方必须签订运输合同运到该目的地）。CPT 术语虽然要求卖方负责办理货物的运输并支付运费，但并不要求卖方负担运输途中的风险和由此产生的额外费用。卖方只承担货物交给承运人控制之前的风险，在多式联运情况下，承担货物交给第一承运人之前的风险。

（2）装运通知。CPT 术语实际上是 CFR 术语在运输方式上的延伸。两者除适用的运输方式不同，在买卖双方义务划分原则上，是完全相同的，卖方要负责订立自装运地至目的地的运输合同并支付运费，但不负担货物在运输途中发生的风险及产生的额外费用。因此，两者都属于装运合同。与 CFR 术语一样，卖方要在装货后及时通知买方，以便买方投保。

（六）CIP 术语

CIP 全称是 Carriage and Insurance Paid to （... named place of destination），即运费和保险费付至（指定目的地），指卖方将货物在双方约定地点交给其指定的承运人或其他人。卖方必须签订运输合同并支付将货物运至指定目的地的所需费用，还必须为买方在运输途中货物的灭失或损坏风险签订保险合同。

CIP 术语下的卖方义务是在 CPT 术语基础上，增加了办理保险并支付保险费，其他如运输方式、交货地点、风险划分都相同。

CIP 价 = CPT 价 + 保险费 = FCA 价 + 运费 + 保险费

使用 CIP 术语应注意的问题：按 CIP 术语成交的合同，卖方要办理货运保险并支付保险费，但货物从交货地点运往目的地的运输途中的风险由买方承担，所以卖方的投保属于代办性质。根据《2010 通则》的规定，卖方只需投保最低险别，但根据《2020 通则》的规定，卖方有责任投保 A 险，即涵盖最大保险范围的最高保险险别。

（七）其他贸易术语

1. EXW 术语。EX Works（...named place），即工厂交货（指定地点），指当卖方在其所在地或其他指定地点将货物交给买方处置时，即完成交货。卖方不需将货物装上任何前来接收货物的运输工具，需要清关时，卖方也无须办理出口清关手续。

EXW 术语是卖方承担责任最小的术语。该术语在一些国家，特别是在陆地接壤国家之间应用得比较普遍。在使用该术语时，买方要承担的责任、风险和费用是所有术语中最大的。但按该术语成交的价格低廉，对许多进口商具有一定的吸引力。买方应认真考虑可能遇到的各种风险、运输环节及在出口国的出口清关问题，权衡利弊。如果买方不能直接或间接地办理出口手续，则不应使用该术语，而应使用 FCA 术语。

2. FAS 全称是 Free alongside Ship（...named port of shipment），即船边交货（指定装运港），指当卖方在指定装运港将货物交到买方指定的船边（如置于码头或驳船上）时，即为交货。货物灭失或损坏的风险在货物交到船边时发生转移，同时买方承担自那时起的一切费用。

与 FOB 术语相同，FAS 适用于海运和内河航运，但卖方的交货地点不是在装运港船上，而是在装运港船边，因而卖方所负担的风险、费用仅止于船边。卖方应负责货物的出口清关。由于卖方承担在特定地点交货前的风险和费用，而且这些费用和相关作业费可能因各港口管理不同而变化，特别建议双方尽可能清楚地订明指定的装运港内的装货点。当货物装在集装箱里时，卖方通常将货物在集装箱码头移交给承运人，而非交到船边。这时，FAS 术语不适用，而应当使用 FCA 术语。

3. DAP 全称是 Delivered at Place（...named place of destination），即目的地交货（指定目的地）。"目的地交货"指卖方在指定目的地将仍处于抵达的运输工具上，且已做好卸载准备的货物交由买方处置时，即为交货。卖方承担将货物运到指定地点的一切风险。如果双方希望卖方办理进口清关，支付所有进口关税，并办理所有进口海关手续，则应当使用 DDP 术语。

4. DPU 全称是 Delivered at Place Unloaded（...named place of unloaded），即卸货地交货，指当卖方在指定港口或目的地将货物从抵达的载货运输工具上卸下交给买方处置时，即为交货。卖方负责办理货物的出口手续，买方负责办理货物的进口手续，是一个表示实际交货的术语。

5. DDP 全称是 Delivered Duty Paid to（...named place of destination），即完税后交货（指定目的地）。"完税后交货"指当卖方在指定目的地将仍处于抵达的运输工具上、但已完成进口清关且已做好卸载准备的货物交由买方处置时，即为交货。卖方承担将货物运至目的地的一切风险和费用，并且有义务完成货物的出口和进口清关，支付所有出口和进口的关税和办理所有海关手续。

任务二　选择计价货币和定价方法

> **【实务案例】** 外汇汇率变动影响出口企业利润案
>
> 　　某公司是一家以出口为主业的汽车零部件制造公司，其 95% 的产品销往海外，其中北美占到 50%，欧洲与中东占到 30%，剩余的出口产品销往南美。由于该公司产品以出口为主，以美元结算，所以对于人民币对美元汇率走势非常敏感，人民币对美元每贬值 1 个百分点，公司就可以增加 1 个百分点的纯利润。

知识点 1. 如何选用计价货币

1. 尽量使用可自由兑换货币。合同中的计价货币，可以选择出口国货币、进口国货币或进出口双方同意的第三国货币。在实际业务中，具体选用哪国货币，是由买卖双方协商而定的，但应尽量使用可自由兑换的货币。常用的可自由兑换货币有美元、欧元、日元、英镑、港元、加拿大元、澳大利亚元、新西兰元、新加坡元等。

2. 国际贸易中的"元"有美元、日元、加拿大元、港元等多种，使用哪国的货币作为合同中货物的计价货币，必须明确规定出来。

3. 出口争取使用"硬币"，进口争取使用"软币"。在进口业务中，一般应争取多使用从成交至付汇这段时期内汇价比较疲软且趋势下浮的货币，即"软币"或称"弱币"；在出口业务中，一般应争取多使用从成交至收汇这段时期内汇价比较稳定且趋势上浮的货币，即"硬币"或称"强币"。

知识点 2. 进出口商品的主要定价方法

1. 固定价格。买卖双方明确约定成交价格，履约时按此价格结算货款。这是我国进出口贸易中最常见的作价方法，也是国际上常用的方法。采用固定价格，买卖双方在协商一致的基础上明确规定货物的价格，一般是货物的单价，例如：每公吨 300 美元 CIF 纽约（USD 300 per metric ton CIF New York）。

2. 非固定价格。非固定价格指一般业务上所说的"活价"，适用于行情频繁变动、价格涨落不定且交货期较长的合同，可以使买卖双方避免承担市价变动的风险。从我国进出口合同的实际执行来看，主要有以下几种做法。

（1）具体价格待定，即在价格条款中不规定具体价格，而是规定定价时间和定价方法或只规定作价时间而不规定作价方法。例如:"在装运月前 30 天参照当地及国际市场价格水平协商确定价格",或"按提单日期的国际市场价格计算"。

(2) 暂定价格。在合同中先订立一个初步价格,作为开立信用证和初步付款的依据,在双方确定最后价格后再进行清算。有时在与信用可靠、业务关系密切的客户洽商大宗货物的远期交易时,采用这种做法。例如:每件 150 港元 CIF 香港(上列价格为暂定价,于装运月份 15 天前由买卖双方另行协商确定价格)。

(3) 部分固定价格、部分非固定价格。为了照顾买卖双方的利益,解决在定价方法上可能存在的分歧,可以采用部分固定价格、部分非固定价格的方法。尤其是分期交货的合同,可以在订约时将近期交货的部分合同价格固定,其余的在交货前一定期限内由双方议定价格。

任务三 确定成交价格

知识点 1. 进出口商品价格构成

国际贸易中的商品价格包括三部分:成本、费用和利润。

以外贸企业出口商品价格为例。

成本是出口商品购进价,实际计算中应将进货成本扣除出口退税收入。

费用是价格构成中最复杂的部分,通常包括国内费用和国外费用两部分(见表 6-8)。

表 6-8 国内费用和国外费用的内容

国内费用	加工整理费用
	包装费用
	保管费(包括仓租、火险等)
	国内运输费用(仓至码头、车站、空港、集装箱货运站、集装箱堆场)
	装船费(装船、起吊费和驳船费等)——采用 FOB、CFR、CIF 装运港交货术语时
	拼箱费(货物构不成一整集装箱)——采用 FCA、CPT、CIP 货交承运人术语时
	证件费(包括商检费、公证费、产地证费、许可证费、报关单费等)
	银行费用(贴现利息、手续费等)
	预计损耗(耗损、短损、漏损、破损、变质等)
	邮电费(电报、电传、邮件等费用)
国外费用	国外运费(自装运港至目的港的海上运输费用——装运港交货术语;自出口国起运地至国外目的地的运输费用——货交承运人术语)
	国外保险费
	如果以含佣价成交,还应包括付给中间商的佣金

利润是进出口价格的三要素之一。价格中所包含的利润的大小往往根据商品、行业、市场需求以及企业的价格策略等因素来决定。与保险费、银行费用和佣金的计算不同，利润作为企业自己的收入，其核算的方法由企业自行决定，通常采用一定的百分比作为经营的利润率来核算。计算利润的基数，一般是出口成本，也有采用成交价格计算的。

知识点 2. 成本核算

以出口为例，为了确保盈利，应该在对外成交前将出口总成本、出口外汇净收入、出口换汇成本和出口盈亏率等数据一一确定，进行盈亏核算，然后报出一个合理的价格。

1. 计算出口总成本和出口外汇净收入。出口总成本指出口企业为出口商品支付的国内总成本，包括两部分：进货成本和国内费用（出口前的一切费用和税金）。

进货成本：即出口商品购进价，其中包含增值税。如企业自营出口，进货成本即其生产成本。国内费用：通常由各企业按进货成本的 5%—10% 不等的定额费率自行核定。

出口总成本 = 出口商品购进价（含增值税）+ 定额费用 – 出口退税收入

出口退税收入 = 出口商品购进价（含增值税）÷（1 + 增值税率）× 退税率

出口外汇净收入指出口外汇总收入中扣除劳务费用如运费、保险费、佣金等非贸易外汇后的外汇收入，即以 FOB 价成交所得的外汇收入。如果以 CFR 或 CIF 术语成交，价格中扣除国外运费、保险费后，为出口外汇净收入。以含佣价成交的，还要扣除佣金。

出口人民币净收入指出口外汇净收入按当时外汇牌价折算的人民币数额。

根据出口商品的这些数据，可以计算出出口换汇成本、出口盈亏率。

2. 计算出口换汇成本。出口换汇成本指出口商品净收入一个单位的外汇需多少元本国货币。其计算公式如下：

$$出口换汇成本 = \frac{出口总成本（人民币）}{出口外汇净收入（美元）}$$

例 6–1 出口某商品 1000 件，每件 22.30 美元 CIF 纽约，总价为 22300 美元，其中运费为 2160 美元，保险费为 112 美元。进价为每件人民币 114 元，共计 114000 元（含增值税 14%），费用定额率为 10%，出口退税率为 9%。当时银行美元买入价为 6.58 元。求该笔业务的出口换汇成本。

$$出口换汇成本 = \frac{出口总成本（人民币）}{出口外汇净收入（美元）} = \frac{进货成本 + 定额费用 - 出口退税收入}{FOB出口外汇净收入}$$

$$= \frac{114000 + （114000 \times 10\%） - 114000 \div （1 + 14\%） \times 9\%}{22300 - 2160 - 112} = \frac{134400}{20028} = 6.71（人民币$$

元/美元)

出口换汇成本是衡量外贸企业进出口盈亏的重要指标,与外汇牌价相比,能直接反映出商品出口是否盈利。出口换汇成本如高于银行外汇牌价,说明出口亏损;出口换汇成本低于银行外汇牌价,则说明出口盈利。

3. 计算出口盈亏率。出口所得人民币净收入扣除出口总成本,即为出口盈亏额。出口盈亏率指出口盈亏额与出口总成本的比例,用百分比表示。它是衡量出口盈亏程度的重要指标,其计算公式为:

$$出口盈亏率 = \frac{出口盈亏额}{出口总成本} \times 100\% = \frac{出口销售人民币净收入 - 出口总成本}{出口总成本} \times 100\%$$

例 6-2 某公司出口商品 1250 只,出口总价为 USD 13500 FOB 上海。商品进价总计为 62000 元人民币(含增值税 14%),费用定额率为 6%,出口退税率为 9%,当时银行汇价美元买入价为 6.60 元人民币。求该笔业务出口盈亏率。

出口盈亏额 = 出口销售人民币净收入 - 出口总成本 = $13500 \times 6.60 - [62000 \times (1+6\%) - 62000 \div (1+14\%) \times 9\%]$ = $89100 - (65720 - 4894.75)$ = 28274.75(人民币元)

$$出口盈亏率 = \frac{出口盈亏额}{出口总成本} \times 100\% = \frac{28274.75}{60825.25} \times 100\% = 46.48\%$$

知识点 3. 价格换算

当客户要求报出不同贸易术语价格时,就需要进行价格换算。

CIF、CFR、FOB 价的价格换算:

CIF 价 = CFR 价 + 国外保险费(I) = FOB 价 + 国外运费(F) + 国外保险费(I)

例 6-3 我某公司出口货物 1000 吨,出口价格为每吨 2000 美元 CIF 纽约,现客户要求改报 FOB 上海价。已知该种货物每吨出口运费为 150 美元,原报 CIF 价中保险费总计 2200 美元。求应报的 FOB 上海价。

每吨保险费合计:$2200 \div 1000 = 2.2$(美元)

FOB 价 = CIF 价 - 国外运费 - 国外保险费 = $2000 - 150 - 2.2 = 1847.8$(美元)

应报 FOB 上海价为每吨 1847.8 美元。

知识点 4. 含佣价、含折扣价计算

当客户要求获得佣金或折扣时,就需要计算含佣价与含折扣价。

1. 计算含佣价。佣金(Commission)指代理人或经纪人为委托人服务而收取的报酬。凡成交价格中含有需支付给中间商的佣金的,称为含佣价。不含佣金的价格,称为净价。佣金可以明确表示在价格条款中(明佣),也可以不在合同中表示出来,由当事人按约定另行私下交付(暗佣)。国外的一些中间商或买主为了赚取"双头佣"(从买卖双方处都获取佣金),或为了达到逃汇或逃税的目的,往往提出使用"暗佣"。

佣金的表示方法有两种。

(1) 规定佣金率。例如：每吨 1000 美元 CIF 香港包括佣金 3%（USD 1000 per metric ton CIF Hong Kong including 3% commission）。也可以在贸易术语后直接加注佣金的英文缩写"C"并注明百分比。例如：每吨 1000 美元 CIF C3% 香港（USD1000 per metric ton CIF C3% Hong Kong）。

(2) 以绝对数表示佣金。例如：每公吨支付佣金 30 美元。在国际贸易中，佣金的计算方法各不一样，主要体现在以佣金率的方法规定佣金时，计算佣金的基数怎样确定。常用的方法是将成交金额（发票金额）作为计佣基数，例如：按 CIF C3% 成交，发票金额为 10000 美元，则应付佣金为 10000×3% = 300（美元）。佣金的计算公式：

单位货物佣金额 = 含佣价 × 佣金率

净价 = 含佣价 − 单位货物佣金额 = 含佣价 × (1 − 佣金率)

$$含佣价 = \frac{净价}{1-佣金率}$$

例 6−4 某出口公司对外报价某商品每公吨 2000 美元 CIF 纽约，外商要求 4% 佣金。在保持我方净收入不变的情况下，应该报含佣价为：

$$CIF\ C4\% = \frac{CIF\ 净价}{1-4\%} = \frac{2000}{1-4\%} = 2083.33（美元）$$

佣金的支付有以下做法：出口企业收到全部货款后将佣金另行支付给中间商或代理商；中间商在付款时直接从货价中扣除佣金；交易达成后就支付佣金。我国出口业务中常用的是第一种方法，即收到全部货款后再另行支付佣金。可以在合同履行后逐笔支付，也可以与中间商或代理商签订协议，按月、按季、按半年甚至一年汇总支付。

2. 计算含折扣价。折扣（Discount）指卖方给予买方一定的价格减让，即在原价基础上给予适当的优惠。

折扣的规定方法：

(1) 用百分比表示折扣比例。

例 6−5 每公吨 1000 美元 CIF 香港折扣 2%（USD 1000 per metric ton CIF Hong Kong including 2% discount）

每公吨 1000 美元 CIF 香港减 2% 折扣（USD 1000 per metric ton CIF Hong Kong less 2% discount）。

(2) 用绝对数表示折扣。例如：每吨折扣 10 美元。折扣通常是以成交额或发票金额为基础计算出来的。计算方法为：

单位货物折扣额 = 原价（或含折扣价）× 折扣率

卖方实际净收入 = 原价（含折扣价）− 折扣额

折扣一般可在买方支付货款时预先扣除。如果是暗扣，在合同中并不表示出来，而按双方私下达成的协议，由卖方另行支付给买方。

【操作示范】确定商品价格，拟定价格条款

确定价格应注意：

1. 根据经济意图和实际情况，选用适当的贸易术语；

2. 做好成本核算，根据商品成本、费用，结合市场供求变化、贸易术语、汇率变动、运输距离等因素，合理确定价格水平；

3. 争取选择于己有利的计价货币，以免遭受币值变动带来的风险，如采用了不利的计价货币，应争取订立外汇保值条款；

4. 灵活运用各种不同的作价办法，避免价格变动的风险；

5. 参照国际贸易的习惯做法，注意佣金和折扣的运用；

6. 如果货物品质和数量约定有一定的机动幅度，则对机动部分的作价也应一并规定；

7. 如果包装材料和包装费用另行计算，对其计价方法也应一并规定；

8. 单价中涉及的计量单位、计价货币、装卸地名称等必须书写正确、清楚。

例 6-6　净价条款

单价：每件 2.58 美元 FOB 青岛

总值：25800 美元

Unit Price：at USD2.58 per pc FOB Qingdao

Total Value：USD 25800 (Say US Dollars Twenty-Five Thousand Eight Hundred Only)

例 6-7　含佣价条款

单价：每件 2.58 美元 FOBC3% 青岛

总值：25800 美元

Unit Price：at USD2.58 per pc FOB Qingdao including 3% commission

Total Value：USD 25800 (Say US Dollars Twenty-Five Thousand Eight Hundred Only)

阅读·思考·练习

一、练习

1. 判断。

（1）以 FOB 吊钩下交货成交，卖方只需将货物置于船只吊钩可及之处，就算完成交货，以后的风险概不承担。　　　　　　　　　　　　　　　　　　　　（　　）

（2）以 CIF 班轮条件成交，卖方必须用班轮装运货物。（   ）

（3）FOB、CFR、CIF 三个术语的交货地点是相同的。（   ）

（4）《2020 通则》中的 11 种术语，买方承担责任最大的是 EXW，最小的是 DDP。

（   ）

（5）因为是象征性交货，所以在 CIF 条件下买方在目的港无权对货物提出异议。

（   ）

（6）FCA、CPT、CIP 三种术语不仅适用于各种单一运输方式，而且适用于多式联运。

（   ）

（7）以 FCA 条件成交，卖方将货物交给承运人后，即履行完交货义务，出口报关等手续由买方办理。（   ）

（8）在采用 FOB、CFR、CIF 三种贸易术语成交时，货物在装运港装上船以后，风险即告转移。因此，当货物到达目的港后，买方如发现货物品质、数量或包装等有任何与合同规定不符的情况，卖方概不负责。（   ）

2. 选择。

（1）按照现行的《2020 通则》，若以 CFR 条件成交，买卖双方风险划分是以（   ）为界。

A. 货物交给承运人保管　　　　B. 货物交给第一承运人监管

C. 装运港交到船上，或者取得如此提交的货物

（2）CFR 合同由买方投保，运输途中的风险由买方承担，但是如果卖方在货物装船后，没有及时发出装船通知，致使买方在货物发生风险时没有投保，此时的风险（   ）。

A. 由卖方承担

B. 由买方承担，因为 CFR 术语双方风险划分的界限是装运港货物装上船

（3）CIF 合同的货物在装船后因火灾被焚，应由（   ）。

A. 卖方承担损失

B. 如果已经投保的话由卖方向保险公司索赔

C. 买方向保险公司索赔

（4）就卖方承担的风险而言，（   ）。

A. CFR 比 CIF 大　　　　B. CFR 比 CIF 小　　　　C. CFR 和 CIF 一样大

（5）在 FOB 条件下，买方常委托卖方代为租船、订舱，其费用由买方负担。如果到期订不到舱，租不到船，（   ）。

A. 卖方不承担责任，其风险由买方承担　　B. 卖方承担责任，其风险也由卖方承担

C. 买卖双方共同承担责任、风险　　　　D. 双方均不承担责任，合同停止履行

二、实训操作

1. 选用合适的贸易术语。

（1）某公司需通过海运出口一批货物到纽约，愿意自行寻找船公司，但不愿承担保险

责任，应选用什么贸易术语？

（2）青岛金桥进出口公司要向德国 GH 公司出口圣诞玩具一批，运输方式为海运，出口港为青岛，供货商是济南一家玩具厂。要从《2020 通则》中选择一种适合的贸易术语，出口商在济南完成交货，不承担济南到青岛的国内运费，不负责办理海运订舱，不承担海运保险费，但是卖方办理货物的出口手续。应如何选择贸易术语？

2. 判断以下出口报价是否正确，有错的进行修改。

（1）每码 60 美元上海；

（2）每打 20 欧元 CIF 上海；

（3）每套 30000 英镑 FOB 伦敦；

（4）20 元 CFR 青岛减 2% 折扣；

（5）每桶 50 英镑 CFR 法兰克福；

（6）每公吨 1000 美元 FOB 青岛；

（7）每打 100 法国法郎 CFR 净价含 2% 佣金。

3. 解读以下价格条款。

Unit price	Amount
FOB SHANGHAI	
USD380.00/pc	USD19000.00
USD170.00/pc	USD8500.00
	USD27500.00

Total Amount: SAY U.S. DOLLARS TWENTY- SEVEN THOUSAND AND FIVE HUNDRED ONLY

三、分析案例

1. 我国某公司以 FOB 条件出口一批冷冻鸡，合同签订后接到买方来电称租船较困难，委托我方代为租船，有关费用由买方承担。我方在规定的装运港无法租到合适的船舶，且买方又不同意改变装运港，因此，到装运期满时，货物仍未装船。买方因销售季节即将结束，便来函以我方没有按期租船履行交货义务为由撤销合同。分析：如果你是业务员，你应如何处理？

2. 我国某公司以 FOB 条件进口一批货物，在目的港卸货时发现货物有两件外包装破裂，里面的货物有被水浸湿的痕迹。经查证，外包装是货物在装船时因吊钩不牢掉到船甲板上摔破的，因包装破裂导致里面货物被水浸泡。分析：我进口方能否向卖方索赔？

3. 我国某公司同法国一客户洽谈一笔核桃仁出口业务，双方同意以 CIF 条件成交，并就具体价格达成了一致。但在签约时，客户提出该批核桃仁是为了圣诞节前销售用的，因此要求在合同中订明：卖方需于当年 10 月份在上海装运，并保证货物于 11 月前到达目的港，否则买方有权撤销合同并要求损害赔偿。分析：如果你是该公司业务员，你会同意客户的要求吗？为什么？

4. 我国某公司以 CFR 条件出口一批蜡烛，装船时经检验，货物符合合同规定。货到目的港，国外买方发现有 20% 的蜡烛有弯曲现象，因而向我公司索赔。我公司拒绝，理由是：货物在装船时品质是符合合同规定的。事后查明起因是货物交给承运人后，承运人把该批货物装在靠近机房的船舱内，由于舱内温度过高而造成的。分析：我公司拒赔的理由是否成立？为什么？

5. 我国某出口公司按 CIF 条件向欧洲某国进口商出口一批纺织品，向中国人民保险公司投保了一切险。我公司在规定的期限内装船完毕，凭单据到银行议付了款项。第二天，我方接到客户来电，称装货的海轮在海上失火，该批纺织品全部烧毁，客户要求我方出面向中国人民保险公司提出索赔，否则要求我方退回全部货款。分析：如果你是业务员，对客户的要求该如何处理？

单元七　货物交付

【单元导学单】

学习目标

素质目标：培养学生精打细算的成本意识；培养学生灵活变通的经营观念。

知识目标：熟悉主要的运输方式和主要的运输单据；掌握《UCP600》对装运运输的有关规定；掌握合同中运输条款的缮制方法。

能力目标：能正确区分并灵活选择不同的运输方式；能正确缮制海运提单等主要运输单据；能有效规避不同运输方式可能带来的风险。

重难点

重点：班轮运输的特点及班轮运费的计算；《UCP600》对分批装运的主要规定。

难点：无单放货的种类及规避；海运提单的性质及缮制方法。

【知识结构图】

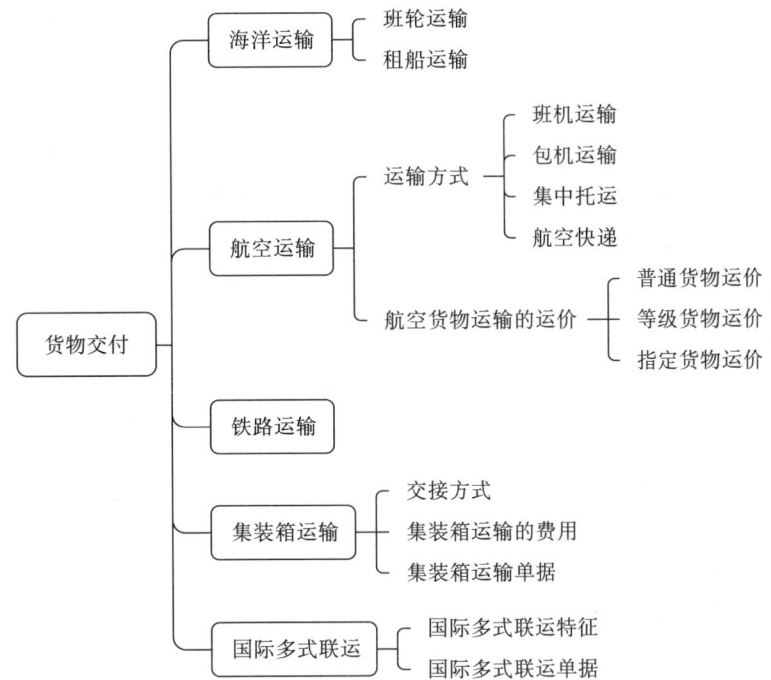

> **【导入案例】**
>
> 　　我某外贸公司向德国客商连续出口一批精密机械配件,货物一直采用海运。客商突然提出紧急需求,需将货物改为空运,额外运费由其负担。我业务员考虑与客商长期合作,加上费用由其承担,遂同意。货物发出后不久,我公司得到消息,客商因为经营不善,面临破产。我方紧急联系客商要求支付货款未果。于是联系物流公司退运。物流公司称,因为航空运输无法退运,且客商已经提货。
> 　　国际贸易中运输方式不仅涉及运费差异,还涉及货权的控制和安全,因此需要选用合适的运输方式。
> 　　**思考:** 你还知道哪些国际贸易运输方式?

任务一　选择运输方式

知识点 1. 海洋运输

海洋货物运输是国际货物运输中使用最广泛的一种方式,其货运量占国际货物运输总量的 80% 以上。

1. 班轮运输与租船运输。

班轮运输(Liner Transport),又称定期船运输,指船舶按照固定的船期表,沿着固定的航线和港口来往运输,并按相对固定的运费率收取运费。

租船运输(Charter Transport),又称不定期船运输,指船方与货方签订租船合同,按照承租人(货方)的要求,来安排船舶的航线和停靠的港口、运输货物的种类以及航行时间等,运费或租金也由双方根据租船市场行情在租船合同中加以约定。租船运输的方式有三种:定程租船(Voyage Charter)、定期租船(Time Charter)和光船租船(Demise Charter)。

班轮运输适用于运量不大、批次较多、到港分散的零星货物运输。租船运输适用于运量大或无直达班轮的货物运输。班轮公司定期公布船期表,为货主提供了极大的方便,因而深受货主的欢迎,使班轮运输成为海洋货物运输中的主要运输方式。

2. 班轮运输费用简称班轮运费,由基本运费和附加运费构成。基本运费是班轮航线内各港口之间对每种货物规定的必须收取的费率,是构成全程运费的主要部分,按班轮运价表规定的标准计收。附加运费指除基本运费外,针对一些需要特殊处理的货物,或突发事件及客观情况变化等原因需另外加收的费用。班轮运价的计算公式如下:

$$F = F_b + \sum_s = f \cdot Q + (S_1 + S_2 + \cdots + S_n) \cdot f \cdot Q$$

$$= (1 + S_1 + S_2 + \cdots + S_n) \cdot f \cdot Q$$

公式中：F 代表运费总额，F_b 代表基本运费，$\sum_s$ 代表各种附加费总额，f 代表基本运费率，Q 代表货运量（运费吨），S 代表某项附加费。

【知识拓展】 班轮运价的计费标准

（1）按货物的重量吨（Weight Ton）计算。班轮运价表中以"W"表示，每一重量吨是按货物的毛重计收，一般以1吨为计费单位。

（2）按货物的尺码吨（Measurement Ton）计算。班轮运价表中以"M"表示，每一尺码吨是按货物的体积计收，一般以1立方米为计费单位。

按重量吨或尺码吨计收运费的单位通常称作运费吨（Freight Ton）。

（3）按毛重或体积从高计收，在运价表中用"W/M"表示。按惯例，凡1重量吨货物的体积超过1立方米或40立方英尺者，按体积计收；1重量吨货物的体积不足1立方米或40立方英尺者，按毛重计收。

（4）按货物的价格计收，称为从价运费，即以有关货物的FOB总价值按一定的百分比收取。运价表中用"A.V."或"ad. val"表示。

（5）按货物的毛重、体积、价格从高计收，运价表中用"W/M or A.V."表示，指在重量吨、尺码吨或从价三种计收方式中选择高的收费。

（6）按货物的毛重或体积从高计收，另加一定百分比的从价运费，运价表中用"W/M plus A.V."表示。

（7）按货物的件数计收，如活牲畜牛、羊按头，车辆按辆等。

（8）临时议定运价。在运价表中，注有"Open Rate"字样。

例7-1 一批门锁由青岛运往南非开普敦港口，共计1000箱。每箱体积为20厘米×30厘米×40厘米，毛重为25千克。当时燃油附加费为15%，港口拥挤附加费为10%，门锁属于小五金，计费标准为W/M，等级为10级，查基本运费为每运费吨66美元。试计算应付运费多少？

解：（1）先查明此批货物计费标准是按W还是按M计收。

M：$20cm \times 30cm \times 40cm = 24000cm^3 = 0.024m^3$

W：$25kg = 0.025 M/T$

因为0.025 > 0.024，所以应按重量（W）计收。

（2）算出该批货物的总重量。

$0.025 M/T \times 1\,000 = 25 M/T$

（3）套入公式：

$F = (1 + S_1 + S_2 + \cdots + S_n) \cdot f \cdot Q$

$= (1 + 15\% + 10\%) \times 66 \times 25 = 2062.5$（美元）

答：应付运费2062.5美元。

注意：如有货币贬值附加费应另算，其计算公式为：

$F = (1 + S_1 + S_2 + \cdots + S_n) \cdot (1 + 货币贬值附加费) \cdot f \cdot Q$

3. 运输单据。

海运提单（Ocean Bill of Lading，B/L）简称提单，是海洋运输尤其是班轮运输中最重要的运输单据，指用以证明海上货物运输合同和货物已经由承运人接收或装船以及承运人保证据以交付货物的单证。其功能如下。

一是货物收据。提单是承运人（或其代理人）签发的货物收据，证明承运人已收到或接管提单上所列的货物。

二是物权凭证。提单在法律上具有物权证书的作用，承运人凭以向收货人交付货物。提单持有人还可通过背书将提单转让从而转移货物的所有权。

三是运输契约的证明。提单是承运人与托运人之间订立的运输契约的证明。提单条款明确规定了承、托双方之间的权利和义务以及责任豁免，是处理承运人与托运人之间争议的法律依据。

（1）海运提单的内容。海运提单是由各轮船公司制定的，格式不一，但基本内容相同，包括正面内容和背面条款两部分。提单的正面内容关系到提单的法律效力，分别由托运人、承运人或其代理人填写，通常包括以下事项：托运人；收货人；被通知人；收货地或装货港；目的地或卸货港；船名或航次；唛头及件号；

【资料链接】提单实例

重量和体积；运费预付或运费到付；正本提单的份数；船公司或其代理人的签章；签发提单的地点及日期。班轮提单背面都有印就的运输条款，作为确定承运人与托运人之间、承运人与收货人及提单持有人之间的权利、义务的主要依据。为了使提单的背面条款能够照顾到船、货双方的利益，缓解船、货双方的矛盾，国际有关组织曾先后签署了有关提单的国际公约，以统一提单背面条款。

（2）海运提单的分类。海运提单可从不同角度进行分类。

① 按提单签发时货物是否已装船划分。

已装船提单（on Board B/L or Shipped B/L），指承运人在货物装上指定船舶后签发的提单，提单上须以文字表明货物已装上或已装运于某具名船只，提单签发日期即视为装船日期。

备运提单（Received for Shipment B/L）又称收妥待运提单，指承运人已收到托运货物等待装运时签发的提单。在签发备运提单的情况下，发货人可在货物装船后凭以调换已装船提单，也可经承运人或其代理人在备运提单上批注货物已装上某船舶及装船日期，并在签署后使之成为已装船提单。

按国际贸易惯例，除非另有约定，卖方有义务向买方提交已装船提单。

② 按提单上是否对货物的外表状况有不良批注划分。

清洁提单（Clean B/L），指货物在装船时"表面状况良好"，承运人在提单上无不良批注。

不清洁提单（Unclean B/L），指承运人在提单上加注了有关货物及包装状况不良或存在缺陷等批注的提单。例如：提单上有"被雨淋湿""三箱破损"等批注。

按国际贸易惯例，除非另有约定，卖方向银行结汇时，必须提交清洁提单。清洁提单也是提单转让时必须具备的基本条件。

③按收货人抬头划分。

记名提单（Straight B/L）又称"收货人抬头提单"，指在收货人栏内具体写明收货人名称的提单。这种提单只能由特定收货人提货，而不能通过背书的方式转让给第三者，所以在国际贸易中只能在特定情况下使用。

不记名提单（Bearer B/L）又称"来人抬头提单"，指在收货人栏内不写明具体收货人的名称，只写明"货交提单持有人"，或不填写任何名称的提单。这种提单不需要任何背书手续即可转让或提取货物，流通性极强，但买卖双方的风险较大，在国际贸易中极少使用。

指示提单（Order B/L），指在收货人栏内只填写"凭指示"（to order）或"凭某人指示"（to order of）字样的提单。这种提单可经过背书转让，故其在国际贸易中使用最广。背书指在提单背面记载有关事项以转让提单权利，有两种方式：空白背书和记名背书。空白背书指背书人在提单背面签名，而不注明被背书人的名称；记名背书指背书人除在提单背面签名外，还须注明被背书人的名称。记名背书的提单如需再转让，必须再加背书。

目前在实际业务中使用最多的是"凭指定"并经空白背书的提单，习惯上称其为"空白抬头""空白背书"提单。

④按船舶经营方式划分。

班轮提单（Liner B/L），指由班轮公司承运货物后签发的提单。

租船提单（Charter Party B/L），指承运人根据租船合同签发的提单。这种提单受租船合同的约束，银行或买方接受这种提单时，通常要求卖方提供租船合同的副本。

⑤按运输方式划分。

直达提单（Direct B/L），指货物装船后中途不经过转船而直接驶往目的港卸货所签发的提单，也叫不可转船提单。凡合同和信用证规定不准转船者，必须使用这种直达提单。

转船提单（Transshipment B/L），指在装运港装货的船只，不直接驶往目的港而需在中途换装另外船舶驶往目的港所签发的提单。这种提单上要注明"转船"或"在××港转船"字样。

联运提单（Through B/L），指由海运和其他运输方式联合运输时，第一程海运承运人签发的包括全程的提单。第一程承运人只承担他负责运输的一段航程内的货损责任。

⑥按提单格式划分。

简式提单（Short Form B/L），指仅有提单正面条款而无背面条款的提单。这种提单多用于租船合同下的货物运输。除非信用证另有规定，银行不愿意接受这种提单。

全式提单（Long Form B/L），指除提单正面外，在提单背面也详细列有承运人的权利和义务的提单。

⑦按提单签发时间划分

过期提单（Stale B/L），指错过规定的交单日期或晚于货物到达目的港日期的提单。前者属无效提单，后者是在近洋运输中容易出现的情况，故在近洋国家间的贸易合同中，一般都订有"过期提单可以接受"的条款。

倒签提单（Anti-dated B/L），指承运人应托运人的要求在货物装船后，提单签发的日期早于实际装船完毕日期的提单。

预借提单（Advanced B/L），指由于信用证规定的装运期和交单结汇期已到，货主因故未能及时备妥货物或尚未装船完毕的，或由于船公司的原因船舶未能在装运期内到港装船，应托运人要求而由承运人或其代理人提前签发的已装船提单。

【知识拓展】电放提单

电放提单指船公司或其代理人签发的注有"电放"（Surrendered, Telex Release）字样的提单。

电放是电报放货的简称，是通过电子报文或者电子信息形式把提单信息发送至目的港船公司。收货人可凭加盖电放章的提单电放件和电放保函进行换单提货。

基本应用模式是船公司收取货物后，托运人（卖方）向船公司提出电放申请并提供保函，船公司接受申请后向托运人签发"电放提单"（在已经签发传统提单情况下则在收回以后再签发"电放提单"）；船公司之后马上以电讯方式（包括电报、电传等）通知目的港船代，允许该票货物由托运人指定的收货人凭身份或者自己盖章后的"电放提单"传真件提货；等货物到达目的港时，收货人就可以凭身份证明或者盖章后的"电放提单"传真件从船公司提取货物。

除海运提单外，海洋运输单据还有一种海上货运单，简称海运单（Sea Waybill or Ocean Waybill），是证明海上货物运输合同和货物由承运人接管或装船以及承运人保证据以将货物交付给单证所载明的收货人的一种不可流通的单证。

海运单不是物权凭证，所以不可转让。收货人不凭海运单提货，而是凭到货通知提货。因此，海运单中收货人一栏应填写实际收货人名称，以便货物到达目的港后通知收货人前来提货。目前，欧洲、北美和某些中东地区的贸易企业越来越倾向于使用这种不可转让的海运单，主要是因为海运单不仅方便进口人及时提货，简化手续，节省费用，而且在一定程度上减少了以假单据进行诈骗的现象。另外，由于 EDI 技术在国际贸易中的广泛应用，不可转让海运单更适用于这种新的技术。

【资料链接】电放提单实例

【资料链接】海运单实例

知识点 2. 航空运输

航空货物运输（Air Transport）是一种现代化的运输方式，具有运输速度快、包装简化、减少保险和储存费用、保证货运质量和不受地面条件限制等优点。因此，航空货物运输特别适宜于运送鲜活、易腐商品、急需物资和贵重物品等。

1. 航空运输的方式。

班机运输。班机（Schedule Airline）是在固定的航线上、在固定的始发站和目的站间定期航行的飞机。

包机运输。由于班机运输形式下货物舱位有限，当货物批量较大时，包机运输（Chartered Carrier）就成为一种重要的运输方式。

集中托运（Consolidation）指集中托运人将若干批单独发运的货物组成一整批，向航空公司办理托运，采用一份总运单整批发运到同一目的地，由集中托运人在目的港的代理人收货、报关，根据集中托运人签发的航空分运单分拨给各实际收货人。集中托运流程如图 7–1 所示。

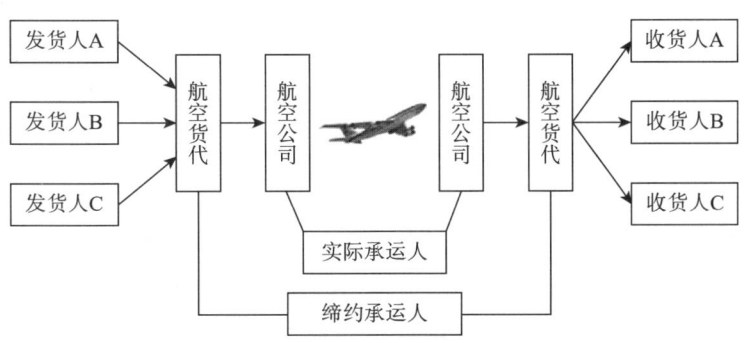

图 7–1　集中托运流程

航空快递（Air Express Service）是目前国际航空运输中最快捷的运输方式，它不同于一般的航空邮寄和航空货运，是由一个专门经营此业务的航空快递公司与航空公司密切合作，设专人用最快的速度在货主、机场、收件人之间进行运输和交接，传送快件。

2. 航空货物运输的运价，有普通货物运价、等级货物运价和指定货物运价三种，计算时选择其中一种。

最低运费（运价代号 M），指航空公司办理一批货物所能接受的最低运费，不论货物的重量或体积大小，在两点之间运输一批货物应收最低金额。

普通货物运价。（1）基础运价（运价代号 N）。民航局统一规定各航段货物基础运价，基础运价对应 45 千克以下普通货物运价，金额以角为单位。（2）重量分界点运价（运价代号 Q）。国内航空货物运输管理部门制定了 45 千克以上、100 千克以上、300 千克以上三级重量分界点及运价。

等级货物运价。附加（运价代号 S）：急件、生物制品、珍贵植物和植物制品、活体动物、骨灰、灵柩、鲜活易腐物品、贵重物品、枪械、弹药、押运货物等特种货物实行等级货物运价，按照基础运价的 150% 计算。

附减（运价代号 R）：书报、杂志和作为货物托运的行李采用附减运价。

指定货物运价。对于一些批量大、季节性强、单位价值小的货物，航空公司可建立指定货物运价（运价代号 C），运价优惠幅度不限，报民航局批准执行。

3. 航空运输单据。航空运输中的单据主要是航空运单。航空运单（Air Waybill）是由航空承运人或其代理人签发的货物收据，也是承运人与托运人之间的运输合同，但它不是物权凭证，是一种不可转让的单据。航空运单依签发人不同，分为以下两类。

（1）航空主运单。凡由航空公司签发的航空运单均称航空主运单（Master Air Waybill, MAWB）。它是航空公司据以办理货物运输和交付的依据，是航空公司和托运人之间签订的运输合同。

（2）航空分运单（House Air Waybill, HAWB）是由航空货运公司在办理集中托运时签发给发货人的运单。在集中托运的情况下，除了航空公司要签发给集中托运人主运单之外，集中托运人还必须签发航空分运单给每一位托运人。从货物的托运到提取，货主均直接与航空货运公司联系，而不与航空公司直接发生关系。

【资料链接】航空运单实例

知识点 3. 铁路运输

铁路货物运输是仅次于海运的一种主要国际货物运输方式。

1. 国内铁路运输。出口货物由产地经铁路运至口岸外运，进口货物由口岸经铁路转运国内各地以及各地之间的进出口货物的经铁路调运，均属国内铁路运输。

2. 至港澳地区铁路运输。对港铁路货物运输由两部分组成：内地段铁路运输和香港段铁路运输。

3. 国际铁路货物联运指在两个或两个以上国家的铁路货物运输过程中，使用一份运送票据，以连带责任办理货物的全程运送，并在由一国铁路向另一国铁路移交货物时，不需发、收货人参加。我国的国际铁路货物联运主要是按照铁路合作组织所缔结的《国际铁路货物联合运输协定》的相关规定来运作的，它对简化运输手续、节省运输时间、加速资金周转、减少运输费用都非常有利。

当通过国际铁路办理货物运输时，在发运站由承运人加盖日戳签发的运单叫铁路运单（Rail Waybill）。铁路运单是由铁路运输承运人签发的货运单据，是收、发货人同铁路之间的运输契约。铁路运单一律以目的地收货人作记名抬头，一式两份。正本随货物同行，到目的地交收货人作为提货通知；副本交托运人作为收到托运货物的收据。在货物尚未到达目的地之前，托运人可凭运单副本指示承运人停运，或将货物运给另一个收货人。铁路运单只是运输合约和货物收据，不是物权凭证，但在托收或信用证支付方式下，托运人可凭运单副本办理托收或议付。

【知识拓展】中欧班列

中欧班列（英文名称CHINA RAILWAY Express，缩写CR Express）是由中国铁路总公司组织，按照固定车次、线路、班期和全程运行时刻开行，运行于中国与欧洲以及"一带一路"共建国家间的集装箱等铁路国际联运列车。铺划了西中东3条通道中欧班列运行线：西部通道由我国中西部经阿拉山口（霍尔果斯）出境，中部通道由我国华北地区经二连浩特出境，东部通道由我国东南部沿海地区经满洲里（绥芬河）出境。作为"一带一路"倡议的重要平台，中欧班列是各国共享中国经济发展红利的"快车"。相比于海运和空运，中欧班列以其运距短、速度快、安全性高以及绿色环保、受自然环境影响小的优势，成为亚欧国际物流中陆路运输的骨干方式。它的开通不仅促进了中国与欧洲及沿线共建国家的经贸往来，更为全球经济增长注入了新的活力。

知识点4. 集装箱运输与国际多式联运

1. 集装箱运输（Container Transport）是以集装箱作为运输单位进行货物运输的一种现代化运输方式。

按所装货物种类划分，有杂货集装箱、散货集装箱、液体货集装箱、冷藏集装箱以及一些特种专用集装箱，如汽车集装箱、牲畜集装箱、兽皮集装箱等。

按照集装箱主体部件（侧壁、端壁、箱顶等）的材料，可分为钢制集装箱、铝合金集装箱、玻璃钢集装箱三种，此外还有木集装箱、不锈钢集装箱等。

按照用途划分，有冷冻集装箱、挂衣集装箱、开顶集装箱、框架集装箱、罐式集装箱、冷藏集装箱、平台集装箱、通风集装箱、保温集装箱等。

在集装箱的运输过程中，为了船、货、箱的安全，不同种类的货物应使用不同类型的集装箱。

（1）集装箱运输的交接方式。集装箱货物有整箱货和拼箱货之分。

整箱货（Full Container Load，FCL）指货主托运的量较大，足以装满一个集装箱的货物。一般认为，货物达到集装箱最大容积的75%以上、最大载重量的90%以上，即为整箱货。整箱货通常只有一个发货人和收货人，由发货人自行装箱，向海关办理货物出口报关手续，经海关查验后，由海关对集装箱施加铅封。

拼箱货（Less than Container Load，LCL）指货主托运的批量较小，不足以装满一个集装箱，需由集装箱货运站把分属于不同货主的同一目的地的货物合并装箱，经海关检验后，由海关对集装箱施加铅封。

整箱货和拼箱货的货物流通途径大体相同，但货物的交接方式有所不同。

集装箱货物的交接过程中会涉及三个交接地点：

①发收货人的仓库（Door，简称 D）；

②集装箱堆场（Container Yard，简称 CY）；

③集装箱货运站（Container Freight Station，简称 CFS）。

根据贸易合同的规定，集装箱的交接方式和交接地点如表 7-1 所示。

表 7-1　　　　　　　　　　　集装箱交接方式

出口	进口	交接方式
FCL	FCL	D – D, CY – CY, D – CY, CY – D
FCL	LCL	D – CFS, CY – CFS
LCL	LCL	CFS – CFS
LCL	FCL	CFS – D

（2）集装箱运输的费用。以海运为例，集装箱运输包括如下费用。

①内陆运输费（Inland Transport Charge），又称装运港市内运输费，可以由承运人负责，也可由货主自理。一般在出口地发生的费用由发货人负责，在进口地发生的费用由进口人负责。

②拼箱服务费（LCL Service Charge）。

③堆场服务费（Terminal Handling Charge），又称码头服务费。

④集装箱及其他设备使用费。

⑤集装箱海运运费。这是集装箱运输费用的主要构成部分，由船舶运费和一些有关费用组成。分为两大类：一类是沿用传统的件杂货运费计算方法，即以每运费吨作为计费单位；另一类是以每个集装箱作为计费单位，即包箱费率（Box – rate）。

（3）集装箱提单（Container B/L）是海运集装箱业务的主要运输单据。与普通海运提单的功能一样，集装箱提单是承运人或其代理人签发的货物收据，是承、托双方运输合同的证明，也是代表货物所有权的物权凭证。但集装箱提单是一种收妥待运提单，即签发提单时货物尚未装船。因此，在承运人根据发货人的要求在提单上填注了具体的装船日期和船名后，该提单才成为已装船提单。

2. 国际多式联运（International Multimodal Transport or International Combined Transport）是一种利用集装箱进行联运的运输组织方式。《联合国国际货物多式联运公约》

对国际多式联运所下的定义是:"国际多式联运是按照多式联运合同,以至少两种不同的运输方式,由多式联运经营人把货物从一国境内接运货物的地点运至另一国境内指定交付货物的地点。"

国际多式联运的特征如下。

(1) 包括两种以上运输方式的国际货物运输。

(2) 有一个多式联运合同,由一个多式联运经营人对货物运输的全程负责。多式联运经营人(Multimodal Transport Operator)指本人或通过其代表订立多式联运合同的任何人,他可以充当实际承运人办理全程或部分运输业务,也可以是无船承运人(Non-vessel Operating Common Carrier, NVOCC)将全程运输交由各段实际承运人来履行。多式联运经营人负有履行多式联运合同的责任,对全程运输负总的责任。多式联运合同中明确规定多式联运经营人与托运人之间的权利、义务、责任和豁免。

(3) 使用一份包括全程的多式联运单据(Multimodal Transport Document, MTD),该单据包括全程运输,是发货人凭以结汇的单据,也是收货人凭以提取货物的凭据。

(4) 全程单一的运费费率。

知识点 5. 其他运输方式

1. 大陆桥运输(Land Bridge Transport)指利用横贯大陆的铁路(公路)运输系统,作为中间桥梁,把大陆两端的海洋连接起来的集装箱连贯运输方式。

北美大陆桥指从日本东向,利用海路运输到北美西海岸,再经由横贯北美大陆的铁路线,陆运到北美东海岸,再经海路运输到欧洲的"海—陆—海"运输结构。包括美国大陆桥和加拿大大陆桥。

西伯利亚大陆桥又称亚欧大陆桥,全长1.3万千米,东起俄罗斯东方港,西至俄芬(芬兰)、俄白(白俄罗斯)、俄乌(乌克兰)和俄哈(哈萨克斯坦)边界,过境欧洲和中亚等地。

新亚欧大陆桥于1992年投入运营,东起我国江苏连云港,经陇海、兰新线,接北疆铁路,出阿拉山口与哈萨克斯坦的德鲁日巴站接轨,穿过哈萨克斯坦、俄罗斯、白俄罗斯、波兰、德国直达荷兰鹿特丹,将太平洋西海岸港口与里海、波罗的海及大西洋沿岸各港衔接。该大陆桥全长10800千米,跨越我国11个省、自治区,是连接亚、欧两洲最便捷的通道,比海上航程可缩短9000千米,比第一条亚欧大陆桥缩短2000—2500千米。

2. 国际邮政运输,是一种具有国际多式联运性质的运输方式。一件国际邮件一般要经过两个或两个以上国家的邮政局和两种或两种以上不同运输方式的联合作业方可完成。

万国邮政联盟(Universal Postal Union)简称邮联,其宗旨是根据邮联组织法的规定,组成一个国际邮政组织,以便相互交换邮件;组织和改善国际邮政业务,以利国际合作的开展；推广先进经验，给予会员国邮政技术援助。我国于1972年加入邮联组织。

邮政收据（Parcel Post Receipt）是国际邮政运输的主要单据，它是邮局收到寄件人的邮包货物后所签发的凭证，也是收件人凭以提取邮件的凭证，当邮包发生损坏或丢失时，它还可以作为索赔和理赔的依据。但邮政收据不是物权凭证。

邮寄证明（Certificate of Posting）是邮政局出具的证明文件，据此证实所寄发的单据或邮包确已寄出和作为邮寄日期的证明。

专递收据（Courier Receipt）是特快专递机构收到寄件人的邮件后签发的凭证。

【知识拓展】中欧班列

中国邮政旗下一般适用出口电商的国际邮政包裹服务包括大包、小包，其中邮政小包深受广大电商卖家喜爱，由于其时效快、价格偏低的综合特质而被广泛使用。

国际快递可以按照承运方分为商业快递以及国际邮政速递。其中，以联邦快递（FedEx）、联合包裹（UPS）、敦豪速递（DHL）、天地快运（TNT）等四大国际快递公司最为知名，而顺丰速运和"四通一达"等国内快递公司的海外物流布局开始完善，也正在向国内商家提供物流选择；中国邮政国际 EMS、新加坡 EMS、USPS（美国邮政）、PARCELFORCE（英国邮政）则是国际邮政速递服务中相对较为广泛的使用对象。为顺应出口 B2C 快速发展的需求，有国际快递推出特色服务，如中国邮政 EMS 和阿里巴巴旗下全球速卖通推出的 e 邮宝（ePacket）。

任务二　确定交货时间和地点

知识点 1. 装运时间的规定方法

装运时间通常可以以下方法规定。

1. 明确规定某月装运。如：2024 年 5 月装运（shipment during May 2024）。

2. 规定在某月底或某日以前装运。如：2024 年 7 月底以前装运（shipment before the end of July 2024）。

3. 规定跨月装运。如：2024 年 1/2 月装运（shipment during Jan. Feb. 2024）。

4. 规定签约后、收到信汇、电汇或票汇或信用证后若干天装运。如：收到信用证后 30 天装运（shipment within 30 days after receipt of L/C）。

知识点 2. 装运地点的规定方法

以海运为例，装运港和目的港的规定方法如下。

1. 明确规定装运港和目的港各一个。

2. 规定两个或以上装运港或目的港。当货物分散多处，或磋商交易时尚不能确定在何处发运货物时，可规定两个或以上装运港，如装运港为青岛/上海。同样，当买方有不同的使用或销售地，而签订合同时尚不能确定供何处使用或销售时，可规定两个或以上目的港，如伦敦/利物浦。

3. 在磋商交易时，如明确规定装运港或目的港有困难，可以采用选择港（Optional Port）的方法。如 CIF 利物浦，选择港伦敦、汉堡。

规定装运港和目的港应注意：

（1）装运港和目的港的规定要明确、具体。不宜接受诸如"欧洲主要港口"或"非洲主要港口"作为装运港或目的港；

（2）不能接受内陆城市为装运港或目的港的条件；

（3）注意装运港或目的港的装卸条件；

（4）注意国外港口有无重名的情况，在买卖合同中要明确写明装运港或目的港所在国家或地区的名称；

（5）选择港的规定不宜过多，一般不超过 3 个，而且必须在同一航区、同一航线上。

任务三　确定交货方式

知识点 1. 分批装运

分批装运（Partial Shipment）是一笔成交的货物先后分若干期或若干次装运。实践中通常做法如下。

1. 允许分批装运，但对分批的具体批次、时间和每批数量均不做规定。如允许分批装运（partial shipment is allowed）。这种做法对卖方来说比较主动，卖方可根据货源和运输条件，自行安排具体分批装运。

2. 具体规定分批装运的时间和数量。例如：3—6 月分 4 批每月平均装运（shipment during March/June in four equal monthly lots）。这种规定方法给予卖方的机动余地很小，只要其中任何一批未按时、按量装运，均构成卖方违约。但从买方角度来看，这种做法可按其使用或转售的需要进行安排，有利于资金周转和安排仓储。

在信用证业务中，要依据《跟单信用证统一惯例 UCP600》（以下简称《UCP600》）的相关规定处理。

【知识拓展】《UCP600》关于分批装运的规定

第 31 条　分批支款或分批装运

a. 允许分批支款或分批装运

b. 表明使用同一运输工具并经由同次航程运输的数套运输单据在同一次提交时，只要显示相同目的地，将不视为部分发运，即使运输单据上标明的发运日期不同或装卸港、接管地或发送地点不同。如果交单由数套运输单据构成，其中最晚的一个发运日将被视为发运日。

含有一套或数套运输单据的交单，如果表明在同一种运输方式下经由数件运输工具运输，即使运输工具在同一天出发运往同一目的地，仍将被视为部分发运。

第32条 分期支款或分期装运

如信用证规定在指定的时间段内分期支款或分期发运，任何一期未按信用证规定期限支取或发运时，信用证对该期及以后各期均告失效。

> 【实务案例】是否构成分批装运争议案
>
> 我国某公司与欧洲某商订立出口某商品500公吨的合同，规定允许交货数量可有5%的增减。买方银行开来的信用证规定："分4批装运，1月装100吨，2月装150吨，3月装150吨，4月装100吨，每月内不得分批。"我方公司于1月、2月分别按信用证要求装运两批货物并顺利收回货款。等到3月装运第三批时，因货源不足，经协商船公司同意，于3月15日由该船先在青岛装货70公吨，接着于3月20日到烟台再装75公吨，然后驶往目的港。我方公司持分别于青岛和烟台签发的两套提单前去银行议付，议付行议付后将单据交到开证行索偿。开证行认为单证不符，拒绝偿付。理由是：（1）信用证规定每月内不得分批，出口方却在青岛和烟台两地分批装运。（2）3月要求装运150吨，出口方只装了145吨，数量不足。

知识点2. 转运

转运（Transshipment）指卖方交货时，如自装运地至目的地没有直达的运输工具，就需要在中途换装其他运输工具至目的地。

《UCP600》对转运做了具体规定：海运业务，只要同一提单包括运输全程，则提单可以注明货物将被转运或可被转运。银行可以接受注明将要发生或可能发生转运的提单。即使信用证禁止转运，只要提单上证实有关货物已由集装箱、拖车或子母船运输，银行仍可接受注明将要发生或可能发生转运的提单。

一般来说，交货时允许分批装运和转运，对卖方比较主动。有些国家的合同法规定，如合同对此不做规定，买卖双方事先对此也没有特别约定或习惯做法，则卖方不得分批装运和转运。因此，为了避免纠纷，争取顺利地履行合同，早出口、早收汇，除非买方坚持，原则上应在出口合同中订明允许分批装运和转运。

【操作示范】确定装运时间、地点，拟定运输条款

装运条款包括装运时间、地点、分批装运和转运的规定。

例 7-2　规定截止期限装运

装运日期：2024 年 11 月 26 日或之前

装运港/目的港：厦门到葡萄牙里斯本

分批装运：允许

Date of Shipment: On or Before Nov. 26, 2024

Lading Port & Destination: From Xiamen to Lisbon Portugal.

Partial Shipment: Allowed.

例 7-3　规定跨月装运

2024 年 5/6/7 月份装运，每月等量装运，不许转运

装运港：上海　　目的港：纽约

Shipment from Shanghai to New York during May/June/July 2024 in three equal monthly lots (in three equal monthly shipments), transshipment to be allowed.

例 7-4　规定签订合同后装运

签订合同后 30 天内装运：Shipment within 30 days after the date of S/C.

例 7-5　规定收到电汇货款后装运

收到电汇预付款后一周装运：Shipment in One week after receipt of payment after T/T deposit.

阅读·思考·练习

一、练习

1. 判断。

（1）海运提单、铁路运单、航空运单都是物权凭证，都可通过背书转让。　　（　　）

（2）海运提单的签发日期指货物开始装船的日期。　　（　　）

（3）如果合同中规定装运条款为 2024 年 7/8 月装运，那么，出口公司必须将货物于 7 月、8 月两个月内，每月各装一批。　　（　　）

（4）空白抬头、空白背书的提单是既不填写收货人，又不要背书的提单。　　（　　）

（5）正本提单和正本航空运单都可有一份随货同行，交予收货人。　　（　　）

（6）承运人对某批用旧桶包装出口的货物，在提单上批注了"旧桶"字样，因而该提单成为不清洁提单。　　（　　）

(7) 根据《UCP600》的规定：除非信用证另有相反规定，可允许分批装运和转运。
( )

2. 选择。

（1）多式联运经营人对运输的责任（   ）。
A. 仅限于第一程运输　　　B. 任选一程负责　　　C. 全程运输

（2）航空运输货物时，其收货人提货的凭证是（   ）。
A. 航空运单　　　　　　B. 提货通知单　　　　C. 承运货物收据

（3）在班轮运价表中，用字母"M"表示的计收标准为（   ）。
A. 按货物毛量计收　　　B. 按货物体积计收
C. 按商品价格计收　　　D. 按货物件数计收

（4）海运提单是货物所有权的凭证，铁路运单（   ）。
A. 也是货物所有权的凭证
B. 不是货物所有权的凭证
C. 是不是货物所有权的凭证，需视具体情况而定

（5）国际多式联运是以至少两种不同的运输方式将货物从一国境内接收货物的地点运至另一国境内指定交付货物的地点，它是（   ）。
A. 由一个联运经营人负责货物的全程运输，运费按全程费率一次计收
B. 由一个联运经营人负责货物的全程运输，运费按不同运输方式计收
C. 由首程运输方式的经营人负责货物的全程运输，运费按全程费率一次计收

二、实训操作

1. 计算运费。

出口某商品10吨，箱装，每箱毛重25千克，体积20厘米×30厘米×40厘米，单价CFR马赛每箱55美元，查表知该货为8级，计费标准为W/M，每运费吨运费80美元，另征收转船附加费20%、燃油附加费10%。

计算：该商品的总运费为多少？

2. 解读合同的装运条款。

装运期及运输方式：
Time of Shipment & means of Transportation
装运港及目的港：
Port of Loading & Port of Discharge
备注：
Remarks

NOT LATER THAN OCT.31,2024 BY VESSEL
FROM: QINGDAO CHINA
TO: MONTREAL CANADA
PARTIAL SHIPMENT: ALLOWED
TRANSSHIPMENT: ALLOWED

三、分析案例

我国某公司与欧洲某公司签订出售某商品3500公吨的合同，货值84000英镑。装船日期为2023年12月至次年1月。我公司在租船装运时，因原定货船临时损坏，在国外修理，不能在预定时间到达我国口岸装货，于是改派香港某公司期租船装运，但又因连日风雪，直到2月11日才装完货。我公司为了取得符合信用证规定日期的提单，便要求外轮

代理公司按 2024 年 1 月 31 日签发提单,并以此提单向银行办理议付。货到鹿特丹后,买方聘请律师上船查阅航海日志,查明提单的签发日期是伪造的,立即向当地法院起诉,并由法院发出扣船通知。船由外轮代理公司以 30000 英镑担保放行,我方经 4 个月的艰苦谈判,共赔偿 20000 英镑,才使买方撤回起诉。我方既损失了外汇,又造成了失信的不良影响。

分析:

(1) 我公司为什么要签发倒签提单?

(2) 倒签提单对承运人、托运人有什么危害?

单元八　货物保险

【单元导学单】

学习目标
素质目标：增强风险防范意识；坚持诚实守信原则。

知识目标：熟悉风险、损失和费用的主要内容；熟悉伦敦保险协会海洋运输货物保险条款主要险别；掌握我国海洋运输货物保险条款的主要险别；掌握保险条款的拟定方法。

能力目标：能正确判断所遇损失属于何种性质的损失；能在不同运输方式下正确、灵活地投保合理险别；能正确进行共同海损的分摊；能正确缮制投保单。

重难点
重点：共同海损的特点及分摊；我国海洋运输货物保险条款的主要险别；保险条款的拟定方法。

难点：共同海损的特点及分摊；我国海洋运输货物保险条款的主要险别。

【知识结构图】

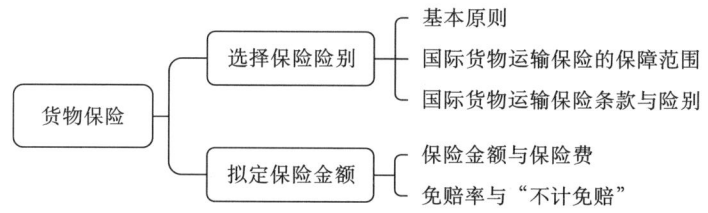

【导入案例】

2021年3月23—29日，"长赐号"货轮在苏伊士运河搁浅6天，对运河管理部门、其他船只以及货主等都造成了巨额损失。"长赐号"起浮后被苏伊士运河管理局申请扣押，历经3个多月谈判，双方于2021年7月达成和解，赔偿具体金额未公布。因为船公司申请了"共同海损"，该船上总价值约35亿美元货物的货主，不但无法向船公司索赔，还有可能要分担向运河管理局赔偿的费用。

国际货物运输保险是现代国际贸易发展过程中形成的一项重要制度，主要原理就是遇到风险时利益相关者共担风险造成损失和相关费用。

思考：你对国际货物运输保险发展的历史了解多少？

任务一　选择保险险别

知识点 1. 保险的基本原则

1. 保险利益原则。财产保险的被保险人在保险事故发生时对保险标的应当有保险利益。保险利益指被保险人或投保人对保险标的具有的法律上承认的利益。有四个成立条件：合法的利益、经济有价的利益、确定的利益和有利害关系的利益。

2. 近因原则。近因指风险和损失之间，导致损失的最直接最有效起决定作用的原因，用以确定保险赔偿责任。

3. 损失补偿原则。保险事故发生后，被保险人从保险人得到的赔偿正好填补被保险人因保险事故造成的保额范围内的损失。在实际运用过程中，应当以实际损失为限，以保额为限，以保险利益为限。损失补偿原则有三个派生原则，即重复保险分摊原则、代位追偿原则、委付原则。在重复保险的条件下，为了避免被保险人因保险事故获得超额赔偿，因此采用顺序、限责和分摊等原则。代位求偿指因第三者对保险标的的损害造成保险事故时，保险人向被保险人赔偿保险金以后，在赔偿金额范围内取代被保险人的地位行使对第三者请求赔偿的权利。委付是被保险人在发生保险事故造成保险标的推定全损时，将保险标的物的一切权利连同义务转移给保险人而请求保险人赔偿全部保险金额的法律行为。

4. 最大诚信原则。最大诚信指诚实、守信。保险合同就是建立在诚实信用基础上的一种射幸合同。《中华人民共和国保险法》第五条规定，保险活动当事人行使权利，履行义务应当遵循诚实信用原则。它主要通过保险合同双方的诚信义务来体现，具体包括投保人或被保险人如实告知的义务及保证义务，保险人的说明义务及弃权和禁止反言义务。

知识点 2. 国际货物运输保险的保障范围

货物运输保险是在海洋运输货物保险的基础上发展起来的。它按不同的运输方式可分为海洋运输货物保险、陆上运输货物保险、航空运输货物保险和邮包运输货物保险以及与上述各种运输方式的货物保险有关的各种附加保险。货物在海上运输及在海陆交接过程中，可能遭遇各种风险和损失，保险人并不是对所有的风险都予以承保，也不是对任何损失都予以补偿。为了明确责任必须首先对保险人所承保的风险、损失和费用有准确的理解。

1. 风险。海洋运输货物的风险主要有海上风险和外来风险。

（1）海上风险（Perils of the Sea）又称海难，指船舶或货物在海洋运输过程中所遇到的自然灾害和意外事故，在保险业中，它们都有特定的范围：自然灾害（Natural Calamities）指由于自然界力量造成的灾害，但在海运保险业中，它并不是泛指一切由于自然力量而造成的灾害，而是仅指恶劣气候、雷电、海啸、地震或火山爆发等人力不可抗拒的自然力量造成的灾害；意外事故（Fortuitous Accidents）一般指由于意料之外的原因所造成的事故，但并不是泛指海上所有的意外事故，而是仅指运输工具搁浅、触礁、沉没、船舶与流冰或其他物体碰撞以及失踪、失火、爆炸等。

（2）外来风险（Extraneous Risks）指除海上自然灾害和意外事故以外其他外来原因造成的风险。所谓外来原因，必须是意外的、事先难以预料的，而不是必然发生的外来因素。因此，类似货物的自然损耗和本质缺陷等属于必然发生的损失，都不应包括在外来风险引起的损失之列。外来风险又分为一般外来风险和特殊外来风险两种：一般外来风险指货物在运输途中由于偷窃、雨淋、短量、渗漏、破碎、受潮受热、串味、沾污、钩损、生锈、碰损等原因所导致的风险；特殊外来风险指由于战争、罢工、拒绝交付货物等政治、军事、国家禁令及管制措施所造成的风险与损失，如因政治或战争因素，运送货物的船只被敌对国家扣留而造成交货不到。某些国家颁布的新政策或新的管制措施以及国际组织的某些禁令，都可能造成货物无法出口或进口，从而造成损失。

2. 损失。有风险就可能有损失，不仅有货物本身的损失，而且会有对遭遇风险的货物进行施救而支出的费用损失。

（1）海损。海洋运输货物的损失简称海损（Average），指货物在海洋运输过程中遇到海上风险所造成的各种损失。海损也包括与海洋运输相连的陆上或内河航运过程中的货物损失。按照损失的程度不同，可分为全部损失和部分损失。

①全部损失（Total Loss），简称全损，指保险标的由于承保风险造成的全部灭失或视同全部灭失的损害。从损失的性质看，全损又可分为实际全损和推定全损两种。实际全损（Actual Total Loss）又称绝对全损，指保险标的在运输途中全部灭失或变质而失去原有用途，即货物完全损失已经发生或者不可避免。推定全损（Constructive Total Loss）又称商业全损，指保险标的因实际全损不可避免而被放弃，或者为了避免实际全损而花费的费用将超过保险标的本身的价值。被保险货物在发生推定全损时，被保险人可以要求保险人按投保货物的部分损失赔偿，也可以要求获得全损的赔偿。如果被保险人期望获得全损的赔偿，则必须向保险人提出委付。

【知识拓展】实际全损和推定全损的委付

保险委付指保险标的发生推定全损时，被保险人自愿将保险标的的一切权利转移给保险人，请求保险人按保险标的全部保险金额予以赔偿的表示。被保险人必须及时发出委付通知（Notice of Abandonment），委付时必须将被保险货物全部进行委付，而且委付不能附带任何条件。保险人接到委付后，可以接受，也可以拒绝。只有经保险人同意，才能按推定全损赔付。

②部分损失（Partial Loss），指被保险货物没有达到全部损失的程度，包括共同海损和单独海损。

共同海损（General Average）指载货的船舶在海上航行中，遭遇自然灾害或意外事故，威胁到船舶、货物和其他财产的共同安全，船方为了解除共同危险或使航行得以继续进行，有意识地采取合理的措施所引起的特殊牺牲和额外费用，这种损失由受益各方按其获救财产价值进行分摊。

【实务案例】分析损失性质

某货轮从天津港驶往新加坡，在船行驶途中船舶货舱起火，大火蔓延到机舱。船长为了船货的共同安全，决定采取紧急措施，往舱中灌水灭火。火虽然被扑灭，但由于主机受损，无法继续航行，于是船长决定租用拖船将货船拖回新港修理，检修后重新驶往新加坡。事后调查，这次事件造成的损失有：

A. 1000 箱货物被火烧毁

B. 600 箱货由于灌水灭火受到损失

C. 主机和部分甲板被烧坏

D. 拖船费用

E. 额外增加的燃料和船长、船员的工资。

分析：上述哪些损失属于单独海损？哪些属于共同海损？

单独海损（Particular Average）指在海上运输中，由于承保风险所直接造成的船舶和货物的部分损失。例如：载货船舶在航行中遇到狂风巨浪，海水进入货舱造成部分货物受损，即属于单独海损。单独海损由各受损方自行承担，或者按海上货物运输合同的有关规定处理。

（2）外来风险的损失指海上风险以外的外来风险造成的被保险货物的损失。一般外来风险所造成的损失即一般外来风险损失，特殊外来风险所造成的损失即特殊外来风险损失。前者如偷窃、雨淋、短量等风险造成的货物的损失，后者如战争、罢工等风险所造成的损失。

3. 费用

费用指被保险货物遭受保险责任范围内的事故时，除了能使货物本身受到损毁而导致的经济损失外，还会产生费用的支出。保险人负责赔偿的海上费用主要包括施救费用和救助费用。

（1）施救费用（Sue and Labour Expenses）指被保险货物遭受保险责任范围内的自然灾害和意外事故时，被保险人或其代理人、雇用人员和保险单受让人对保险标的所采取的各种抢救被保险货物，防止或减少货物损失的措施所支出的合理费用。

（2）救助费用（Salvage Charges）指海上保险财产在遭受承保范围内的风险时，由被保险人和保险人以外的第三者采取救助措施，并获救成功时，由被保险人向救助的第三者所支付的报酬。国际上遵循"无效果、无报酬"原则。

知识点 3. 国际货物运输保险条款与险别

我国通常以中国人民保险公司 1981 年 1 月 1 日制定的货物运输保险条款为依据。但有时国外客户要求按照英国伦敦保险业协会货物保险条款，我方也可以接受。

1. 中国海洋运输货物保险条款与险别。根据中国人民保险公司（PICC）海洋运输货物保险条款的规定，海洋运输货物保险条款包括基本险别与附加险别的责任范围、除外责任及保险责任起讫等内容。

（1）基本险别，指可以独立投保的险别，依据承保责任范围的大小，分为平安险、水渍险和一切险三种。

平安险是承保责任范围最小的险别，保险责任范围包括以下八条内容。

①在运输过程中，由于自然灾害和运输工具发生意外事故，造成被保险货物的实际全损或推定全损。

②由于运输工具遭遇搁浅、触礁、沉没、互撞、与流冰或其他物体碰撞以及失火、爆炸等意外事故造成被保险货物的全部或部分损失。

③只要运输工具曾经发生搁浅、触礁、沉没、焚毁等意外事故，不论意外事故发生之前或者以后曾在海上遭遇恶劣气候、雷电、海啸等自然灾害造成的被保险货物的部分损失。

④在装卸转船过程中，被保险货物一件或数件落海所造成的全部损失或部分损失。

⑤被保险人对遭受承保责任内危险的货物采取抢救，防止或减少货损措施支付的合理费用，但以不超过该批被救货物的保险金额为限。

⑥运输工具遭遇自然灾害或者意外事故，需要在中途的港口或者在避难港口停靠，因而引起的卸货、装货、存仓以及运送货物所产生的特别费用。

⑦共同海损的牺牲、分摊和救助费用。

⑧运输契约订有"船舶互撞责任条款"，按该条款规定应由货方偿还船方的损失。

水渍险的责任范围在平安险基础上，增加了自然灾害造成的部分损失。一切险在水渍险基础上增加了一般外来风险造成的损失。三种基本险的除外责任和责任起讫、索赔时效是一致的。具体内容见表 8-1。

表 8-1　　　　　　　中国海洋运输货物保险条款三种基本险别对照表

险别名称	平安险	水渍险	一切险
英文全称和缩写	Free from Particular Average, FPA	With Particular Average, WPA 或 WA	All Risks, AR

续表

险别名称	平安险	水渍险	一切险
责任范围		平安险+自然灾害造成的部分损失	水渍险+11 种一般附加险
除外责任	（1）被保险人的故意行为或过失所造成的损失，例如：被保险人未能及时提货而造成的货损或损失扩大。 （2）属于发货人责任所引起的损失。例如：由发货人装箱引起的短装、积载不当、错装所造成的货损。 （3）在保险责任开始前，被保险货物已存在的品质不良或数量短缺所造成的损失。 （4）被保险货物的自然损耗、本质缺陷、特性以及由于市价跌落、运输延迟所引起的损失或费用。 （5）战争险条款、罢工险条款规定的责任范围和除外责任。		
责任起讫	"仓至仓条款"。		
索赔时效	自保险事故发生之日起算，最多不超过两年。		

保险的责任起讫亦称保险期间或保险期限，指保险人承担责任的起讫时限。非在保险期间内发生的保险责任范围内的风险损失，被保险人无权索赔。被保险人可以要求扩展保险期限。例如：对某些内陆国家出口货物，如在港口卸货转运内陆，无法按保险条款规定的保险期限内到达目的地，即可申请扩展。经保险公司出具凭证予以延长，每日加收一定保险费。

仓至仓条款（Warehouse to Warehouse Clause），指保险人的承保责任从被保险货物运离保险单所载明的起运地发货人仓库或储存处开始运输时生效，包括正常运输过程中的海上、陆上、内河和驳船运输在内，直到该项货物到达保险单所载明目的地收货人的最后仓库或储存处所，或被保险人用作分配、分派或非正常运输的其他储存处为止。如未抵达上述仓库或储存处所，则以被保险货物在最后卸载港全部卸离海轮后满60 天为止。如在上述60 天内被保险货物需转运到非保险单所载明目的地时，则以该项货物开始转运时终止。

（2）附加险别是对基本险别的补充和扩展，它不能单独投保，只能在投保了基本险别的基础上加保。根据损失的性质，附加险别分为一般附加险和特殊附加险。

①一般附加险（General Additional Risk）：承保一般外来风险所造成的损失。包括11 种险别。

偷窃、提货不着险（Theft，Pilferage and Non-delivery Clause，TPND），承保被保险货物因偷窃行为所致的损失和整件提货不着的损失。

淡水雨淋险（Fresh Water and /or Rain Damage Clause，FWRD），承保指货物在运输中，由于淡水、雨水以及冰雪融化所造成的损失。淡水包括船上淡水舱、水管漏水以及舱汗等。

短量险（Shortage Clause），承保货物数量和重量发生短少的损失。对于有包装货物的短少，保险公司必须查清外包装是否发生异常现象，如破口、破裂、裂缝等。对于散装货物，往往以装船重量和卸船重量之间的差额作为计算短量的依据，但不包括正常的途耗。

混杂、沾污险（Intermixture and Contamination Clause），承保货物在运输过程中混进杂质所造成的损失。

渗漏险（Leakage Clause），承保流质、半流质的液体物质和油类物质，在运输过程中因为容器损坏而引起的渗漏损失；或因流体渗漏而引起的以流体浸装的货物（如湿肠衣、酱菜等）的腐烂变质所造成的损失。

碰损、破碎险（Clash and Breakage Clause），承保货物碰损和破碎的损失。碰损主要是对金属、木质等货物而言的，破碎则主要是对易碎性物质而言的。前者指在运输途中，因为受到震动、颠簸、挤压而造成货物本身的损失；后者指在运输途中由于装卸野蛮、粗鲁或运输工具的颠震造成货物本身破裂、断碎的损失。

串味险（Taint of Odor Clause），承保货物在运输途中因受其他带异味货物的影响而造成串味的损失。例如：茶叶、香料、药材等在运输途中受到一起堆储的皮张、樟脑等异味的影响使品质受到影响。

受潮受热险（Sweating and Heating Clause），承保货物在运输途中因受气温变化或水蒸气的影响而使货物发生变质的损失。例如：船舶在航行途中，由于气温骤变，或者因为船上通风设备失灵等使舱内水汽凝结、发潮、发热引起货物的损失。

钩损险（Hook Damage Clause）承保货物在装卸过程中因为使用手钩、吊钩等工具所造成的损失。例如：粮食包装袋因吊钩钩坏而造成粮食外漏所造成的损失。

包装破裂险（Breakage of Packing Clause），承保因包装破裂造成物资短少、沾污等损失以及为续运安全需要而产生的候补包装、调换包装所支付的费用。

锈损险（Rust Clause），承保货物在运输过程中因为生锈造成的损失。不过这种生锈必须在保险期内发生，如原装船时就已生锈，保险公司不负责任。

②特殊附加险（Special Additional Risk），承保由于军事、政治、国家政策法令以及行政措施等特殊外来原因所引起的风险与损失。主要包括战争险和罢工险。

战争险（War Risk），承保战争或类似战争行为等引起货物直接损失。承保责任范围包括：由于战争、类似战争行为和敌对行为、武装冲突或海盗行为以及由此而引起的捕获、拘留、限制、扣押所造成的损失，或者由于各种常规武器（包括水雷、鱼雷、炸弹）所造成的损失，由于上述原因所引起的共同海损的牺牲、分摊和救助费用。但对原子弹、氢弹核武器所造成的损失，保险公司不予赔偿。战争险的保险责任起讫与基本险的保险责任起讫不同，它不采用"仓至仓条款"，仅限于"水上危险"。保险责任自货物装上保险单所载明的起运港的海轮或驳船时开始，直到保险单所载明的目的港卸离海轮或驳船时为止。如果货物不卸离海轮或驳船，则保险责任最长延至货物到目的港之当日午夜起算15天为止。如在中途港转船,则不论货物在当地卸载与否,保险责任以海轮到达该港或卸货地点的当日午夜起算满15天为止,待再装上续运海轮时恢复有效。

罢工险(Strike Risk),承保由于罢工者、被迫停工工人或参加工潮、暴动、民众斗争的人员的行为或任何人的恶意行为造成的直接损失及由此引起的共同海损牺牲、分摊和救助费用。但与罢工有关的间接损失,如在罢工期间由于劳动力短缺或不能正常履行职责所致的货物的损失,包括因此而引起的动力或燃料缺乏使冷藏机停止工作所致的冷藏货物的损失,皆不在保险人的责任范围之内。罢工险对保险责任的起讫的规定与其他海运货物保险险别一样,采取"仓至仓条款"。

按国际保险业的惯例,已投保战争险后另加保罢工险,不另收保险费。如仅要求加保罢工险,则按战争险费率收费。

【知识拓展】 其他特殊附加险

交货不到险(Failure to Deliver Risk)。不论何种原因,从被保险货物装上船舶时开始,不能在预定抵达目的地日期起6个月内交货的,按全损赔偿。

进口关税险(Import Duty Risk)。当货物遭受保险责任范围内的损失,而被保险人仍须按完好货物价值完税时,保险人对损失部分货物的进口关税负责赔偿。

舱面险(On Deck Risk)。对于装载于舱面的货物,保险人除按保险单所载条款负责外,还赔偿货物被抛弃或被风浪冲击落水的损失。

拒收险(Rejection Risk),承保被保险货物在进口港被进口国有关当局拒绝进口或没收所产生的损失。

黄曲霉素险(Aflatoxin Risk),承保被保险货物因所含黄曲霉素超过进口国的限制标准,被拒绝进口、没收或强制改变用途而致的损失。

货物出口香港特区(包括九龙)或澳门特区存仓火险责任扩展条款(Fire Risk Extension Clause, FREC—for Storage of Cargo at Destination Hong Kong including Kowloon or Macau)。被保险货物到达目的地卸离运输工具后,如直接存放于保险单载明的过户银行所指定的仓库,本保险对存仓火险的责任至银行收回押款解除货物的权益为止,或运输责任终止时起算满30天为止。

2. 伦敦保险业协会海洋运输货物保险条款与险别。"协会货物条款"最早制定于1912年,后来经过多次修改,新修订条款于2009年1月1日起生效。在我国按CIF或CIP条件的出口交易中,国外客户要求采用伦敦保险业协会制定的"协会货物条款"时,我国出口企业和保险公司一般都可接受。

ICC的险别划分、承保范围和除外责任见表8-2、表8-3。

表 8-2　　ICC 险别列表

险别名称	英文	险别性质	对应 CIC 险别	主要区别
协会货物条款（A）	Institute Cargo Clause（A），ICC（A）	基本险	相当于一切险	一切风险减除外责任
协会货物条款（B）	Institute Cargo Clause（B），ICC（B）	基本险	相当于水渍险	列明风险方式
协会货物条款（C）	Institute Cargo Clause（C），ICC（C）	基本险	相当于平安险	列明风险方式
协会战争险条款	Institute War Clause	附加险（可单独投保）		列明风险方式
协会罢工险条款	Institute Strike Clause	附加险（可单独投保）		列明风险方式
恶意损害险条款	Malicious Damage Clause	附加险（包括在A险中）		列明风险方式

表 8-3　　ICC 承保范围和除外责任

险别名称	ICC（A）	ICC（B）	ICC（C）
承保范围	一切风险减除外责任	①火灾、爆炸；②船舶或驳船触礁、搁浅、沉没或倾覆；③陆上运输工具倾覆或出轨；④船舶、驳船或运输工具同水以外的外界物体碰撞；⑤在避难港卸货；⑥地震、火山爆发；⑦共同海损牺牲；⑧抛货；⑨浪击落海；⑩海水、湖水或河水进入船舶、驳船、运输工具大型海运箱或贮存处所；货物在装卸时落海或摔落造成整件的全损	只承保"重大意外事故"而不承保"自然灾害及非重大意外事故"：①火灾、爆炸；②船舶或驳船触礁、搁浅、沉没或倾覆；③陆上运输工具倾覆或出轨；④船舶、驳船或运输工具同水以外的外界物体碰撞；⑤在避难港卸货；⑥共同海损牺牲；⑦抛货
除外责任	①一般除外责任；②不适航、不适货除外责任；③战争除外责任；④罢工除外责任	ICC（A）的除外责任之外增加：①对于被保险人之外的任何个人或数人故意损害和破坏标的或其他任何部分的损害不负赔偿责任②对海盗行为不负赔偿责任	与 ICC（B）险的除外责任相同
责任起讫	仓至仓条款		

ICC（A）、ICC（B）、ICC（C）险与我国海洋运输货物保险中的一切险、水渍险和平安险的不同之处在于：

（1）海盗行为所造成的损失属于 ICC（A）的承保责任范围，而在一切险中是除外责任；

（2）ICC（A）包括恶意损害险，而一切险中不包括此种险；

(3) ICC (B)、ICC (C) 改变了水渍险与平安险对承保范围中某些风险不明确的弊病，采取"列明风险"的办法，即把承保风险和损失一一列明。

3. 其他各种运输方式的保险条款

在国际贸易中，不仅海洋运输的货物需要办理保险，而且陆上运输、航空运输、邮包运输的货物也都需要办理保险。保险公司对不同方式运输的货物都制定了相应的专门条款。现将中国人民保险公司对其他各种运输方式的货运保险分别介绍如下。

(1) 陆上运输货物保险条款。中国人民保险公司1981年1月1日修订的陆上运输货物保险条款规定：陆上货物运输保险分为陆运险和陆运一切险两种基本险别。

①陆运险 (Overland Transportation Risks) 的承保责任范围：保险公司负责赔偿被保险货物在运输途中遭受暴风、雷电、地震、洪水等自然灾害，或由于陆上运输工具（主要是指火车、汽车）遭受碰撞、倾覆或出轨或在驳运过程中因驳运工具搁浅、触礁、沉没或由于遭受隧道坍塌、崖崩或火灾、爆炸等意外事故所造成的全部损失或部分损失。

②陆运一切险 (Overland Transportation All Risks) 除包括上述陆运险的责任外，保险公司对被保险货物在运输途中由于一般外来原因造成的全部或部分损失，也负赔偿责任。

陆运险、陆运一切险的除外责任与海洋运输货物保险的除外责任相同。陆上运输货物保险的责任起讫期限也采用"仓至仓条款"，即自被保险货物运离保险单所载明的起运地仓库或储存处所开始运输时生效，包括正常运输过程中的陆上和与其有关的水上驳运在内，直至该项货物运达保险单所载目的地收货人的最后仓库或储存处所或被保险人用作分配、分派的其他储存处所为止，如未运抵上述仓库或储存处所，则以被保险货物运抵最后卸载的车站满60天为止。如在中途转车，不论货物在当地卸车与否，保险责任从火车到达中途站的当日午夜起满10天为止。如果在10天内重新装车续运，则保险责任继续生效。

③陆上运输冷藏货物险是陆上运输货物保险中的一种专门险。其主要责任范围是保险公司除负责陆运险所列举的各项损失外，还负责被保险货物在运输途中由于冷藏机器或隔温设备的损坏或者车厢内贮存冰块的融化所造成的解冻、融化而腐败的损失。至于一般的除外责任条款也适用本险别。本保险责任自被保险货物运离保险单所载起运地点的冷藏仓库装入运送工具开始运输时生效。包括正常运输和与其有关的水上驳运在内，直至该项货物到达保险单所载明的目的地收货人仓库时继续有效，但最长保险责任以被保险货物到达目的地车站后10天为限。本保险的索赔时效从被保险货物在最后目的地车站全部卸离车辆后起算，最多不超过2年。

④陆上运输货物战争险条款（火车）是陆上运输货物险的特殊附加险，在投保陆运险和陆运一切险的基础上可加保。承保直接由于战争、类似战争行为和敌对行为、

武装冲突或海盗行为所致的损失，保险人的具体责任同海运战争险基本相似。保险责任自被保险货物装上保险单所载起运地的火车时开始到卸离保险单所载目的地的火车时为止。如果被保险货物不卸离火车，保险责任最长期限以火车到达目的地的当日午夜起算满 48 小时为止。如在运输中途转车，不论货物在当地卸载与否，保险责任以火车到达该中途站的当日午夜起算满 10 天为止，如货物在上述期限内重新装车续运，保险恢复有效。但如果运送契约在保险单所载目的地以外的地点终止，该地即视为本保险目的地，仍按照前述的规定终止责任。此外，陆上运输货物罢工险也是一种陆运附加险，其保险手续的办理也与海洋运输货物罢工险相同，即在加保战争险的同时加保罢工险，不另收费，若仅要求加保罢工险，则按战争险费率收费。

（2）航空运输货物保险条款。中国人民保险公司 1981 年 1 月 1 日修订的航空运输货物保险条款规定：航空运输货物保险分为航空运输险和航空运输一切险两种基本险别。

航空运输险（Air Transportation Risks）的承保责任范围与海洋运输货物保险条款中的水渍险相似，包括被保险货物在运输途中遭受雷电、火灾、爆炸或由于飞机遭受恶劣天气或其他危难事故而被抛弃，或由于飞机遭碰撞、倾覆、坠落或失踪意外事故所造成的全部或部分损失。

航空运输一切险（Air Transportation All Risks）的承保责任范围与海洋运输保险条款中的一切险相似，除包括航空运输险责任外，还包括被保险货物由于外来原因所致的全部或部分损失。

航空运输货物保险的除外责任与海洋运输货物保险条款中的基本险的除外责任基本相同。航空运输货物保险责任的起讫期限也采用"仓至仓条款"，如被保险货物未运抵保险单所载明的收货人仓库或储存处所，则以被保险货物在最后卸载地卸离飞机后满 30 天为止。如在上述 30 天内被保险货物需转送到非保险单所载明的目的地，则在该批货物开始转运时终止。

在投保航空运输货物保险时，还可以加保战争险。航空运输货物战争险与海洋运输货物战争险的有关规定基本相同。值得注意的是，如果被保险货物不卸离飞机，航空运输货物战争险的责任起讫期限则以载货飞机到达目的地当日午夜起算满 15 天为止。此外，航空运输货物保险还可以加保罢工险，其保险手续的办理也与海洋运输货物罢工险相同，即在加保战争险的同时加保罢工险，不另收费，若仅要求加保罢工险，则按战争险费率收费。其责任范围与海洋运输货物罢工险相同。

（3）邮包运输保险条款。邮包运输保险是承保邮包在运输途中因自然灾害、意外事故和外来原因所造成的损失。中国人民保险公司于 1981 年 1 月 1 日修订的邮包险条款规定，邮包运输保险分为邮包险和邮包一切险两种基本险别。在投保这两种基本险别之一的基础上，还可酌情加保一种或若干种附加险。

邮包险的承保责任范围是被保险邮包在运输途中由于恶劣气候、雷电、海啸、地震、洪水等自然灾害或由于运输工具遭受搁浅、触礁、沉没、碰撞、倾覆、出轨、坠落、失踪，或由于失火、爆炸等意外事故所造成的全部或部分损失。另外，还负责被保险人对遭受保险责任内危险的货物采取抢救，防止或减少货损的措施而支付的合理费用，但以不超过该批货物的保险金额为限。

邮包一切险的承保责任范围除包括上述邮包险的各项责任外，还负责被保险邮包在运输途中由于外来原因所致的全部或部分损失。除外责任与海洋运输货物保险条款中基本险的除外责任基本相同。邮包运输保险责任自被保险邮包离开保险单所载起运地点寄件人的处所运往邮局时开始生效，直至该邮包运达本保险单所载目的地邮局，自邮局签发到货通知书当日午夜起算满 15 天终止。但在此期限内邮包一经递交至收件人的处所，保险责任即行终止。

邮包战争险与所述几种保险战争险的有关规定基本相同，值得注意的是：邮包战争险的保险责任自被保险邮包经邮局收讫后自储存处所开始运送时生效，直至该项邮包运达本保单所载目的地邮局送交收件人为止。此外，邮包运输保险还可以加保罢工险，其保险手续的办理也与海洋运输货物罢工险相同，即在加保战争险的同时加保罢工险，不另收费，若仅要求加保罢工险，则按战争险费率收费。其责任范围与海洋运输货物罢工险相同。

任务二　确定保险金额

知识点 1. 保险金额与保险费

保险金额是保险公司承担赔偿或给付保险金责任的最高限额，即投保人对保险标的实际投保金额，同时又是保险公司收取保险费的计算基础。按照国际保险市场的习惯做法，出口货物的保险金额一般按 CIF 或 CIP 价格另加 10% 计算，这多出的 10% 即为保险加成率。之所以要加一成投保，主要是为了在货物发生损失时，使被保险人所支出的费用（开证费、电报费、借款利息、税款等）及进口商的预期利润能获得补偿。

保险费是保险公司向投保人收取的费用，是在保险金额基础上按照保险费率收取的。即：保险费 = 保险金额 × 保险费率。

知识点 2. 免赔率与"不计免赔"

免赔率指保险人对于保险货物在运输途中发生的货损货差，在一定比率内不负赔偿责任。"不计免赔率"（Irrespective of Percentage，IOP）条款指货物受损后不论程度多少,损失多少赔多少。"计免赔率"指如果损失额没有超过免赔率,保险公司不予赔偿;如果超过免赔率,才给予赔偿。而赔偿分两种情况:相对免赔率和不扣除免赔率,全部予以赔偿;绝对免赔率,只赔超过部分。PICC 采用绝对免赔率。

【操作示范】确定保险金额和险别,拟定保险条款

保险条款包括投保人、保险险别、保险金额和适用的保险条款。凡以 FOB、CFR 条件成交的出口合同,由买方承担货物在运输途中的风险,并负责办理保险和支付保险费,合同中只需规定保险由买方办理。凡以 CIF、CIP 条件成交的出口合同,由卖方负责办理保险和支付保险费,需要在合同中明确规定由卖方投保、保险险别、金额、适用的保险条款。

1. FOB、CFR 出口业务。

Insurance: To be covered by the Seller

2. CIF、CIP 出口业务。

例 8-1 由卖方按发票金额的 110% 投保伦敦保险业协会 2009 年 1 月 1 日订立的货物 A 险。

Insurance: To be covered by the Seller for 110% of total invoice value against ICC (A), as per Institute Cargo Clauses dated 2009.01.01.

例 8-2 由卖方按发票金额的 110% 投保中国人民保险公司 1981 年 1 月 1 日生效的海洋货物运输保险条款和战争险条款的一切险、战争险。

Insurance: To be covered by the seller for 110% of the total invoice value against All Risks as per Ocean Marine Cargo Clauses of the People's Insurance Company of China dated 1/1/1981, including War Risk as per Ocean Marine Cargo War Risks Clauses dated 1/1/1981.

例 8-3 由卖方按照发票金额的 110% 投保陆上运输货物一切险和海洋运输货物一切险,按照中国人民保险公司 1981 年 1 月 1 日陆上运输货物保险条款和海洋运输货物保险条款承保,包括战争险,按照 1981 年 1 月 1 日陆上运输货物战争险(火车)条款和 1981 年 1 月 1 日海洋运输货物战争险条款承保。

Insurance: To be covered by the seller for 110% of the total invoice value against Overland Transportation All Risks as per Overland Transportation Cargo Insurance Clauses "Trains, Truck" and Ocean Marine Cargo Clauses of the People's Insurance Company of China dated 1/1/1981, including War Risk as per Overland Transportation Cargo War Risks Clauses (By Train) dated 1/1/1981 and Ocean Marine Cargo War Risks Clauses dated 1/1/1981.

阅读·思考·练习

一、练习

1. 判断。

(1) 在海洋运输货物保险业务中，根据"仓至仓条款"的规定，保险公司对于驳船运输造成的损失，不承担责任。（ ）

(2) 在国际贸易中，向保险公司投保一切险后，在运输途中由任何外来原因造成的货损，均可向保险公司索赔。（ ）

(3) 托运出口玻璃制品时，被保险人在投保一切险后，还应加保破碎险。（ ）

(4) 按照我国保险公司现行条款规定，凡已投保战争险，若再加保罢工险不另收费。（ ）

(5) 船舶在航行途中因故搁浅，于是船长命令将部分货物抛入海中，使船舶上浮续航至目的港，则上述的搁浅和抛货的损失属于共同海损。（ ）

(6) 买卖双方按 CIF 成交，交易总额为 10 万美元，按惯例则我方出口业务中的投保金额为 11 万美元。（ ）

2. 选择。

(1) ICC 条款中的 ICC（A）、ICC（B）、ICC（C）三种险别，保险公司承保范围最大的是（   ）。

A. ICC（A）   B. ICC（B）   C. ICC（C）

(2) 我公司以 CIF 条件与国外客户达成一笔出口交易，按照《2020 年国际贸易术语解释通则》的规定，我方应投保（   ）。

A. 一切险加战争险

B. 一切险

C. 保险人承担责任范围最小的险别，不应包括战争险

(3) 为防止运输途中货物被窃，应该（   ）。

A. 投保一切险加保偷窃险

B. 投保水渍险

C. 投保平安险和水渍险的一种，加保偷窃险

(4) 关于 PICC 指定的《海洋运输货物保险条款》中的三种基本险别，按其责任范围大小排列，哪一种是正确的？（   ）

A. 最大的是 FPA，其次是 AR，最后是 WPA

B. 最大的是 WPA，其次是 AR，最后是 FPA

C. 最大的是 AR，其次是 WPA，最后是 FPA

（5）某批出口货物投保了水渍险，在运输过程中由于雨淋致使货物遭受部分损失，这样的损失保险公司将（   ）。

A. 负责赔偿整批货物

B. 负责赔偿被雨淋湿的部分

C. 不予赔偿

二、实训操作：辨别损失性质

"昌隆"号货轮满载货物驶离上海港，结果在运输途中分别发生如下情况。

1. 开航后不久，由于空气温度过高，老化的电线短路引发大火，将装在第一货舱的1000条出口毛毯完全烧毁。

2. 船到新加坡港卸货时发现，装在同一货舱中的烟草和茶叶由于羊毛燃烧散发出的焦糊味而不同程度受到串味损失。其中由于烟草包装较好，串味不是非常严重，经过特殊加工处理，仍保持了烟草的特性，但是已大打折扣，售价下跌三成。而茶叶则完全失去了其特有的芳香，不能当作茶叶出售了，只能按廉价的填充物处理。

3. 船经印度洋时，不幸与另一艘货船相撞，船舶严重受损，第二货舱破裂，舱内进入大量海水，剧烈的震荡和海水浸泡导致舱内装载的精密仪器严重受损。为了救险，船长命令动用亚麻临时堵住漏洞，造成大量亚麻损失。在船舶停靠泰国港避难进行大修时，船方联系了岸上有关专家，咨询了精密仪器的抢修事宜，发现整理恢复费用庞大，已经超过了货物的保险价值。为了方便修理船舶，不得不将第三舱和第四舱部分纺织品货物卸下，在卸货时有一部分货物造成钩损。

分析：

（1）上述货物损失各属于什么性质？

（2）上述货物损失投保 CIC 条款的什么险别可以得到保险公司赔偿？

三、分析案例

1. 我国某外贸公司按 CIF 术语出口一批货物，装运前向保险公司按发票总值 110% 投保平安险，6月份货物装妥顺利开航。载货船舶6月13日在海上遇到暴风雨，致使一部分货物受到水渍，损失价值为 2100 美元。数日后，该轮又突然触礁，致使该批货物又遭部分损失，价值为 8000 美元。

分析：保险公司对该批货物的损失是否应赔偿？为什么？

2. 我国某进出口公司以 CIF 贸易术语向荷兰出口无烟煤 100 公吨，投保水渍险。5月份该批无烟煤装运出口，但在印度转船时遭遇暴雨，货物抵达目的港荷兰鹿特丹后，进口商发现货物有明显的湿损，损失经计算达 27000 多美元。进口商凭保险单向中国人民保险公司驻荷兰的代理人提出索赔，遭到拒绝。

分析：保险公司为什么拒赔？

单元九 货款收付

【单元导学单】

学习目标

素质目标：培养认真负责的工作作风；培养契约精神和风险意识。

知识目标：熟悉国际贸易主要支付工具、支付方式；掌握汇票的主要当事人及使用方法；掌握汇付、托收的含义与主要类型；掌握信用证的含义与收付流程。

能力目标：能明确区分不同支付工具与支付方式；能根据合同内容初步审核信用证条款；能正确选择支付方式以规避货款拒付风险。

重难点

重点：汇付、托收的含义与类型；信用证的含义与收付流程。

难点：汇票的当事人和使用流程；信用证的含义与收付流程。

【知识结构图】

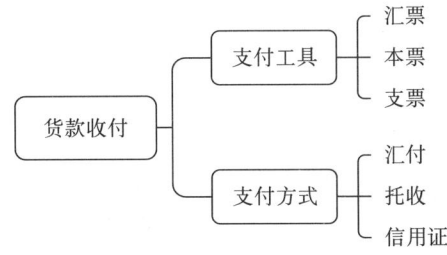

【导入案例】

我国某公司与一外商初次谈判出口一批货物，双方同意以电汇方式支付，款到后空运发货。货物备齐且品质也经外商确认后，我公司收到该客户通过某银行电汇货款的银行水单的传真。业务人员认为货款已经汇出，立即办理了货物出运手续，并向买方发出装运通知，但凭传真向我方银行查询，始终没有收到该笔货款。正本空运单托运人一联仍在我公司手中，查询空运公司得知货物早已被收货人提走。原来进口商利用一张银行办理汇款业务的凭证促使 A 公司发货，待收到 A 公司发货的电文后，便撤销该项汇款。

> 货款收付是国际贸易业务最关键环节。国际贸易常用的支付方式包括汇付、托收和信用证。实践中，外贸公司经常结合不同的运输方式设计不同的支付方式。
>
> **思考：** 你还听说过哪些贸易货款拒付的案例？有哪些解决的方法？

任务一 选择支付工具

在进出口业务中，按约定支付货款是买方的基本义务，按时收取货款是卖方的主要权利。货款的收付直接影响买卖双方资金的周转和融通以及各种金融风险和费用的负担问题。货款的结算主要涉及支付工具、付款时间及支付方式等问题。国际贸易货款的收付，采用现金结算的较少，绝大部分采用非现金结算，即，使用代替现金作为流通手段和支付手段的信贷工具来结算国际债权债务。票据是国际通用信贷工具，是可以流通转让的债权凭证。

国际贸易中使用的票据主要有汇票、本票和支票，其中以汇票为主。

知识点 1. 汇票

汇票是出票人签发的，委托付款人在见票时或者在指定日期无条件支付确定的金额给收款人或者持票人的票据（见图 9-1）。《中华人民共和国票据法》（以下简称《票据法》）第二十二条规定，汇票必须记载下列事项：（1）表明"汇票"的字样；（2）无条件支付的委托；（3）确定的金额；（4）付款人名称；（5）收款人名称；（6）出票日期；（7）出票人签章。汇票上未记载前款规定事项之一的，汇票无效。

```
                    BILL OF EXCHANGE
No.  FKY-681642                         QINGDAO,CHINA    APR.01,2013
EXCHANGE FOR    USD110 000.00
At              ***       sight of this First of EXCHANGE (SECOND OF THE
SAME TENOR AND DATE UNPAID)
pay to the order of   BANK OF CHINA,QINGDAO BRANCH

the sum of      SAY U.S. DOLLARS ONE HUNDRED AND TEN THOUSAND ONLY

Drawn under     INDUSTRIAL & COMMERCIAL BANK OF CHINA
                L/C NO:LC-654168
                DATE:MAR.05,2013
To  INDUSTRIAL & COMMERCIAL BANK OF CHINA
                                        GUODEJIANSHUAI TEXTILE CO., LTD.
                                                    ×××
```

图 9-1 汇票样本

1. 汇票的种类。

（1）按出票人分类：银行汇票（Banker's Draft），指汇款人将款项交存当地出票银行，由出票银行签发，多用于办理异地转账结算和支取现金，由其在见票时，按照实际结算金额无条件支付给收款人或持票人的票据，其出票人和受票人都是银行。商业汇票（Commercial Draft），指出票人是商号或个人的汇票。

（2）按有无随附商业单据分类：光票（Clean Bill），指不附带商业单据的汇票。银行汇票多是光票。光票的流通全靠出票人、付款人或出让人的信用。跟单汇票（Documentary Bill），又称押汇汇票，指附带商业单据的汇票，商业汇票一般是跟单汇票。在国际货款结算中，大多采用跟单汇票作为结算工具。

（3）按付款时间分类：即期汇票（Sight Draft），指在提示或见票时立即付款的汇票。远期汇票（Time Bill or Usance Bill），指在一定期限或特定日期付款的汇票。远期汇票的付款时间，有以下四种规定方法：

见票后若干天付款（At ×× days after sight）；

出票后若干天付款（At ×× days after date）；

提单签发日后若干天付款（At ×× days after date of Bill of Lading）；

指定日付款（Fixed date）。

（4）按承兑人分类：商业承兑汇票（Commercial Acceptance Draft），是由工商企业或个人承兑的远期汇票，是建立在商业信用的基础上的。银行承兑汇票（Banker's Acceptance Draft），是由银行承兑的远期汇票，通常由出口人签发，银行对汇票承兑后成为主债务人，而出票人为次债务人，所以银行承兑汇票是建立在银行信用的基础上的，便于在金融市场上进行流通。

一张汇票往往可以同时具备几种性质。例如：一张商业汇票可以是即期的跟单汇票，一张远期汇票，同时又是银行承兑汇票。

2. 汇票的使用。

（1）出票（Issue），指出票人签发票据并将其交付给收款人的票据行为。出票包括两个动作：一是写成汇票，并在汇票上签字；二是将汇票交付给收款人。在出票时，对收款人通常有三种写法。

限制性抬头。例如："仅付××公司"（Pay ×× Co. only）或"付给××公司，不准流通"（Pay ×× Co. not negotiable）。这种抬头的汇票不能流通转让，只有指名的公司有权收取货款。

指示性抬头。例如："付××公司或指定人"（Pay ×× Co. or order 或 Pay to the order of ××Co.）。这种抬头的汇票，××公司除可以收取票款外，也可以经过背书转让给第三者。

持票或来人抬头。例如："付给来人"（Pay Bearer）或"付给持票人"（Pay Holder），做成这种抬头的汇票，无须由持票人背书，仅凭交付即可转让。

（2）提示（Presentation），是指持票人将汇票提交付款人要求承兑或付款的行为。付款人见到汇票叫见票。提示可以分成两种：承兑提示（Presentation for Acceptance），指远期汇票的持票人向付款人出示汇票，要求付款人承诺付款的行为。付款提示（Presentation for Payment），指持票人向付款人提交汇票，要求付款的行为。

（3）承兑（Acceptance），是指汇票付款人承诺对远期汇票承担到期付款责任的行为。付款人在汇票正面写明"承兑"字样，注明承兑日期，并由付款人签字，交还持票人。付款人对汇票做出承兑，即成为承兑人。承兑人负有在远期汇票到期时付款的责任。

（4）付款（Payment）。对即期汇票，在持票人提示汇票时，付款人即应付款；对远期汇票，付款人经过承兑后，在汇票到期日付款。付款后，汇票上的一切债权债务即告解除。

（5）背书（Endorsement）。在国际市场上，汇票又是一种流通工具（Negotiable Instrument），可以在票据市场上流通转让。背书是转让汇票权利的一种法定手续，就是由汇票持有人在汇票背面记载有关事项经签章，或再加上受让人的名字，并将汇票交受让人的行为。汇票可以经背书不断地转让下去，汇票的收款权利便经背书转移给受让人。对受让人来说，所有在他之前的背书人以及原出票人都是他的"前手"；而对出让人来说，所有在他让与以后的受让人都是他的"后手"，前手对后手负有担保汇票必然会被承兑或付款的责任。

在国际市场上，一张远期汇票的持有人如果想在付款人付款以前取得票款，可以经过背书转让汇票，即将汇票进行贴现。贴现（Discount）指远期汇票承兑以后，尚未到期，由银行或贴现公司从票面金额中扣除从转让日到汇票付款日止的利息后将余额付给持票人的行为。

（6）拒付（Dishonour）。持票人提示汇票要求承兑时，遭到拒绝承兑，或持票人要求付款时，遭到拒绝付款，均称拒付，也称退票。

此外，汇票的出票人或背书人为了避免承担被追索的责任，可在出票时或背书时加注"不受追索"字样，但是这种汇票在市场上难以流通。

知识点2. 本票与支票

1. 本票（Promissory Note）是出票人签发的，承诺自己在见票时无条件支付确定金额给收款人或持票人的票据。本票必须记载下列事项：（1）标明"本票"的字样；（2）无条件支付的承诺；（3）确定的金额；（4）收款人名称；（5）出票日期；（6）出票人签章。本票上未记载前款规定事项之一的，本票无效。本票可分为商业本票和银行本票。由工商企业或个人签发的称为商业本票或一般本票。由银行签发的称为银行本票。商业本票又可按照付款时间，分为即期本票和远期本票两种。

本票与汇票的区别：

(1) 本票是无条件支付的承诺，汇票是无条件支付的命令；

(2) 本票只有两个当事人，付款人就是出票人，汇票有三个当事人；

(3) 本票的主债务人是出票人；汇票的主债务人在承兑前是出票人，承兑后为承兑人。

2. 支票（Cheque，Check）是出票人签发的，委托办理支票存款业务的银行或者其他金融机构在见票时无条件支付确定的金额给收款人或持票人的票据。支票可分为现金支票和转账支票两种，用以支取现金或是转账，均应在支票正面注明。支票的使用有一定的效期，由于支票是代替现金的即期支付工具，因此效期较短。我国《票据法》规定：支票的持票人应当自出票日起 10 日内提示付款；异地使用的支票，其提示付款期限由中国人民银行另行规定。

支票与汇票的区别：

(1) 支票为见票即付，无须承兑，而远期的汇票必须承兑；

(2) 支票付款人仅限银行，而汇票的付款人可以是公司、企业和个人，也可以是银行；

(3) 支票的主债务人是出票人，汇票的主债务人在承兑前是出票人，承兑后为承兑人。

任务二　选择支付方式

知识点 1. 汇付方式

汇付（Remittance），又称汇款，指付款人主动通过银行或其他途径将款项汇交收款人。国际贸易货款的收付如采用汇付，一般是由买方按合同约定的条件（如收到单据或货物）和时间，将货款通过银行，汇交卖方。

1. 汇付业务的做法。在汇付业务中，通常有四个当事人。

汇款人（Remitter），汇出款项的人，在进出口交易中，通常是进口人。

收款人（Payee 或 Beneficiary），收取款项的人，在进出口交易中通常是出口人。

汇出行（Remitting Bank），受汇款人的委托汇出款项的银行，通常是在进口地的银行。

汇入行（Paying Bank），受汇出行的委托解付汇款的银行，因此又称为解付行，在对外贸易中，通常是出口地的银行。

汇付的方式分为信汇、电汇和票汇三种。

电汇（Telegraphic Transfer，T/T）指汇出行应汇款人的申请，通过拍发加押电报或电传等电讯手段将电汇付款委托书给汇入行,指示解付一定金额给收款人的一种汇款方式。

信汇(Mail Transfer,M/T)指汇出行应汇款人的申请,将信汇付款委托书寄给汇入行,授权解付一定的金额给收款人的一种汇款方式。

票汇(Remittance by Banker's Demand Draft,D/D)指汇出行应汇款人的申请,代汇款人开立以其分行或代理行为解付行的银行即期汇票,支付一定金额给收款人的一种汇款方式。

电汇和信汇的业务流程如图9-2所示。

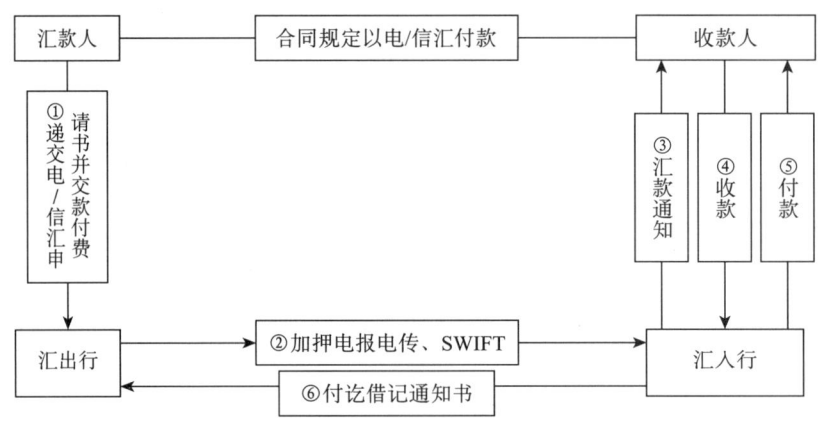

图9-2 电汇和信汇的业务流程

2. 汇付在国际贸易中的应用。汇付方式优点是费用少,速度快,手续简便,操作简单,适用范围广,因此汇付在国际贸易中的使用非常普遍。但汇付属于商业信用,完全取决于买卖双方的信任。汇付方式通常用于预付货款(Payment in Advance)、随订单付现(Cash with Order C.O.D)和赊销(Open Account)等业务,还用于支付订金、分期付款、货款尾数以及佣金等费用的支付。实际业务中,使用电汇作为支付方式,其付款时间、方式、金额的做法各不相同,因而合同中的规定也各不一样。

【操作示范】选择电汇方式,拟定电汇支付条款

例9-1 100%电汇预付

付款条件:买方不迟于2019年12月31日将100%的货款用电汇交抵卖方。

Terms of payment:100% of the sales proceeds must be paid by T/T and reach the Seller not later than Dec. 31. 2019.

例9-2 电汇预付部分货款

付款条件:买方同意在本合同签字之日起一个月内将本合同总金额30%的预付款电汇卖方。

Terms of payment: The Buyer agreed to remit to the Seller 30% advance payment of the total amount of this contract by T/T within one month after the date of signing this contract.

例 9-3　部分预付部分装运前付清

付款条件：30%生产前预付，70%装运前付清。

Terms of payment: 30% down payment before production, 70% by T/T before shipment.

【知识拓展】赊销

OA（Open Account）赊账交易，是国际贸易中的一种支付方式，就是先收货后付款。在这种交易方式下，卖方先行发运货物并寄交全套单据给进口方，进口方按照合同约定在未来某天将货款寄交给出口方。货款通常一季、半年或一年结算。例：O/A 30day 应为买方收到货物30天内付款。此种支付方式对卖方风险很大，外贸公司通常配合中国信用保险公司的出口信用保险使用。

知识点2. 托收方式

【实务案例】托收业务代收行借单案

我国某企业与某外商达成一项出口合同，付款条件为D/P45天。外商及时在汇票上履行了承兑手续。货抵目的港时，由于用货心切，外商出具信托收据向代收行借得单据，先行提货转售，但在汇票到期时因经营不善而失去偿付能力。代收行遂以汇票付款人拒付为由通知托收行，建议由我外贸企业直接向外商索取货款。

分析：如果你是经办业务员，如何处理？

托收（Collection）指出口方发货后，出具单据和汇票，委托银行向进口方收取货款的一种方式。

1. 托收业务的做法。托收业务的基本当事人有四个，即委托人、托收行、代收行和付款人。

委托人（Principal），指委托银行办理托收业务的客户，通常是出口人。托收行（Remitting Bank），指接受委托人的委托，办理托收业务的银行，一般为出口地银行。代收行（Collecting Bank），指托收行的代理人，是接受托收行的委托代向付款人收款的银行，通常为进口地银行。付款人（Payer），指汇票的付款人，通常是买卖合同中的买方。

托收分为光票托收和跟单托收。光票托收指金融票据不附有商业单据的托收，即仅把金融票据委托银行代为收款。跟单托收指金融票据附有商业单据或不附有金融票据的商业单据的托收。国际贸易中货款的收取大多数采用的是跟单托收。

在跟单托收情况下，根据交单条件的不同，又可以分为付款交单和承兑交单两种。

（1）付款交单（Documents against Payment，D/P）指出口人的交单是以进口人的付款为条件，即出口人发货以后，取得货运单据，委托银行办理托收，并在托收委托书中指示银行，只有在进口人付清货款后，才能把商业单据交给进口人。

按付款时间的不同，付款交单又可以分为即期付款交单和远期付款交单。

①即期付款交单（Documents against Payment at sight，D/P at sight），指出口人发货后开具即期汇票连同商业单据，通过银行向进口人提示，进口人见票后立即付款，进口人在付清货款后向银行领取商业单据。其业务流程如图9-3所示。

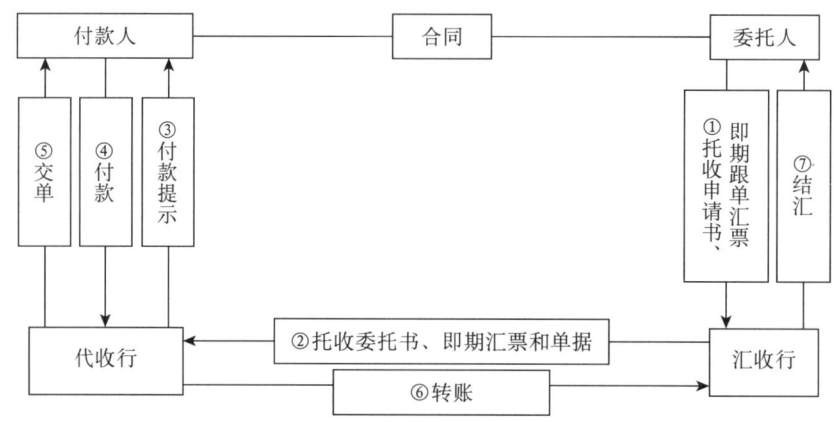

图9-3　即期付款交单业务流程

②远期付款交单（Documents against Payment after sight，D/P after sight），指出口人发货后开具远期汇票连同商业单据，通过银行向进口人提示，进口人审核无误后即在汇票上进行承兑，于汇票到期时付清货款后再领取商业单据。

【知识拓展】远期付款交单凭信托收据借单（D/P·T/R）

远期付款交单业务中，如果付款日期晚于到货日期，买方为了抓住有利行市，不失时机地转售货物，可以采取两种做法：一是在付款到期日之前提前付款赎单，扣除提前付款日至原付款到期日之间的利息，作为买方享受的一种提前付款的现金折扣；二是西方银行的通常业务，即代收行对于资信较好的进口人，允许进口人凭信托收据借取货运单据，先行提货。

所谓信托收据（Trust Receipt），就是进口人借单时提供的一种书面信用担保文件，用来表示愿意以代收行受托人的身份代为提货、报关、存仓、保险、出售，并承认货物的所有权仍属于银行。货物出售以后所得的货款，应于汇票到期时交代收行。如果代收行在委托人授权范围之外自行向付款人提供信用便利，到期不能收到货款，则代收行应对委托人负全部责任。但如系出口人指示代收行借单，就由出口人主动授权银行凭信托收据借单给进口人，即所谓"远期付款交单凭信托收据借单"（D/P. T/R），那么进口人在承兑汇票后可以凭信托收据先行借单提货。日后如果进口人在汇票到期时拒付，则与银行无关，应由出口人自己承担风险。

（2）承兑交单（Documents against Acceptance，D/A）指出口人的交单以进口人在汇票上承兑为条件，即出口人在装运货物后出具远期汇票，连同商业单据，通过银行向进口人提示，进口人承兑汇票后，代收行即将商业单据交给进口人，在汇票到期时，方履行付款义务。

承兑交单只适用于远期汇票的托收。由于承兑交单是进口人只要在汇票上办理承兑之后，即可取得商业单据，凭以提取货物。也就是说，出口人先交出商业单据，其收款的保障依赖进口人的信用，一旦进口人到期不付款，出口人便会遭到货物和货款全部落空的损失。因此，对于这种方式，出口人一般采用很慎重的态度。

2. 有关托收业务的国际贸易惯例。国际商会制定了《托收统一规则》，对托收业务作出了规定。《托收统一规则》是国际商会第522号出版物（Uniform Rules for Collection，ICC Publication No. 522，简称URC522）。主要内容如下。

（1）银行必须根据托收指示书所给予的指示及本规则办理托收。

（2）不提倡D/P远期。如果托收含有远期付款的汇票，托收指示书应注明商业单据是凭承兑交单（D/A）交付款人还是凭付款交单（D/P）交付款人。如果无此项注明，商业单据仅能凭付款交付，代收行对因迟交单据产生的任何后果不负责任。

（3）银行及其指定人不应为收货人，银行只处理单据而不处理货物或代表货物的合同。

（4）托收如被拒绝付款或拒绝承兑，提示行应向托收行发出拒付通知，托收行在收到此项通知后，必须对单据如何处理给予相应的指示。提示行如在发生拒绝付款或拒绝承兑通知后60天内仍未收到此项指示，可将单据退回托收银行，不再负任何责任。

3. 托收在国际贸易中的应用及注意事项。托收方式的优点：一是费用低廉，二是简便易行。托收方式的缺点：商业信用，银行办理托收业务时，只是按委托人的指示办事，并不承担付款人必然付款的义务。

实践中，托收对出口人有一定的风险，万一进口人破产或丧失清偿债务的能力，出口人则可能收不回或晚收回货款。在进口人拒不付款赎单后，除非事先约定，银行没有义务代为保管货物。如果货物已经到达，还要发生在进口地办理提货、缴纳进口关税、存仓、保险、转售以至被低价拍卖或运回国内的损失。但是，跟单托收对进口人有利，他不仅可免去申请开立信用证的手续，不必预付银行押金，减少费用支出，而且有利于资金融通和周转。由于托收对进口人有利，因此在出口业务中使用托收，有利于调动进口商采购货物的积极性，从而有利于促成交易和扩大出口，故很多出口商都把采用托收作为推销库存货和加强对外竞销的手段。因此，采用托收方式应注意：

（1）调查和考虑进口人的资信情况和经营作风，成交金额应妥善掌握，不宜超过其信用程度；

（2）了解进口国的贸易管制和外汇管理条例，以免货到目的地后，由于不准进口或收不到外汇而造成损失；

（3）了解进口国的商业惯例，以免由于当地习惯做法影响安全、迅速结汇；

（4）出口合同应争取按 CIF 或 CIP 条件成交，由出口人办理货运保险，或投保出口信用保险，在不采用 CIF 或 CIP 条件时，应投保卖方利益险；

（5）对托收方式的交易，要建立健全的管理制度，定期检查，及时催收清理，发现问题应及时、迅速采取措施，以免除或减少可能发生的损失。

【操作示范】确定托收方式，拟定托收支付条款

托收条款包括托收时间、交单条件。

例 9-4　即期付款交单

买方应凭卖方开具的即期汇票于见票时立即付款，付款后交单。

After first presentation the Buyer shall pay against documentary draft by the Seller at sight, the shipping documents are to be delivered against payment only.

例 9-5　远期付款交单

买方应凭卖方开具的跟单汇票，于汇票出票日期后 45 日付款，付款后交单。

The Buyers shall pay against documentary draft drawn by the Sellers at 45 days after date of draft. The shipping documents are to be delivered against payment only.

例 9-6　承兑交单

买方应凭卖方开具的见票后 90 天付款的跟单汇票，于提示时应即承兑。并应于汇票到期即予以付款，承兑后交单。

The Buyers shall pay against documentary draft drawn by the Sellers at 90 days after sight upon first presentation and make payment on its maturity. The shipping documents are to be delivered against acceptance.

知识点 3. 信用证方式

【实务案例】信用证业务银行拒绝申请人拒付要求案

我某公司自国外某客户进口一批钢材，货物分两批装运，支付方式为不可撤销即期信用证，每批分别由中国银行开立一份信用证。第一批货物装运后，卖方在有效期内提交了合格的单据，中国银行对外进行支付。我公司收到货物后发现品质与合同规定不符，随即要求银行拒付第二份信用证项下的单据，但遭到银行拒绝。

1. 信用证的含义。根据国际商会《UCP600》的解释："信用证指一项不可撤销的安排，不论其名称或描述如何，该项安排构成开证行对相符交单予以承付的确切承诺。"在国际贸易中，信用证是银行应进口商申请开给出口商的、承诺凭相符交单履行付款的不可撤销的书面保证。

2. 信用证的当事人。

（1）开证申请人（Applicant）又称开证人，指发出开立信用证申请的一方，在外贸业务中即进口人或实际买方。

（2）开证行（Opening Bank/Issuing Bank），指应申请人要求或代表其自身开立信用证的银行。在外贸业务中应进口人申请开立信用证，承担保证付款的责任，一般是进口人当地的银行。

（3）受益人（Beneficiary），指信用证中受益的一方。是信用证上规定的有权使用该信用证的人，通常为出口人。

（4）通知行（Advising Bank/Notifying Bank），指应开证行要求通知信用证的银行。接受开证行的委托，将信用证转交给受益人。它只证明信用证的真实性，并不承担其他的责任。

（5）议付行（Negotiating Bank）。议付意指被指定银行在其应获得偿付的银行日或在此之前，通过向受益人预付或者同意向受益人预付款项的方式购买相符提示项下的汇票（汇票付款人为被指定银行以外的银行）及/或单据，只审单不付款不叫议付。

（6）付款行（Paying Bank/Drawee Bank）指开证行授权进行信用证项下付款或承兑并支付受益人出具的汇票的银行。

（7）偿付行（Reimbursing Bank）又称信用证的清算行，指受开证行的指示或授权，对有关代付银行的索偿予以照付的银行。偿付不视作开证行终局性的付款，因为偿付行并不审查单据，不承担单证不符的责任。开证行在见单后发现单证不符时，可直接向寄单的议付行、代付行追回业已付讫的款项。

（8）保兑行（Confirming Bank）。保兑指保兑行在开证行之外对于相符提示做出兑付或议付的确定承诺。保兑行意指应开证行的授权或请求对信用证加具保兑的银行。保兑行在信用证上加具保兑以后，即对受益人独立负责，具有与开证行相同的责任地位，承担必须付款或议付的责任，一旦付款没有追索权。

3. 信用证的特点。

第一，信用证是一种银行信用。由开证行以自己的信用做出付款保证。开证行的付款责任，不仅是首要的，而且是独立的，即使进口人在开证后失去偿付能力，只要出口人提交的单据符合信用证条款，开证行也要付款。

第二，信用证是一种自足文件。信用证的开立是以买卖合同为依据，但信用证一经开出，就成为独立于买卖合同的另一种契约，不受合同的约束。

第三，信用证是一种纯单据买卖。在信用证方式下，实行的是凭单付款的原则，只要受益人或其指定人提交的单据符合信用证规定，开证行就应当承担付款或承兑并支付的责任。反之，单据与信用证规定不符，银行有权拒绝付款。但应指出，银行对任何单据的形式、完整性、准确性、真实性以及伪造或法律效力，或单据上规定的或附加的一般和/或特殊条件，概不负责。

采用信用证支付方式，对出口人（受益人）而言，只要按照信用证的规定行事，提交了符合信用证规定的单据，则开证行将保证向受益人付款，而不管进口人（开证申请人）的经营情况如何，即便是开证申请人经营不善倒闭了，开证行也要向受益人付款，也就是说开证行是信用证的第一付款人，这是信用证被广泛应用的原因。对于进口人（开证申请人）来说，信用证的付款是以出口人（受益人）实际交货，并提交了包括货权凭证在内的规定的单据，即付款时货权同时被移交，因此不用担心付款后出口人不交货。因此，信用证实质上是对买卖双方都相对安全的支付方式，尤其是对大金额的交易，因此在国际贸易中被广泛使用。

4. 信用证的收付程序。以即期议付信用证为例，信用证的收付程序大体要经过申请、开证、通知、议付、索偿、付款、赎单等环节（见图 9-4）。

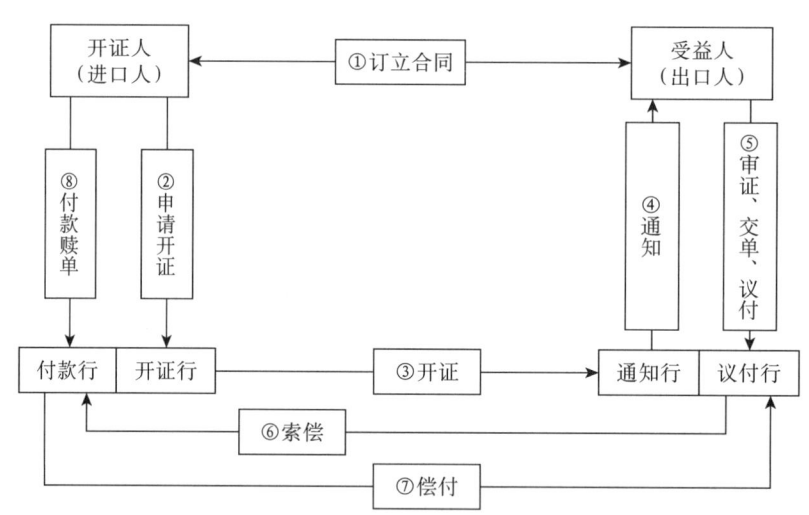

图 9-4　即期不可撤销跟单议付信用证收付程序

（1）订立合同：进出口双方经过交易磋商签订合同，规定支付方式为信用证，一般还应规定开证行、信用证的类型、金额、到期日、信用证开立并送达卖方的时间等。

（2）申请开证：进口人向当地银行提出申请，填写开证申请书，依照合同填写各项规定和要求，并交押金或提供其他担保，请开证行开证。

（3）开证：开证行根据申请书内容，向出口人（受益人）开出信用证，并寄交出口人当地的分行或代理行（统称通知行）。信用证的开立方式有信开（Open by Airmail）和电开（Open by Telecommunication）两种。前者是开证行通过航空方式邮寄信用证正本给通知行。后者是指开证行通过电报、电传或通过 SWIFT 等电讯工具将加注密押的信用证通知受益人当地的代理行。

（4）通知：通知行核对印鉴与密押无误后，将信用证交给受益人。如果收到的信用证是以通知行为收件人的，则通知行应以自己的通知书格式照录信用证全文通知受益人。

（5）审证：受益人收到经通知行转来的信用证后，对照合同条款审核信用证。如果发现信用证中的条款有差错、表述不清等不能接受或者无法照办的内容，均应通知开证申请人，请求修改信用证。修改后的信用证的传递方式与信用证相同。

（6）交单：受益人收到信用证审核无误，或需修改的经收到修改通知书认可后，按信用证规定装运货物，并备齐各项货运单据，开立汇票，连同信用证（如经过修改还需有修改通知书）在信用证有效期内递交当地银行（议付行）议付。

（7）议付：由议付行向受益人购进由它出具的汇票及所附单据。根据 UCP600 的解释：议付是指指定银行在相符交单下，在其应偿付的银行工作日当天或之前向受益人预付或者同意预付款项，从而购买汇票及/或单据的行为。议付也是一种汇票的贴现行为，在我国习惯上称为"买单"。议付行办理议付后成为汇票的善意持有人，如遇开证行拒付，有向其前手出票人进行追索的权利。

（8）索偿：议付行办理完议付后，根据信用证规定，凭单向开证行或其指定的银行请求偿付的行为。其具体做法是：由议付行按信用证要求将单据连同汇票和索偿证明（证明单据符合信用证规定）分次邮寄给开证行或其指定的付款行。

（9）偿付：开证行或被指定的付款行或偿付行向议付行进行付款的行为。如果发现单据与信用证规定不符，可以拒付，但应在收到单据的次日起 5 个银行营业日内通知议付行表示拒绝接受单据。

（10）付款赎单：开证行履行偿付责任后，应向开证申请人提示单据，开证人审核单据无误后，办理付款手续。

5. 信用证的形式和内容。目前，普遍使用全球银行间金融电讯协会（Society for Worldwide Interbank Financial Telecommunications）的 SWIFT 电开信用证格式，内容主要包括如下六方面。

（1）关于信用证本身的说明。如信用证的种类、性质、编号到期日和到期地点、交单期限等。

（2）信用证的当事人：开证行、开证申请人、受益人、通知行等，有的信用证还指定付款行、偿付行、承兑行、议付行等。

（3）对货物的要求。货物的名称、品种、规格、数量、包装、价格、金额等，与合同规定相符。

（4）对运输的要求。装运的最迟日期、起运地和目的地、运输方式、可否分批装运、可否转运等。

（5）对单据的要求。单据主要分为三类：货物单据（以发票为中心，包括装箱单、重量单、产地证、商检证明书等）；运输单据（如提单，这是代表货物所有权的凭证）；保险凭证（保险单）。除上述三种单据以外，还有可能提出其他单证，如受益人证明、装船通知电报副本等。

（6）特殊要求。视具体交易的需要而异，常见的有要求通知行加保兑，限制由某银行议付，限制装某船或不许装某船等。

【知识拓展】SWIFT 信用证标准格式

LETTER OF CREDIT

27 ：报文页次 sequence of total

40A ：跟单信用证类型 form of documentary credit

20 ：跟单信用证号码 documentary credit number

23 ：预通知编号 Reference to Pre-Advice

31C ：开证日期 date of issue

31D ：到期日 date of expiry 到期地点 place of expiry

51A ：开证申请人银行——银行代码 applicant bank

50 ：开证申请人 applicant

59 ：受益人 beneficiary

32B ：币别代号与金额 currency code, amount

40E ：适用规则 applicable rules

41D ：向银行押汇… 押汇方式为 available with… by…

42C ：汇票汇款期限 drafts at…

42A ：汇票付款人 drawee

43P ：分批装运条款 partial shipments

43T ：转运条款 transshipment

44A ：装船/发运/接受监管的地点 loading on board / dispatch/taking in charge

44B ：货物发送最终目的地 for transportation to…

44C ：最迟装运日期 latest date of shipment

45A ：货物/劳务描述 description of goods and/or services

46A ：单据要求 documents required

47A ：附加条款 additional conditions

71B ：费用负担 charges

48 ：交单期限 period for presentation

49 ：保兑指示 confirmation instructions

78 ：给付款行/承兑行/议付行的指示 instructions to pay/accept/negotiate bank

72 ：附言 sender to receiver information

6. 有关信用证的国际惯例。为规范信用证业务，国际商会于1933年制定了一套信用证业务的惯例，称为跟单信用证统一惯例（Uniform Customs and Practice for Documentary Credits，简称UCP）。迄今进行了六次修订，目前实施的是2007年生效的修订本，即国际商会第600号出版物，称为UCP600。使用SWIFT格式开立信用证，其信用证受国际商会UCP600条款约束，实质上已相当于根据UCP600开立信用证。UCP600明确规定信用证是不可撤销的，即使信用证中无此规定；明确了信用证与合同的关系；明确了银行处理的是单据，而不是单据可能涉及的货物、服务或履约行为；规定了单据审核标准和银行对相符交单、不符单据的处理；对主要单据的要求、单据正副本、清洁运输单据等做了规定；对交单截止日及顺延做出了规定；对信用证金额、数量、单价的伸缩度做了规定；对部分发运/支款和分期发运/分期支款做了规定；对单据的有效性做了规定。

由于UCP的重要和核心地位，它的修订还带动了eUCP（《〈跟单信用证统一惯例〉电子交单补充规则》）、ISBP（《关于审核跟单信用证项下单据的国际标准银行实务》）、SWIFT（环球同业银行金融电讯协会）等的相应修订和升级。

7. 信用证的种类。

（1）跟单信用证与光票信用证是以信用证项下的汇票是否附有货运单据划分的。

跟单信用证（Documentary Credit）是指凭跟单汇票或仅凭规定的单据付款的信用证，单据指代表货物或证明货物已经交付的单据，即货运单据。光票信用证（Clean Credit）指开证行仅凭受益人开具的汇票或简单的收据而无需附带货运单据付款的信用证。

（2）保兑信用证与不保兑信用证是按其是否有另一家银行对之加以保兑划分的。

保兑信用证（Confirmed L/C）是指开证行开出的信用证，由另一家银行保证对符合信用证条款规定的单据履行付款义务。对信用证加以保兑的银行叫作保兑行（Confirming Bank）。按UCP600的规定，信用证一经保兑，即构成保兑行在开证行以外的一项确定承诺。保兑行与开证行一样承担付款责任，并对受益人以独立的"本人"身份对受益人独立负责，并对受益人负首要付款责任。保兑行对受益人或其他前手无追索权。保兑的手续一般是由保兑行在信用证上加列保兑文句。

（3）付款信用证、承兑信用证、议付信用证是按信用证兑付方式划分的。

UCP600规定：一切信用证都必须清楚表明该证适用于即期付款、延期付款、承兑或议付。除非信用证规定只能由开证行办理，一切信用证均须指定某家银行并授权其付款，承担延期付款责任，承兑汇票或议付。对自由议付信用证，任何银行均为指定银行。

即期付款信用证（Sight Payment L/C）是指开证行或付款行收到符合信用证条款的汇票和单据后，立即履行付款义务的信用证，即兑现方式是即期付款方式的信用证。即期付款信用证一般不要求受益人开立汇票。如开证行本身是付款行，开证行应保证履行即期付款的承诺；如由通知行或第三银行任付款行，开证行应保证该款的即期照付。付款行一经付款，对受益人均无追索权。这种信用证在国际结算中使用最为广泛。

例 9-7　41D：Available With... By... Any bank by Payment

延期付款信用证（Deferred Payment L/C），是远期信用证的一种，是开证行在信用证上规定货物装船后若干天付款或受益人交单后若干天付款的信用证。这类信用证不要求受益人开具汇票，所以出口商不能利用贴现市场资金，只能自行垫款或向银行借款。

例 9-8　41D：Available with ×× bank by deferred payment

承兑信用证（Acceptance L/C），指付款行在收到符合信用证规定的远期汇票和单据时，先在汇票上履行承兑手续，待汇票到期日再进行付款的信用证。按 UCP600 的规定，开立信用证时不应以申请人作为汇票的付款人，承兑信用证的汇票付款人可以是开证行或其他指定的银行，不论由谁承兑，开证行均负责该汇票的承兑及到期付款。这种信用证又称为银行承兑信用证（Banker's Acceptance L/C）。承兑信用证一般适用于远期付款的交易。

例 9-9　41D：Available with ×× bank by acceptance

议付信用证（Negotiation L/C），指开证行允许受益人向某一指定的银行或任何银行交单议付的信用证。议付是指议付行对汇票和（或）单据付出代价。只审单据不支付对价，不能构成议付。议付信用证按是否限定议付银行分为公开议付信用证和限制议付信用证。a. 公开议付信用证（Open Negotiation L/C），又称自由议付信用证（Free Negotiation L/C），是指开证行对愿意办理议付的任何银行做公开议付邀请和普遍的付款承诺的信用证，即任何银行均可按信用证条款自由议付的信用证。b. 限制议付信用证（Restricted Negotiation L/C）是指开证行指定某一银行或开证行本身进行议付的信用证。议付和付款的主要区别之一是：议付银行在议付后如由于单据与信用证条款不符而不能向开证行收回款项时，还可以向受益人追索；而付款银行（以及开证行、保兑银行）一经付款，即丧失对受益人的追索权。

例 9-10　41D：Available with any bank by negotiation

（4）即期信用证、远期信用证、假远期信用证是按付款时间不同划分的。

即期信用证（Sight L/C）指开证行或付款行在收到符合信用证条款的跟单汇票或装运单据后，立即履行付款义务的信用证。在即期信用证中，有时还加列电汇索偿条款（T/T Reimbursement Clause），这是指开证行允许议付行用电报或传真通知开证行或指定银行，说明各种单据与信用证要求相符，开证行或指定付款银行接到电报或电传通知后，有义务立即用电汇将货款拨交议付行。付款后如发现收到的单据与信用证规定不符，开证行或付款行有对议付行行使追索的权利。这是因为此项付款是在未审单的情况下进行的。

远期信用证（Usance L/C）指开证行或付款行收到符合信用证条款的单据时，在规定期限内履行付款义务的信用证。远期信用证主要包括承兑信用证、延期付款信用证和远期议付信用证。其主要作用是便于进口人融通资金。

假远期信用证（Usance L/C Payable at sight），是信用证规定受益人开立远期汇票，由付款行负责贴现，并规定一切利息和费用由进口人负担。这种信用证，表面上看是远期信用证，但从上述条款规定来看，出口人可以即期收到全部的货款，因而习惯上称之为假远期信用证。

（5）可转让信用证与不可转让信用证是按受益人对信用证的权利可否转让划分的。

可转让信用证（Transferable L/C）是指受益人（第一受益人）有权将信用证的全部或部分金额转让给第三者，即第二受益人使用的信用证。不可转让信用证（Non-transferable L/C）是指受益人不能将信用证的权利转让给他人使用的信用证。凡信用证中未注明"可转让"者，就是不可转让信用证。

可转让信用证只能转让一次，即只能由第一受益人转让给第二受益人，第二受益人不得要求将信用证转让给其后的第三受益人。但是，再转让给第一受益人，不属被禁止转让的范畴。

信用证只能按原证规定条款转让，但信用证金额、商品的单价、到期日、交单日及最迟装运日期可以改变，保险加成比例可以增加，信用证申请人可以变动。信用证在转让后，第一受益人有权以自身的发票（和汇票）替换第二受益人的发票（和汇票），其金额不得超过信用证规定的原金额。信用证规定了单价，应按原单价开立。在替换发票（和汇票）时，第一受益人可在信用证项下取得自身发票和第二受益人发票之间的差额。

（6）循环信用证（Revolving L/C）指信用证被全部或部分使用后，其金额又恢复到原金额，可再次使用，直至达到规定的次数或规定的总金额为止。可以分为自动循环（Automatic Revolving）和通知循环（Notice Revolving）。

例9-11 信用证项下总金额于每次议付后自动循环。The total amount of this credit shall be restored automatically after date of negotiation.

例9-12 受益人于每次装货议付后，须待收到进口商或开证银行发出的通知，方可恢复到原金额使用。The amount of each shipment shall be reinstated after each negotiation only upon receipt of credit-writing importer's issuing bank's notice stating that the credit might be renewed.

【知识拓展】其他信用证类型

对开信用证（Reciprocal L/C），指信用证的开证申请人可以对方为受益人而开立的信用证。对开信用证的特点是第一张信用证的受益人（出口人）和开证申请人（进口人）就是第二张信用证的开证申请人和受益人，第一张信用证的通知行通常就是第二张信用证的开证行。两张信用证的金额相等或大体相等，两证可同时互开，也可以先后开立。对开信用证多用于易货贸易或来料加工贸易业务。

对背信用证（Back to Back L/C）又称转开信用证、从属信用证或桥式信用证，是指原证的受益人要求原证的通知行或其他银行以该证为基础和担保，另开立的一张内容相似的新信用证。对背信用证的受益人可以是国外的，也可以是国内的，对背信用证的开证行只能根据不可撤销信用证来开立。

预支信用证（Anticipatory L/C），指开证行授权代付行（通常是通知行）向受益人预付信用证金额的全部或一部分，由开证行保证偿还并支付利息。由于预支款是提供受益人收购及包装货物所用的，因此这种信用证又叫打包放款信用证（Packing L/C）。

备用信用证（Standby Letter of Credit），指开证行根据开证申请人的请求对受益人开立的承诺承担某项义务的凭证，即开证行保证在开证申请人未能履行其应履行的义务时，受益人只要凭备用信用证的规定向开证行开具汇票（或不开汇票），并提交开证申请人未履行义务的声明或证明文件，即可取得开证行的偿付。备用信用证对受益人来说是在开证申请人毁约时取得补偿的一种方式，广泛应用于各种履约业务。

【操作示范】选择信用证方式，拟定信用证支付条款

例 9-13　采用即期议付信用证付款

买方应通过为卖方所接受的银行于装运月份前45天开立并送达卖方不可撤销即期信用证，有效期至装运月份后第15天在中国议付。

The Buyer shall open through a bank acceptable to the Sellers an Irrevocable Sight Letter of Credit to reach the Sellers 45 days before the month of shipment, valid for negotiation in China until the 15th days after the month of shipment.

例 9-14　采用保兑信用证付款

保兑的和不可撤销的信用证须在合约签订之后15天内开立。该信用证须在货物装运月份之后至少15天内继续有效，以便议付有关汇票。

A confirmed irrevocable letter of credit shall be established within 15 days after the conclusion of the contract and such letter of credit shall be maintained at least 15 days after the month of shipment for the negotiation of the relative draft.

例 9-15 采用可转让信用证付款

凭 100% 不可撤销可转让即期信用证付款，该证在上述装船日期后 15 天内在中国议付有效。

Payment is to be effected by 100% irrevocable and transferable letter of credit to be available by sight draft and to remain valid for negotiation in China until the 15th day after the aforesaid time of shipment.

例 9-16 采用循环信用证付款

买方应通过为卖方可接受的银行于第一批装运月份前 30 天开立并送达卖方不可撤销的即期循环信用证，该证在 2020 年期间，每月自动可供 20000 美元，并保持有效期至 2021 年 1 月 15 日在北京议付。

The buyers shall open through a bank acceptable to the sellers an irrevocable revolving letter of credit at sight to reach the sellers 30 days before the month of first shipment. The credit shall be automatically available during the period of 2020 for 20,000 US Dollar per month, and remain valid for negotiation in Beijing until Jan. 15, 2021.

例 9-17 信用证付款的简化订法

凭不可撤销即期信用证付款。Payment by Irrevocable Sight Credit.

凭不可撤销信用证提单日后 60 天付款。By Irrevocable L/C at 60 days after the date of B/L.

知识点 4. 不同支付方式结合使用

1. 信用证与汇付相结合是指部分货款用信用证，余款用汇付。

2. 信用证与托收相结合，指信用证和跟单托收结合使用。一般做法是：信用证规定出口人开立两张汇票，属于信用证部分的货款凭光票付款，而全套单据附在托收部分汇票项下，按即期或远期付款交单方式托收。在信用证中必须订明"在发票金额全部付清后才可交单"的条款，以保证安全。

3. 汇付、托收和信用证三者相结合。在成套设备、大型机械和大型交通工具的交易中，由于成交金额大，制造周期长，检验手段复杂，交货条件严格，因此一般采用按工程进度或交货进度分若干期付清货款，即分期付款和延期付款的方式。一般采用汇付、托收和信用证相结合的方式。

分期付款（Pay by Installments）指买方预交部分定金，其余货款根据所订购商品的制造进度或交货进度分若干期支付，在货物交付完毕时付清或基本付清。

延期付款（Deferred Payment）指买方在预付一部分定金后，大部分货款在交货后一段相当长的时间内分期摊付。延期支付的那部分货款实际上是一种赊销，等于是卖方给买方提供的商业贷款。因此,买方应承担延期付款的利息。在延期付款的条件下,货物的所有权一般在交货时转移。

【操作示范】选择信用证与其他方式结合付款 拟定合同支付条款

例 9-18 信用证与汇付结合:电汇预付+即期信用证

付款:合同签订生效后 7 天内,买方以电汇方式预付全部货款的 10% 作为定金,余款(90%)采用即期跟单信用证方式结算,余款(质量保证金)采用电汇方式结算。

Payment: The buyers shall pay 10% of the total value of the contract as deposit within 7 days after conclusion of the contract. The other payment (that is 90% of the total valued of the contract) shall pay by irrevocable documentary sight letter of credit. The above L/C shall be opened by the buyers through a bank, acceptable to the seller, and shall be reached the seller 15 days before the date of shipment, valid for negotiation in China until days after the month of shipment.

例 9-19 信用证与托收结合:跟单托收+光票信用证

付款:80% 发票金额凭即期光票信用证支付,其余 20% 即期付款交单。100% 发票金额的全套货运单据随附于托收项下,于申请人付清发票全部金额后交单。

Payment: 80% of the invoice value is available against clean draft at sight while the remaining 20% of documents be held against payment at sight under this credit. The full set of the shipping documents of 100% invoice value shall accompany the collection item and shall only be released after full payment of the invoice value.

阅读·思考·练习

一、练习

1. 判断。

(1) 根据《UCP600》的规定,可转让信用证转让后,第一受益人无须再对履行合同负责。如果第二受益人不能按时交货或所交付的单据不合格,则应由第二受益人对买方负责。( )

(2) 信用证是银行根据进口人的申请开立的,因此,进口人应承担第一付款人的责任。( )

(3) 信用证开证银行在付款时要检查出口人所交货物是否与合同规定相符及所交单据

是否与信用证相符。   （ ）

（4）对于保兑信用证，受益人只能在开证行无法履行信用证义务时，才能向保兑行要求付款，受益人不能先向保兑行交单要求议付或付款。   （ ）

（5）某信用证规定的装运期为 2017 年 8 月，议付有效期是 2017 年 9 月 15 日，某公司于当年 9 月 14 日向银行提交了 8 月 20 日签发的提单及其他单据，银行应予议付。
                                                                （ ）

2. 选择。

（1）采用议付信用证时，受益人向银行提交的票据是（   ）。

A. 汇票   B. 本票   C. 支票

（2）采用信用证支付方式时，承担向受益人履行第一且最终付款责任的是（   ）。

A. 进口商   B. 开证银行   C. 议付银行

（3）信用证的当事人处理信用证业务的依据是（   ）。

A. 买卖合同   B. INCOTERMS 2000   C. UCP600

（4）信用证若没有具体规定装运期，但规定了有效期，则该信用证（   ）。

A. 无效   B. 按合同规定执行   C. 按不超过有效期执行

（5）一票货物采用 D/P 和 L/C 结合的支付方式出口，为收汇安全可规定（   ）。

A. 全套单据随附于 L/C 汇票

B. 光票信用证，全套货运单据随附于 D/P 汇票

C. 分做两套单据，分别随附于 L/C、D/P 汇票之后

（6）A 公司向 B 公司出口一批货物，B 公司自 C 银行开给 A 公司一份不可撤销的即期信用证。当 A 公司交货后持全套货运单据向银行议付时，B 公司宣布倒闭，因此，C 银行（   ）。

A. 可以推迟付款责任，与 A 公司协商，由 A 公司直接向 B 公司追偿

B. 可以 B 公司倒闭为由解除付款责任

C. 仍应承担付款责任

二、实训操作：解读信用证，找出以下内容

1. 信用证当事人：开证申请人、开证行、受益人、议付行、付款行
2. 信用证类型
3. 有效期与到期地点
4. 信用证金额
5. 付款时间
6. 最迟装运期、装运要求
7. 交单期
8. 单据要求
9. 附加条件

```
BASIC HEADER F 01 BKCHCNBJA5XX9109 069905
APPI HEADER0700 1332990223 SMITJPJSAXXX 4956 850438 1902231232N
                          +SUMITOMO BANK LTD OSAKA JAPAN
                          (BANK NO：2632001) +OSAKA，JAPAN
USER HEADER               BANK. PRIORITY 113：
                          MSG USER REF. 108：G/FO－7752807
  ：MT：700 ---------- ISSUE OF A DOCUMENTARY CREDT --------------
```

SEQUENCE OF TOTAL	27：1/1
FORM OF DOCUMENTARY CREDIT	40A：IRREVOCABLE
DOCUMENTARY CREDIT NUMBER	20：G/FO－7752807
DATE OF ISSUE	31C：190223
APPLICABLE RULES	40E：UCP LATEST VERSION
DATE AND PLACE OF EXPIRY	31D：190610 QINGDAO CHINA
APPLICANT BANK	51A：THE SUMITOMO BANK, LTD. OSAKA
APPLICANT	50：TOSHU CORPORATION OSALM
	12－26，KYUTARO－MACHI 4－CHOME
	CHUO－KU，OSAKA561－8317 JAPAN
BENIFICIARY	59：DONGYUE KNITWEARS AND
	HOMETEXTILES
CURRENCY CODE, AMOUNT	32B：USD201780,00
AVAILABLE WITH...BY...	41D：ANY BANK BY NEGOTIATION
DRAFTS AT...	42C：AT SIGHT
DRAWEE	42D：ISSUING BANK
PARTIAL SHIPMENT	43P：ALLOWED
TRANSHIPMENT	43T：PROHIBITED
LOADING/DISPICH/TAKING/FROM	44A：QINGDAO
FOR TRANSPORTATION TO...	44B：YOKOHAMA
LATEST DATE OF SHIPMENT	44C：190531
DESCRPT OF GOODS/SERVICES	45A：CIF YOKOHAMA
	MEN'S SHIRT (CONTRACT NO. 17 JA7031KL)
	ST/NO. QTYUNIT PRICE
	71－80067, 200PCSUSD1.43/PC
	71－80148, 000PCS USD 1.46/PC
	71－80227, 600PCS USD 1.29/PC

DOCUMENTS REQUIRED	46A: 1. COMMERCIAL INVOICE IN QUADRUPLICATE.
	2. FULL SET ORIGINAL CLEAN ON BOARD OCEAN BILL. OF LADING MARKED FREIGHT PREPAID MADE OUT TO ORDER OF THE SHIPPER BLANK ENDORSED NOTIFY APPLICANT.
	3. PACKING LIST IN 3 COPIES.
	4. G. S. P CERTIFICATE OF ORIGIN FORM A IN 3 COPIES.
	5. INSURANCE POLICY OR CERTIFICATE IN QUADRUPLICATE ENDORSED IN BLANK WITH CLAIM PAYABLE IN JAPAN IN THE CURRENCY OF THE DRAFT COVERING 110 PERCENT OF INVOICE VALUE COVERING INSTITUTE CARGO CLAUSES (A).
ADDITIONAL CONDITIONS	47A: (1) THE GOODS SHOULD BE CONTAINERIZED.
	(2) A COPY OF CABLE ADVISING SHIPPING DETAILS FAX TO THE ACCOUNTEE WITHIN 2 DAYS AFTER SHIPMENT.
	(3) CLEAN ON BOARD COMBINED TRANSPORT B/L OF ITOCHU EXPRESS CO. , LTD IS ACCEPTABLE.
CHARGES	71B: ALL BANKING CHARGES AND COMMISSIONS INCLUDING REIMBURSEMENT COMM. OUTSIDE JAPAN ARE FOR A/C OF BENEFICLARY.
PERIOD FOR PRESENTATIONS	48: DOCUMENTS TO BE PRESENTED WTTHIN 15 DAYS AFTER THE DATE OF SHIPMENT BUT WITHIN THE VALIDITY OF THE CREDIT.
CONFIRMATION INSTRUCTION	49: WITHOUT
INSTRUCTION TO BANK	78: TO NEGOTIATING BANK: ALL SHIPPING DOCUMENTS TO BE SENT DIRECT TO THE OPENING OFFICE BY REGISTERED AIRMAIL IN ONE LOT UPON RECEIPT OF THE DRAFTS AND DOCUMEVTS IN ORDER, WE WILL REMIT THE PROCEEDS TO YOUR ACCOUNT WTTH THE BANK DESIGNATED BY YOU.
TRALILER	MAC: 51EFSS6F CHK: D3A3A848E00C

三、分析案例

1. 我国某公司以托收方式出口货物。接代收行来电称:"The drawee required the change of the drafts from D/P sight to D/P 60 days sight. Please send us the revised drafts. If possible, please authorize us to deliver the documents to the drawee against their letter of undertaking to pay at maturity."

分析:如果你是业务员,如何处理?

2. 我国某出口企业对外出口产品一批,销售合同中规定商品装于木箱之中(to be packed in wooden cases),而对方所开来的信用证则显示商品装于标准出口纸箱中(to be packed in standard export cartons)。由于卖方同时拥有两种包装的产品,而且船期临近,且双方有长期的业务合作,卖方便在信用证中所规定的装运期前将装于标准出口纸箱的产品装运,并取得相应的单据。

此后卖方收到信用证的修改通知书,对方表示由于工作疏忽将包装条款打错,希望信用证中的相关条款与合同条款保持一致,即以木箱进行包装。卖方由于已经装运,所以拒绝接受修改。待卖方向有关银行结算以后,却收到买方提出的抗辩:"关于第××××号合同,合同中规定采用木箱包装,而贵方所提交的单据显示该批货物系装于出口标准纸箱中,我方已与最终用户联系,其表示不能接受。因此,我方也不能接受贵方所提供的货物和单据。希望贵方退还已从银行结算的货款,并承担我方的损失费用……"

问:该案中出口商承担了怎样的风险?出口商应该怎样做可以降低或消除风险?

3. 某银行开立一份不可撤销的议付信用证,并通过另一家银行将信用证传递给受益人。受益人发货后取得单据并向银行议付,议付银行议付后将单据传递给开证行。开证行在收到单据后第九个工作日以不符点为由拒付。

问:开证行在收到单据后第九个工作日拒付是否合理?

单元十　预防与解决争议

【单元导学单】

学习目标

素质目标：培养契约精神和法治观念；培养良好的沟通能力和风险防范意识。

知识目标：掌握商品检验的类型区分与选择方法；掌握不可抗力的认定和处理原则；熟悉仲裁的含义、特点和作用。

能力目标：能够合理运用商品检验等方法预防贸易争端；能够合理运用不可抗力条款、仲裁等解决贸易争端；能够正确拟定国际贸易合同中的争议预防与解决条款。

重难点

重点：商品检验的主要内容；不可抗力的认定；仲裁的含义、特点和作用。

难点：违约的法律规定；仲裁的含义、特点和作用。

【知识结构图】

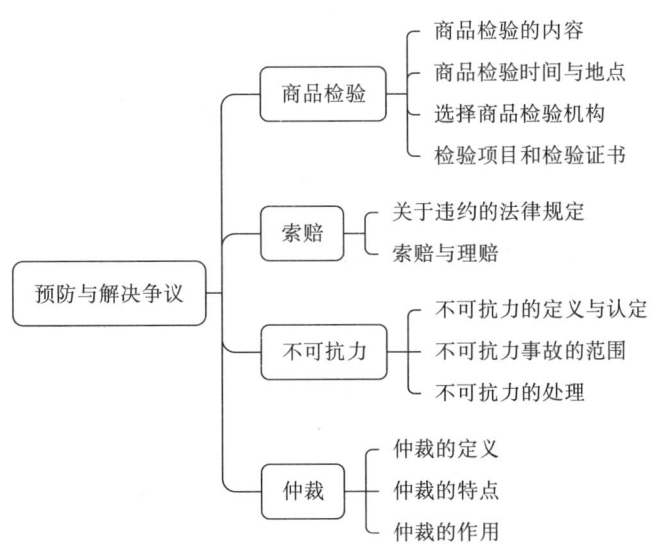

> **【导入案例】改变商品检验标准致损案**
>
> A 公司从美国进口一批美国东部黄松，共计 6942 千板英尺，价值数百万美元，目的港为上海。原合同规定"按照美国西部标准检验"。但是在开出信用证前，美方提出另一个标准即美国东部标准也作为验收标准。A 公司同意，将"按美国西部标准"改为"按美国西部标准或东部标准"检验，然后开证。
>
> 货抵上海港后，海关按我国进口美松通用的美国西部标准检验，检验结果共短少材积 3948 千板英尺，短少率达 57%，价值 100 多万美元。进口美松短少的主要原因是美国东部标准是按照美松转船时所占船舱容积计算数量，而美国西部标准是按照美松实际体积计算数量的，两种体积之差达 40% 以上。美商正是钻了这个空子，使我方遭受重大损失。
>
> **思考：** 如果你是一名国际贸易业务员，如何避免上述损失的发生？

任务一　商品检验

在国际贸易中，买卖双方交易的商品，一般都要经过检验，以确定所交货物是否与合同规定相符。在履约过程中，如合同当事人的任何一方有违约情况，给对方造成损失，受损害方有权提出索赔。如合同签订后发生不可抗力事件，致使合同不能履行，可按约定的不可抗力条款免除合同当事人的责任。如交易双方在履行合同中产生争议，则可按约定的仲裁方式解决。实践中，进出口双方就以上内容达成一致后形成合同的商检、索赔、不可抗力、仲裁条款，以起到预防产生争议以及发生争议后按合同规定方式解决的作用，因此也被称为预防与解决争议的条款。

知识点 1. 商品检验的内容

商品检验包括检验权的规定、检验的时间和地点、检验机构、检验项目和检验证书等。

《中华人民共和国进出口商品检验法》规定：列入《商检机构实施检验的进出口商品种类表》的进出口商品（除非经国家商检部门审查批准免于检验的），未经检验或检验不合格的，不准销售、使用；出口商品未经检验合格的，不准出口。英国《1893 年货物买卖法》规定：凡是事先未经过买方检验的货物，都不能认为买方已经接受了货物，因而他没有丧失拒收货物的权利，直至有合理的机会检验货物为止。《联合国国际货物销售合同公约》规定：买方须在实际可行的最短时间内检验货物或由他人检验货物；如果合同涉及货物的运输，检验可推迟到货物到达目的地后进行。

可见，商品检验既是出口人的义务，又是进口人的权利。

知识点 2. 商品检验时间和地点

检验时间和地点的规定也同时决定了检验权的归属。

1. 商品检验通常采用"出口国检验、进口国复验"的规定方法。即货物于装运前由双方约定的装运港或装运地的检验机构进行检验,其检验证书作为卖方要求买方支付货款或要求银行支付、承兑或议付时提交的单据之一,货抵目的港或目的地后的一定时间内,买方有权复验,以双方约定的目的港或目的地的检验机构出具的检验证书作为买方向有关当事人对货损、货差提出异议、索赔的依据。

2. 关于检验时间、地点的其他做法。

（1）产地（工厂）检验：货物离开生产地点（如工厂、矿山等）之前由买卖合同中规定的检验机构对货物进行检验或验收,该机构出具的检验证书作为卖方交货的品质、数量或重量等项内容的最后依据。

（2）装运港（地）检验又称"离岸品质、离岸重量"（Shipping Quality and Weight）检验,指货物在装运港或装运地装运前或装运时由双方所约定的检验机构对货物进行检验,并由该机构出具检验证书作为卖方交货的品质、数量或重量等项内容的最后依据。

（3）目的港（地）检验又称"到岸品质、到岸重量"（Landed Quality and Weight）检验,指货抵目的港或目的地时,由双方约定的检验机构在规定的时间内,就地对商品进行检验,该机构出具的检验证书作为卖方交货的品质、数量或重量等项内容的最后依据。如检验证书证明货物与合同规定不符,系属卖方责任,卖方应该负责。

（4）买方营业处所（最终用户所在地）检验是将检验延伸和推迟至货物运抵买方营业处所或最终用户所在地后的一定时间内进行,由双方约定的检验机构所出具的检验证书作为卖方交货的品质、数量或重量等项内容的最后依据。主要适用于那些需要安装调试进行检验的成套设备、机电仪表产品以及在口岸开件检验后难以恢复原包装的商品。

【知识拓展】装运前预检验

装运前预检验即在买卖合同中规定货物在出口国装运前由买方派员自行或委托检验机构人员对货物进行预检验,货物运抵目的港（地）后,卖方有最终检验和索赔权。对进口商品实施装运前预检验,是当前国际上一项较普遍采用的、行之有效的质量保证措施。在我国进口交易中,对关系到国计民生、价值较高、技术复杂的重要进口商品和大型成套设备,必要时也应采用这一做法,以保障我方的利益。

知识点 3. 选择商品检验机构

1. 我国的商检机构。国家出入境检验检疫局设在各地的分支机构主管全国出入境商品检验、检疫、鉴定和管理工作。2018 年 4 月,国家出入境检验检疫局并入海关总署。

根据《中华人民共和国进出口商品检验法》和《中华人民共和国商检法实施条例》

的规定，我国出入境检验检疫机构在进出口商品检验方面的基本任务有以下三项。

（1）实施法定检验。法定检验指为了保证进出口商品、动植物（或产品）及其运输设备的安全、卫生符合国家有关法律法规规定和国际上的有关规定，出入境检验检疫部门对规定的进出口商品或有关的检验检疫事项实施强制性的检验检疫。属于法定检验的出口商品，未经检验的不准出口；属于法定检验的进口商品，未经检验的不准销售、使用。

（2）办理鉴定业务。鉴定业务指接受对外贸易关系人以及国内外有关单位或者外国检验机构的委托，办理规定范围内的进出口商品鉴定业务，签发各种鉴定证书，作为办理进出口商品的交接、结算、计费、理算、通关计税、索赔、仲裁等有效凭证。其范围主要包括：进出口商品的质量、数量、重量、包装、海损鉴定，集装箱及集装箱货物鉴定，进口商品的残损鉴定，出口商品的装运技术条件鉴定、货载衡量、产地证明、价值证明以及其他业务。鉴定业务与法定检验不同，它不是强制性的。

（3）对进出口商品的检验工作实施监督管理。监督管理指商检机构通过行政管理手段，对本地区进出口商品的收货人，发货人及生产、经营、储运单位以及国家出入境检验检疫局或者地方机构制定或者认可的检验机构和认可的检验人员的检验工作进行监督管理。

2. 国外主要商品检验机构。目前，国际上比较著名的检验机构有：瑞士通用公证行（Societe Generale de Surveillance，SGS），当今世界上最大的检验鉴定公司；美国食品药物管理局（Food and Drug Administration，FDA）；美国保险人实验室（UL），美国最权威、在全球范围内享有信誉的最大的从事安全检验和鉴定的民间机构，也是一个独立的、非营利的、为公共安全做试验的专业机构；法国国家实验室检测中心；日本海事检定协会（Nippon Kaiji Kentei Kyokai，NKKK），是日本最大的综合性商品检验鉴定机构；英国劳氏船级社（Lloyd's Register of Shipping，LR），世界上规模最大、历史最久的船舶入级和海事鉴定权威公证机构；英国英之杰检验集团（Inchcape Inspection and Testing Service，IITS）。

知识点 4. 检验项目和检验证书

对进出口商品实施的检验检疫一般包括包装检验、品质检验、卫生检验和安全性能检验。

检验检疫机构对进出口商品检验检疫或鉴定后，根据不同的检验结果或鉴定项目签发的各种检验证书、鉴定证书和其他证明书，统称为检验证书（Inspection Certificate）。在国际贸易中，检验证书起着公证、证明的作用，作为买卖双方交接货物、结算货款和进行索赔和理赔的依据之一，也是通关、征收关税和优惠减免关税、结算运费等的有效凭证。

【资料链接】商品检验证书实例

> 【操作示范】确定检验时间和检验地点 拟定合同条款
>
> **例 10-1 工厂检验**
>
> INSPECTION: In the factory.
>
> **例 10-2 装运港检验、目的港复验**
>
> 检验：双方同意货物在装运港装运前由××出入境检验检疫局进行检验，签发的质量和重量（数量）检验证书作为 L/C 项下议付单据的一部分。货抵目的港后，买方有权对货物进行复验。如果发现货物的质量、数量、包装不符合合同规定，买方有权向卖方索赔，并提供经卖方同意的公证机构出具的检验报告。索赔期限为货到目的港后 30 天内。
>
> INSPECTION: It is mutually agreed that the Certificate of Quality and Weight (Quantity) issued by ××Exit-Entry Inspection and Quarantine Bureau at the port of shipment shall be part of the documents to be presented for negotiation under the relevant L/C. The Buyer shall have the right to reinspect the goods delivered at the port of destination. In case the quality, quantity and packaging of the goods are found not in accordance with those stipulated in the contract, the Buyer shall be entitled to lodge with the Seller a claim which should be supported by survey reports issued by a recognized surveyor approved by the Seller within 30 days after the arrival of the goods at the destination port.

任务二 索赔

> 【实务案例】出口商品生锈索赔案
>
> 我国某公司与越南某客商凭样品成交达成一笔出口镰刀的交易，合同中规定复验有效期为货物到达目的港后 60 天。货物到达目的港经越商复验后，未提出任何异议。但事隔半年，越商来电称：镰刀全部生锈，只能降价出售，要求我方按成交价的 40% 赔偿其损失。我方接电后立即查看我方留存的复样，也发现类似情况。

国际贸易中，如发生以下情况，买卖双方就有可能发生争议：（1）由于卖方不履行或不完全履行合同规定的义务，例如，不交货或所交货物的品质、数量、包装等不符合合同规定；（2）由于买方不履行或不完全履行合同规定的义务，例如不按照合同规定派船接货、指定承运人、支付货款或开出信用证、无理拒收货物等；（3）由于合同条款欠明确，在进出口贸易中无统一解释，买卖双方对此理解不一致或从自身利益出发各执一词。

知识点 1. 关于违约的法律规定

发生争议后，任何一方违反合同义务，就应承担违约的法律责任，而受损害方有权根据合同或有关法律规定提出损害赔偿要求。但是对违约方的违约行为及其应承担的法律后果则取决于有关法律对此所作的解释和所确定的法律责任。各国法律对违约行为的性质划分并不一致：有的国家是以合同中交易条件的主次为依据进行划分的；有的国家却以违约的后果轻重为依据进行划分。

英国法律规定，当事人一方违反合同中带实质性的主要约定条件，如卖方交货的质量或数量不符合同规定，或不按期交货，均称为"违反要件"（Breach of Condition），受损害的一方除可要求损害赔偿外，还有权解除合同；如果违反的是合同中的次要条件，称为"违反担保"（Breach of Warranty），则受损害一方不能解除合同，仍须继续履行所承担的合同义务，但有权请求违约的一方给予损害赔偿。

美国法律以违约后果的轻重程度分为重大违约和轻微违约，重大违约中受损害的一方有权解除合同并要求损害赔偿，而轻微违约中受损害的一方只能要求损害赔偿，无权解除合同。

《联合国国际货物销售合同公约》把违约区分为根本性违约和非根本性违约两类。所谓根本性违约，指"一方当事人违反合同的结果，如使另一方当事人蒙受损害，以致实际剥夺了他根据合同规定有权期待得到的东西，即为根本违反合同"。此时受损害方可以宣告合同无效，同时有权向违约方提出损害赔偿的要求。如违约的情况尚未达到根本违反合同的程度，即非根本性违约，则受损害方只能要求损害赔偿而不能宣告合同无效。

我国的法律规定：当事人一方迟延履行债务或有其他违约行为致使不能实现合同目的，对方可以不经催告解除合同。当事人一方迟延履行主要债务，经催告后在合理期限内未履行的，对方可以解除合同。合同终止，不影响合同中结算和清理条款的效力，也不影响当事人请求损害赔偿的权利。

知识点 2. 索赔与理赔

索赔指遭受损害的一方在争议发生后，向违约的一方提出赔偿的要求，理赔是指违约方对受损害方所提出的赔偿要求的受理和处理。因此，索赔和理赔是一个问题的两个方面，即在受损害方是索赔，在违约方是理赔。在进出口贸易实践中，损害赔偿是最重要的，也是最常用的违约补救措施。在进出口货物买卖的索赔和理赔中，要注意索赔依据、索赔期限及索赔金额等问题。

1. 索赔依据。一方当事人提出索赔时，必须要有充分的索赔依据。这包括法律依据和事实依据两个方面。前者指买卖合同和所适用的法律规定，后者指对方违约的事实及其书面证明。

2. 索赔期限，指受损害一方有权向违约方提出索赔的期限。如超出索赔期限，违约方可不予理赔。索赔期限有约定索赔期限与法定索赔期限两种。约定索赔期限指买卖双方在合同中明确规定的索赔期限,效力优于法定索赔期限。法定索赔期限指有关法律法规规定的索赔期限,只有合同中未约定索赔期限时才起作用。法定索赔期限较长,如《联合国国际货物销售合同公约》和我国法律都规定,自买方实际收到货物之日起两年之内。

3. 索赔方法和金额。如果合同中有约定的损害赔偿金额,应按约定的金额提出赔偿。如果合同中未作明确规定,则应根据有关法律和业务实际情况确定赔偿数额。

> 【操作示范】确定索赔方法、拟定合同条款
>
> 索赔条款内容包括:索赔的依据、期限、索赔方法和金额等。有两种规定方法:一种是异议与索赔条款;另一种是违约金条款。
>
> **例10-3** 针对卖方交货质量、数量或包装不符合同规定而订立的异议与索赔条款,主要包括索赔依据、索赔期限。
>
> 异议与索赔:买方对货物的任何异议必须于货到目的港后30天以内提出,并须提供经卖方同意的公证机构出具的检验报告。
>
> Claims: Any claim by the Buyer regarding the goods shall be filed within 30 days after the arrival of the goods at the port of destination and supported by a surrey report issued by a surveyor approved by the Seller.
>
> **例10-4** 针对合同当事人一方未履行合同义务订立的违约金条款,多用于卖方延期交货或买方延期收货或延期付款的情况。
>
> 索赔:买方不能按合同规定的时间开立信用证,应向卖方支付违约金。违约金按延迟开证每10天收取信用证金额的1%,但违约金不超过买方应开信用证金额的10%。
>
> Claims: Should the Buyer fail to open the L/C on time stipulated in the contract, the Buyer shall pay a penalty to the Seller. The penalty shall be charged at the rate of 1% of the amount of the L/C every ten days, however, the penalty shall not exceed 10% of the total value of the L/C which the Buyer should have opened.

任务三 不可抗力

> 【实务案例】进口国发布外汇支付禁令案
>
> 某年,我国某公司与S国某公司签订一份出口合同,6月交货,以美元支付,D/P见票30天付款。5月1日,S国政府宣布:由于外汇短缺,从即日起,凡本

> 国进口商品，一律不得以外汇支付。我公司得知消息后，立即进行研究，认为：如果依原合同条款交货，我方只能收到相当于合同金额的 S 国货币。而该货币为非自由流通货币，我方只能用以再向 S 国进口。但由于 S 国目前形势，为了缓解其外汇短缺的困难，其出口商品必会坚持以外汇支付。这样，我方收到的该国货币将无法使用，或者在很长时间以后才能使用。这势必会给我方造成资金积压，影响资金流通，造成巨额损失，因此我方应拒绝履行合同。

知识点 1. 不可抗力的定义与认定

何谓不可抗力？通常它指在合同签订以后，不是由于任何一方当事人的过失或疏忽，而是发生了当事人所不能预见也无法事先采取预防措施的意外事故。遭受意外事故的一方由此而不能履行或不能如期履行合同的，可以免除履行合同的责任或延迟履行合同。

一般认为构成不可抗力应具备以下三个条件：

1. 事件是在有关合同成立以后发生的；
2. 不是由于任何一方当事人的故意或过失所造成的；
3. 事件的发生及其造成的后果是当事人无法预见、无法控制、无法避免和不可克服的。

知识点 2. 不可抗力事故的范围

不可抗力事故范围较广，通常可分为两种情况：一种是由于自然力量引起的，如水灾、火灾、暴风、大雪、暴风雨、地震等；另一种是社会力量引起的，如战争、罢工、政府禁令等。各国法律一般都允许当事人在合同中订立不可抗力条款时商定不可抗力的范围。

对不可抗力范围通常有下列规定。

1. 概括规定。在合同中不具体规定哪些事故属于不可抗力事故，而只笼统地规定："由于公认的不可抗力的原因，致使卖方不能交货或延期交货，卖方不负责任"，或"由于不可抗力事故使合同不能履行，发生事故的一方可据此免除责任"。这种规定方法过于笼统，容易引起争议，不宜采用。

2. 具体规定。在合同中详列不可抗力事故的范围的办法虽然明确具体，但文字既繁琐又可能出现遗漏情况，因此，这也不是最好的办法。

3. 综合规定。在列明经常可能发生的不可抗力事故的同时，再加上"以及双方同意的其他不可抗力事故"的文句。这种规定办法，既明确具体，又有一定的灵活性，是一种可取的办法。在我国进出口合同中，一般都采取这种规定。

知识点 3. 不可抗力的处理

1. 不可抗力事件后的通知。不可抗力发生后，不能按规定履约的一方当事人要取得免责的权利，必须及时通知另一方，并提供必要的证明文件，而且在通知中应提出处理的意见。在实践中，为了防止争议，通常在不可抗力条款中明确规定具体的通知期限和出具证明文件的机构。在我国，出具不可抗力证明文件的机构是中国国际贸易促进委员会；如由对方提供，则大多由当地的商会或登记注册的公证行出具。一方接到对方关于不可抗力的通知或证明后，无论同意与否都应及时答复，否则，按有些国家的法律如《美国统一商法典》的规定，将被视作默认。

2. 不可抗力事件的后果。按照有关的法律原则和国际贸易惯例，对不可抗力事件的处理应视不可抗力对履行合同的影响的程度，分为解除合同和变更合同两种。如买卖合同中没有明确的规定，一般的解释是，如不可抗力发生使合同履行成为不可能，则可解除合同，即免除遭受不可抗力一方当事人不履行合同的责任；如不可抗力只是部分地或暂时地阻碍了合同的履行，则发生事件的一方只能采用变更合同的方法，包括替代履行、减少履行或延期履行，以减少另一方的损失。根据我国法律，当事人迟延履行后发生不可抗力的，不能免除责任。

【操作示范】确定不可抗力范围、处理方法，拟定合同条款

不可抗力条款内容包括：不可抗力事故的范围、不可抗力事故的处理原则和方法、事故发生后通知对方的期限和通知方式以及出具事故证明的机构等。

人力不可抗拒：如果由于战争、地震、水灾、火灾、暴风雨、雪灾或其他不可抗力的原因，致使卖方不能全部或部分装运或延迟装运合同货物，卖方对此不负有责任。但卖方须用电报或电传通知买方，并须在30天以航空挂号信向买方提交由中国国际贸易促进委员会出具的证明此类事件的证明书。

Force Majeure: If the shipment of the contracted goods is prevented or delayed in whole or in part by reason of war, earthquake, flood, fire, storm, heavy snow or other causes of Force Majeure, the Seller shall not be liable. However, the Seller shall notify the Buyer by cable or telex and furnish the latter within 30 days by registered airmail with a certificate issued by the China Council for the Promotion of International Trade attesting such event.

任务四 仲裁

【实务案例】处理合同签有仲裁条款下买方诉讼案

我国某公司向外商出口货物一批。合同中明确规定：一旦在履约过程中发生争议，即提交中国国际经济贸易仲裁委员会进行仲裁。后双方对货物品质产生争议，对方在其所在国法院起诉我公司，并发来传票传我方应诉。

在进出口货物买卖中发生争议，一般首先采用由双方当事人友好协商的方式解决；如协商不能解决，可通过第三方调解方式解决；如调解仍不能解决，可通过提交仲裁机构仲裁或以司法诉讼方式处理。仲裁（Arbitration）指买卖双方在争议发生之前或发生之后，签订书面协议，自愿将有关争议提交双方所同意的仲裁机构进行裁决，裁决是终局性的，对双方都有约束力，双方必须遵照执行。

与诉讼等解决争议的方式相比，仲裁有如下特点：

1. 仲裁以双方当事人自愿为原则，双方须达成仲裁协议；
2. 双方当事人均有在仲裁机构挑选仲裁员的权利；
3. 仲裁裁决是终局性的，可以在另一个国家生效或执行；
4. 仲裁程序简便，费用较低，处理迅速，有利于双方今后交易的开展。

仲裁协议有两种方式：在合同中订明的仲裁条款，或者以其他方式达成的提交仲裁的书面协议。两种形式具有同等效力。《中华人民共和国仲裁法》规定，当事人采用仲裁方式解决纠纷，应当双方自愿，达成仲裁协议。没有仲裁协议，或者仅有一方申请仲裁的，仲裁机构不予受理。

仲裁协议的主要作用：（1）约束双方当事人只能以仲裁方式解决争议，不得向法院起诉；（2）排除法院对有关案件的管辖权；（3）使仲裁机构取得对争议案件的管辖权。任何仲裁机构都无权受理没有仲裁协议的案件。

世界上有许多国家、地区和一些国际组织都设有专门从事处理国际商事纠纷，进行有关仲裁的管理和组织工作的常设仲裁机构。比较重要的有瑞典斯德哥尔摩商会仲裁院、瑞士苏黎世商会仲裁院、英国伦敦国际仲裁院、美国仲裁协会、日本国际商事仲裁协会、香港国际仲裁中心以及设在巴黎的国际商会仲裁院等。我国常设的涉外商事仲裁机构是中国国际经济贸易仲裁委员会，隶属于中国国际贸易促进委员会。它受理争议的范围为产生于国际或涉外的契约性或非契约性的经济贸易争议。

仲裁裁决的承认指法院根据当事人的申请，依据确定的仲裁裁决具有可予执行的法律效力；仲裁裁决的执行指当事人自动履行裁决事项，或法院根据一方当事人的申请依法强制另一当事人执行裁决事项。为了解决在执行外国仲裁裁决问题上产生的矛盾，1958年在纽约缔结了《承认及执行外国仲裁裁决公约》（简称《1958年纽约公约》）。我国1987年加入此公约，并做了"互惠保留"和"商事保留"。

【操作示范】 确定仲裁地点、仲裁机构、仲裁效力等，拟定合同条款

仲裁条款内容包括：提交仲裁的事项、仲裁地点、仲裁机构、仲裁规则、仲裁效力等内容。

仲裁：凡因执行本合同所发生的或与本合同有关的一切争议，双方应通过友好协商解决。如果协商不能解决，应提交仲裁。仲裁在申请一方所在国进行。如果在中国，则由中国国际经济贸易仲裁委员会根据该会仲裁规则进行仲裁。如果

在美国，则由美国仲裁协会根据其仲裁规则进行仲裁。仲裁裁决是终局的，对双方都有约束力。

Arbitration: All disputes arising out of the performance of, or relating to this contract, shall be settled amicably through friendly negotiation. In case no settlement can be reached through negotiation, the case shall then be submitted for arbitration. The location of arbitration shall be in the country of the domicile of the defendant. If in China, the arbitration shall be conducted by the China International Economic and Trade Arbitration Commission in accordance with its rules of arbitration. If in USA, the case shall be submitted to American Arbitration Association according to its rules of arbitration. The arbitral award is final and binding upon both parties.

阅读·思考·练习

1. 判断。
(1) 商检机构的鉴定业务是强制性的。（ ）
(2) 如合同中规定以离岸品质、离岸重量为准，则以双方约定的商检机构在出口货物装船前出具的品质、数量、包装等检验证明，作为决定品质和重量的最后依据。（ ）
(3) 复验期限实际上就是索赔期限。（ ）
(4) 不可抗力的事故是当事人不能预见、不能避免、不能控制、无法克服的。
（ ）
(5) 不可抗力一定不是因当事人自身的过失或疏忽导致的。（ ）
(6) 一旦在合同订立后发生不可抗力事故，遭受损害的一方当事人即可解除合同。
（ ）
(7) 仲裁在解决争议方面得到国际贸易界的普遍认可，被广泛应用。（ ）
(8) 仲裁机构是否对争议案件有管辖权的条件是争议双方是否订立有仲裁协议。
（ ）

2. 单项选择。
(1) 在出口国检验、进口国复验的规定方法（ ）。
A. 对卖方有利　　　　　　　　B. 对买方有利
C. 比较公平合理，照顾了买卖双方的利益
(2) 对技术密集型产品，宜在（ ）。
A. 出厂前检验　　　　　　　　B. 装船前检验
C. 目的地检验　　　　　　　　D. 最终用户所在地

(3)"离岸数量、到岸品质"多用于（　　）。

A. 小批量零星交易　　　　　　　B. 大宗商品交易

C. 货物数量品质相对稳定的交易　D. 卖方承担责任较小的交易

(4) 国际上应用较广泛的商品检验时间、地点的规定方法是（　　）。

A. 装运前装运港检验

B. 出口国装运港（地）检验，进口国目的港（地）复验

C. 装运港（地）检验重量，进口国目的港（地）复验

D. 进口国目的港（地）复验

(5)《联合国国际货物销售合同公约》规定的索赔期限为买方实际收到货物之后的（　　）。

A. 半年内　　　　　　　　　　　B. 一年内

C. 一年半内　　　　　　　　　　D. 两年内

(6) 按《联合国国际货物销售合同公约》的解释，如违约的情况尚未达到根本性违反合同，则受损害的一方（　　）。

A. 只可宣告合同无效，不能要求赔偿损失

B. 只能提出损害赔偿的要求，不能宣告合同无效

C. 不但有权向违约方提出损害赔偿的要求，而且可宣告合同无效

D. 可根据违约情况选择以上答案

(7) 不可抗力免除了遭受意外事故的一方当事人（　　）。

A. 履行合同的责任　　　　　　　B. 损害赔偿的责任

C. 交付货物的责任　　　　　　　D. 支付货款的责任

(8) 我国某公司与欧洲某化肥商签订了一笔进口化肥合同，合同签订后，该欧洲商人安排两个工厂同时生产，在生产过程中，一间工厂由于意外事故遭致火灾，丧失生产能力。此时，欧洲商人可以（　　）。

A. 因遭遇不可抗力要求解除合同

B. 因遭遇不可抗力要求延期履行合同，但我方有索赔权

C. 因遭遇不可抗力要求延期履行合同

D. 不属于不可抗力，我方可要求其按期履行合同

(9) 调解和仲裁的不同点是（　　）。

A. 调解是以双方自愿为基础的，而仲裁是以强制为基础的

B. 调解是当事人自己出面商讨，而仲裁是由第三方裁决

C. 调解是没有程序可遵循的，而仲裁是按照一定程序来进行的

D. 调解书不是终局的，而仲裁裁决是终局的

3. 多项选择。

(1) 合同中商品检验时间和地点的规定方法有（　　）。

A. 在出口国检验　　　　　　　　B. 在进口国检验

C. 在出口国检验，进口国复验　　D. 把货物运到商检局检验

(2) 检验证书在国际贸易中的作用：（　　）。

A. 能证明货物运输、装卸的实际情况　　B. 能明确责任归属
C. 是通关放行的有效证件　　D. 是对外索赔的有效凭证
E. 是交接货物和结算货款的主要依据

(3) 在国际贸易中产生争议的原因主要有（　　）。

A. 在履行合同中，遭遇不可抗力
B. 缔约双方中的一方故意不履约
C. 当事人一方的过失或疏忽，导致合同不履行
D. 缔约双方对合同条款理解不一

(4) 判定为不可抗力事故的原则有（　　）。

A. 意外事故必须发生在合同签订之前
B. 意外事故必须发生在合同签订之后
C. 由于合同当事人自身的过失或疏忽导致的
D. 不是由于当事人自身的过失或疏忽而导致的
E. 意外事故的发生是偶然性的，是当事人无法预见或控制、克服的

(5) 某公司对外订立出口合同后，发生水灾，全部供出口的商品被毁，如果该合同中订立有不可抗力条款，该公司可援引该条款（　　）。

A. 要求进口方按期付款　　B. 要求免除卖方的交货责任
C. 要求撤销合同　　D. 要求延期履行合同
E. 要求改换出口商品

(6) 解决争议的方式有（　　）。

A. 协商　　B. 调解
C. 仲裁　　D. 诉讼
E. 以上均不是

(7) 仲裁协议的作用，主要表现在（　　）。

A. 约束双方当事人解决争议的方式　　B. 排除法院对有关案件的管辖权
C. 授予仲裁机构对争议案件的管辖权　　D. 仲裁解决不了问题，还可以上诉

项目三　进出口实务操作

单元十一　交易前准备

【单元导学单】

学习目标

素质目标： 培养求实创新的开拓精神；培养小心谨慎的风险意识。

知识目标： 了解重点的国际专业展会和主要国际贸易网站；掌握市场调查及客户资信调查的主要渠道和方法。

能力目标： 能初步设计国际市场调研方案；能针对不同市场选择合适的贸易商品；能初步做好交易会前的准备工作。

重难点

重点： 各种进出口商品的基本知识；市场调查和客户资信调查的方法。

难点： 多渠道获得经营商品的各种信息；目标市场调研和客户调研。

【知识结构图】

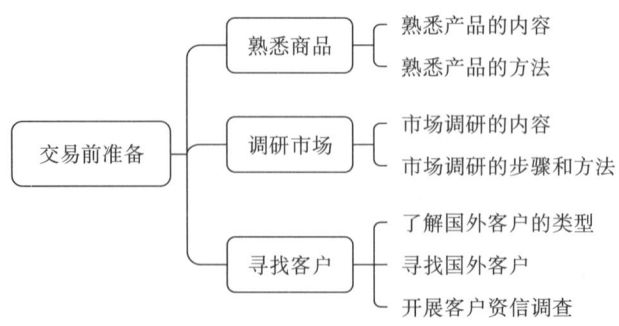

【导入案例】

苏州 A 公司听说某国是一个诱人的市场,希望自己的产品能打入该市场,决定组团到该国实地考察。他们到达后与潜在合作对象 B 公司的总经理会面,地点被安排在公司总部。考察团在 B 公司总部门口遇到一位满面笑容的女服务员,她将考察团引入装修得富丽堂皇的总经理办公室。坐在皮椅上的总经理身体肥胖,手中夹着雪茄,脸上一副自信的表情,话语充满了激情。他介绍了公司的情况、经营业绩及公司未来的打算。B 公司总经理的介绍和他周围所有的一切都深深打动了考察团,他们深信这是一个可靠的、财力雄厚的合作伙伴。考察团回国后,马上发去了一批价值 100 多万美元的货物,然而这批货物再也没有了音信。公司只好再派人去调查,此时才发现他们掉进了一个精心设计的圈套里。那位肥胖的"总经理"原来是当地一个演员,在电梯口招呼他们的女服务员才是真正的总经理,富丽堂皇的经理办公室不过是临时租来的房间。待真相大白后再寻找这家公司时,才知道 B 公司已宣告破产。

思考:谈判人员在进行商务谈判之前应做好哪些谈判准备工作?

任务一 熟悉商品

知识点 1. 熟悉产品的内容

进出口交易前,业务员需要熟悉产品的生产过程和工艺、产品的专业分类和专有名词、产品的规格、标准的表示方法、包装的细节等。

1. 产品的生产过程和工艺。新业务员需要了解产品的基本生产流程、关键生产环节、生产工艺。掌握构成其制造成本的关键点,为交易磋商中的报价环节打下基础。

2. 产品的专业分类和专有名词。新业务员需要了解产品的分类,明确产品的品种和专有名词可以使产品的相关贸易政策调研及目标市场分析更有针对性。

3. 产品的规格、标准的表示方法、包装的细节等。新业务员需要了解产品的具体规格、生产标准,具体包括出口产品需要满足的国际、国内标准的内容,掌握表示产品品质的方法,掌握产品包装的细节,为业务谈判、合同订立和合同的履行奠定基础。

知识点 2. 熟悉产品的方法

通过阅读专业书籍、查询专业网站了解产品知识、信息;通过打样间、生产车间实地了解产品;向老业务员请教有关产品知识。还可以通过采购部门、财务部门等了解产品成本信息,包括原材料的采购价格、采购渠道和项产品相关的财务费用;通过有关网站了解国际市场上该商品的价格。

任务二 调研市场

知识点 1. 市场调研的内容

1. 国际市场环境。

（1）国际经济环境。主要研究其市场规模和经济特征两大因素。市场规模包括人口（人口总量及增长率、人口年龄结构、家庭规模、人口流动性）和收入分配（人均国内生产总值、人均可支配收入、就业情况、收入分配）。经济特征包括基础设施（运输、能源、通信、商业设施、都市化程度等）和经济发展水平（经济发展阶段、经济增长率、经济结构等）。

（2）国际政治和法律环境。政治环境包括政治稳定性、政府干预程度、民族情绪、经济贸易政策和进出口国双边关系情况。法律环境分为进口国法律法规和国际法律法规惯例两部分。进口国法律法规包括对外贸易法、产品责任法、专利法、进口许可证制度、进口配额规定、海关法、商标法、外汇管理法、出入境检验检疫法、票据法、反倾销和反垄断法等。

（3）国外文化环境。社会文化环境指一个社会的民族特征、知识、信仰、艺术、道德、语言、风俗习惯和教育水平等的总和。不同国家、不同的文化，对同一产品可能会产生不同的态度，直接影响产品的设计、产品被接受的程度、信息传递的方法及分销和推广的措施等。社会文化涉及人类生活的各个方面，其基本要素大体包括教育水平、宗教信仰、美学观、态度与价值观念等。

2. 国际商品情况。了解出口产品在目标市场的供应、需求及竞争情况，包括：（1）商品供给情况，包括商品供应的来源、渠道、其他生产厂家、生产能力、数量及库存情况，替代品和互补品的情况分析；（2）商品需求情况，包括客户对商品的要求，客户购买方式、购买动机、禁忌及偏好，客户需求的旺季和淡季、消费水平；（3）商品价格情况，包括国际市场商品的价格、价格与供求变动的关系等分析。

3. 贸易障碍。

（1）国外的贸易障碍，包括：该商品在客户所在国家正接受反倾销调查或已被征收反倾销税；该商品在客户所在国家存在绿色壁垒等其他贸易壁垒；该商品在客户所在国家存在特殊的技术要求等。

（2）本国的贸易障碍，包括：该商品属于对外贸易法或其他法律、行政法规规定禁止出口的商品，凡列入国家公布的禁止出口货物、技术目录以及其他法律法规明令禁止或停止出口的货物、技术，任何对外贸易经营者不得经营出口；该商品属于限制出口的商品，包括限制出口货物和限制出口技术两大类。限制出口货物方式包括出口配额限制和出口非配额限制。限制进出口技术实行目录管理，凡列入《中国禁止进口限制进口技术目录》《中国禁止出口限制出口技术目录》《两用物项和技术进出口许可证管理目录》的技术，进出口经营者必须办理相关技术进出口许可证件，否则将承担由此造成的一切法律责任。

【操作示例】商品调研

某贸易公司业务员收到了一名来自欧盟国家客户的信息，表示对公司的儿童睡衣有意向。她着手调查欧盟对儿童睡衣的政策和管制措施。

1. 查询欧盟对纺织服装的要求。欧盟通过的关于《禁止使用偶氮染料》的共同文件要求使用了偶氮染料且直接与人体接触的纺织品、服装与皮革制品将禁止在欧盟市场上销售，也不得从第三国进口。德国法令则规定：对于用偶氮染色的进口日用消费品，一旦检测出含有致癌芳香胺，不仅就地销毁，还要向出口商提出索赔。对纽扣、拉链、装饰等服饰辅料，欧盟规定每平方厘米含镍达0.5毫克以上的纺织品禁止进口。欧盟还对进口羽绒制品提出了高于国际标准的严格要求，检验残脂率限定在0.3%和0.5%，且不得含沙门氏菌。欧盟对于儿童服装的拉绳长度有严格的单独规定，规定露出绳子的长度不能超过13cm，这是强制性要求，对于不符合要求的货物一经查实，直接做退货处理。

2. 查询欧盟对儿童睡衣材质的阻燃要求和标示要求。"延迟燃烧"是欧盟国家对睡衣提出的新要求，产品出口时必须贴有"延迟燃烧"或"远离火源"字样的标签。此类地区纺织品使用的法规是《纺织材料、儿童睡服的燃烧性能、规范》（BS EN 14878-2007）。采用的测试方法为EN1103。燃烧性能要求：Class A 儿童睡衣，没有表面闪烁，第三根标记线断开时间不小于15秒；Class B 儿童睡衣裤，没有表面闪烁，第三根标记线断开时间不小于10秒；Class C 婴儿睡衣，不需要测试。

该业务员还查到，2012年12月14日，欧盟非食品类快速预警系统对中国产某品牌婴儿睡衣发出警告，原因是该睡衣腰部的带子过长，容易绊倒或勒住婴儿，同时衣服上的小配饰容易脱落，如果婴儿不慎吞入，会有窒息的危险。

知识点2. 市场调研的步骤和方法

1. 确定调研目标。

2. 制订调研计划。确定所需要的信息资料，包括国际市场环境信息、国际市场产品信息、国际市场促销信息和国际市场竞争信息四个方面；确定信息资料的来源，分为靠实地考察得来的直接信息和他人搜集并通过整理、加工的各种间接信息资料，即二手信息资料；确定所使用的调研方法：实地访问、电话调研、信函调研、市场试销法等；确定调研所需的经费和时间。

3. 执行调研计划主要包括收集、处理和分析数据资料等工作。调研人员根据调查项目的需要采取网络调查的方式来执行调研计划,网络调查可以在本公司的网站上开展调查,也可以到大型的综合性门户网站或专业性网站开展调查。

4. 分析结果并撰写报告。在这个阶段的工作分为整理资料和撰写调研报告。整理资料主要是将市场调查获得的分散、凌乱的资料进行整理、分类和加工。整理完资料后,外贸业务员要根据分析的结果做出一份调研报告。

任务三 寻找客户

知识点 1. 国外客户的类型

1. 进口贸易商（Importer/Trader）。此类客户一般有较固定的经营范围,数量较大,订单较稳,对中国市场比较熟悉,供应商充足。他们对价格较敏感,对质量要求较高。

2. 境外进口批发商：此类客户多为综合批发商、专业批发商。经营范围广,订单大,对价格敏感。

3. 境外零售商（Retailer）：此类客户多为百货公司、超级市场、商店、购物中心、会员制营销、特许经营组织等。他们经营产品范围广,一般订单较小,但下单频率高,主要关注价格、交货期,对质量要求也较高。

4. 制造商：此类客户为生产制造工厂。

5. 邮购商：如法国的法瑞尔（Faruier,欧洲最成功的邮购公司之一）、德国的奥托集团（OTTO,全球综合 B2C 排名中,仅次于亚马逊排在第二位,全球最大在线服装、服饰和生活用品零售渠道商）等。

6. 电购商：从 B2B 交易平台上小量采购的个人。

7. 消费者：从 B2C 交易平台上购买自用的个人。

实践中,不仅需要了解国外客户的类型,还要对海外客户基本特点有所了解。比如,欧洲客户通常作风严谨,对质量、认证、环保等方面特别注重；北美客户往往重视效率、关注价格、重合同讲信用；中东客户有宗教信仰、节奏较慢、喜欢讨价还价、付款快；亚洲客户中,日韩客户对质量要求较高,日本客户往往重情义等。

知识点 2. 寻找国外客户

1. 参加展会结识客户。参展分为国内参展、国外参展两种。企业选择展会应和自身的营销、出口目标结合起来。通常,参加专业性的、大型的、有影响的展会要比参加综合性的展会效果更好。

2. 利用互联网寻找客户。

（1）利用搜索引擎。例如,可在搜索栏中输入"产品名称 + importer（distributor,

company, wholesaler, retailer, supplier 及其复数形式)", 以获得国外买家信息。世界上最大的联机数据系统——DIALOG 的在线信息查询系统, 提供非常优秀的查询深度、广度、准确性及速度。

(2) 利用企业名录。全球有一些专门提供企业名录的公司和网站, 收录各国知名的贸易公司、商号的信息, 这类名录通常是各国的商会编纂的。例如：北美制造企业名录 www.thomasregister.com；欧洲制造企业名录 www.tremnet.com；美国制造企业名录 www.thomasregional.com；世界黄页 www.worldyellowpages.com；世界贸易指南 www.gtdirectory.com 等。

(3) 利用行业网站。

(4) 利用政府与机构类网站。

3. 发布广告宣传吸引客户。国际广告具有联系客户、实现企业目标的重要作用, 它能为企业产品在国际市场上建立品牌形象和成功销售铺平道路。

4. 其他方法。向有关银行或咨询机构获取进口商资料；请国内外的贸易促进机构或友好协会介绍客户；请我国驻外使馆商务处或外国驻华使馆介绍合作对象；与国际经济组织、国外商业情报机构、研究机构咨询公司、数据库建立经常联系, 获得专项产品的市场报告。

知识点 3. 开展客户资信调查

获取客户的信息后, 还要对目标客户进行调查, 以期了解对方的资信情况。

1. 资信调查的内容。

(1) 厂商企业的组织情况, 主要包括企业的组织性质、创建历史、分支机构、企业性质等。

(2) 客户的信誉。贸易往来对象诚实、可信是交易成功的基础。在国际贸易中, 如果客户的信誉不好, 就可能会出现交货质量不合格、交货延迟、不按时付款等现象。

(3) 资信情况, 包括企业的资金和信用两方面。资金是指企业的注册资金、资产负债情况等。信用指企业的经营作风、履约情况等。这些情况对考察客户是否适合从事经销、代理、独家包销等业务是十分重要的。

(4) 经营范围。调查客户的经营范围非常重要。如果出口商品是该企业的主营产品, 就可以直接利用该企业已有的营销渠道和销售经验。

(5) 经营能力, 包括该企业每年的经营金额、销售渠道、贸易关系、经营做法等。

(6) 往来银行名称。了解对方往来银行的名称和地址同样重要。如果该企业是世界知名银行的客户, 在支付方式的选择上就会具有较大的灵活性, 增加了可信度。

2. 资信调查的途径。

(1) 通过国内往来银行或对方的往来银行调查；

（2）通过国内外的咨询机构调查；

（3）通过国内外商会调查；

（4）通过我国外贸公司驻外分支机构和驻外使馆经济商务参赞处，在国外进行资料搜集；

（5）利用交易会、各种洽谈会和客户来访等机会了解有关信息；

（6）派遣专门的出口代表团、推销小组等直接进行国际市场营销调研，获得第一手资料。

阅读·思考·练习

1. 国际市场环境调研具体包括（　　）。
   A. 经济环境分析　　　　　　　　B. 政治和法律环境分析
   C. 文化环境分析　　　　　　　　D. 人口、交通和地理等情况

2. 国外客户资信调查的内容包括（　　）。
   A. 厂商企业的组织情况，主要包括企业的组织性质、创建历史、分支机构、企业性质等
   B. 客户的信誉　　　　　　　　　C. 资信情况
   D. 经营范围

3. 寻找客户的方法主要包括（　　）。
   A. 参展　　　　　　　　　　　　B. 利用企业名录
   C. 利用互联网　　　　　　　　　D. 广告宣传

4. 以下不属于国际市场调研中经济环境分析的是（　　）。
   A. 自然条件、总体经济状况和生产力发展水平
   B. 产业结构特点、国际宏观经济政策和货币制度
   C. 经济法律和条约、价值观念
   D. 商业习惯消费水平和基本特点
   E. 使用的语言、教育水平、宗教、风俗习惯和价值观念

单元十二　交易磋商　订立合同

【单元导学单】

学习目标

素质目标： 培养诚实守信、互利共赢的职业理念；培养不卑不亢的跨文化交流能力。

知识目标： 熟悉交易磋商的基本流程；掌握《联合国国际货物销售合同公约》的基本要求；掌握国际贸易合同的基本格式。

能力目标： 能初步起草贸易磋商过程中的各类函电；能初步起草一份完整的国际贸易合同。

重难点

重点： 有效发盘和接受的条件；贸易磋商各类函电基本格式及内容；国际贸易合同基本格式及内容。

难点： 贸易磋商各类函电基本格式及内容；国际贸易合同基本格式及内容。

【知识结构图】

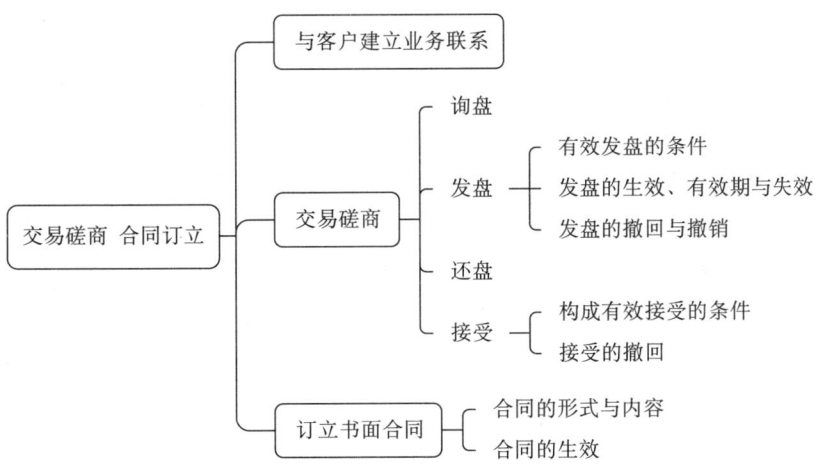

> 【导入案例】
>
> 　　山东青岛 A 公司向英国伦敦 B 公司发盘某商品 100 公吨，每公吨 1500 美元 CIF 伦敦，写明收到信用证后 45 天内交货，以不可撤销即期信用证支付，限三天内答复。第二天收到 B 公司回电称："Accept your offer, shipment immediately"（接受你方发盘，立即装运），A 公司未作答复。又过两天 B 公司由伦敦汇丰银行开来的即期信用证，注明"shipment immediately"。当时该货的国际市场价格上涨 15%，A 公司拒绝交货，并立即退回信用证。
>
> 　　思考：A 公司这种做法有无道理？有何依据？

任务一　准备交易磋商

　　交易磋商指交易双方为买卖某项商品就有关条件进行反复协商。这种反复协商，可以是口头的，也可以是书面的，不论何种形式，它都是达成交易的重要环节，是订立合同的基础。

　　交易磋商的一般业务程序是询盘、发盘、还盘、接受四个环节。其中，发盘和接受是交易达成不可缺少的两个环节。如果是新客户，往往首先要与新客户建立业务联系。

　　当前，在网络发达的情况下，除了与客户面对面交易磋商、电话磋商、发送电子邮件等传统方式，各种即时通信工具（如 QQ, skype, whatapp, wechat 等）成为外贸交易磋商的常用工具。

　　建立业务联系是进出口交易磋商的基础，撰写建立联系的信函是业务人员必须掌握的操作技能。建交函（也叫开发信）的内容应简洁、明晰，语气要友好、礼貌。

　　一般而言，开发信包括以下三个部分。

　　开头部分，应说明如何取得对方的资料，说明去函的目的。首次主动与对方进行交往，说明信息来源非常必要，致函目的一般是扩大交易地区与对象，建立长期业务关系，拓宽产品销路等。

　　介绍部分。此部分旨在使对方对本公司的基本情况和产品情况有大致的了解。主要应介绍本公司的性质、业务范围、宗旨以及某些相对优势；产品介绍可以是整体情况的介绍，也可以是针对对方感兴趣的某类特定产品进行推荐性的介绍。产品介绍一般包括产品质量、价格水平、销路等，同时，还应附上产品目录、价目单或另邮样品等。

　　结尾部分。通常结尾部分包括盼对方尽快回应、下订单或告知意见并表示敬意等语句。

【操作示例】 主动向客户发送建交函

　　山东金桥进出口有限公司是一家纺织服装出口贸易公司，业务员小王在网上发现了一家英国公司求购睡衣套装的信息。2024年9月20日，她主动向对方发送了一封电子邮件，表达了希望与对方建立业务联系的愿望。

Dear Miss White,

　　We know from your websites that you are looking for suppliers of pajamas. As these items just fall within our business scope, we'd like to take this opportunity to establish trade relations your company at an early date.

　　Our firm is a Chinese exporter of garments and has been exporting to Europe and America for years. We own a medium-sized sewing factory and have 10 cooperative sewing factories for woven and knitted garments. We are sending a catalogue and price list by separate mail for your reference. If you want to see the quality of our pajamas, we can send you some samples which we export to European Market.

　　We are looking forward to receiving your good news.

Yours faithfully,
Qingdao Golden Bridge Import & Export Co. LTD.
Lily Wang

任务二　询盘

　　询盘（Enquiry）指买方为了购买或卖方为了销售货物而向对方提出有关交易条件的询问，也有人把询盘称为询价、邀请发盘，我国《民法典》称为要约邀请。要约邀请是希望他人向自己发出要约的表示，拍卖公告、商业广告和宣传、寄送的价目表等为要约邀请。

　　实践中，询盘的内容可以涉及某种商品的品质、规格、数量、包装、价格和装运等成交条件，也可以索取样品。

　　询盘不是交易磋商的必经步骤，对询盘和被询盘人来说，询盘不具有法律约束力。

　　买方常用："Please Advise. 请告……""Please Offer. 请发盘……""Please Quote. 请报价……"。

　　卖方常用："We can supply. please book/order/bid 我方可提供……请订货/递盘。"一般而言，业务员收到的询盘来自三个途径：阿里询盘、自主开发客户的询盘、其他B2B网站询盘。来自B2B网站的询盘往往内容简单，例如："Can you send me price and MOQ（注：MOQ = Minimum Order Quantity 最小起订量）?""Hi, I'm from UK, Can you quote me price for 5000 pcs?"

客户发送询盘的目的很多。有些客户想增加供应商，或想换供应商，会发送询盘寻找合适的供应商；有的客户只是预先了解一下市场情况，以备不时之需；有的客户在本国是大销售商，需要找有实力的 OEM 工厂帮做贴牌生产，他们会发询盘了解一下；有些经销商产品做得很杂，看到什么产品赚钱就做什么，也会发询盘收集一些想要的产品；有些新买家会发询盘广泛收集资料，要产品价格、图片等作为备选。一般来说，如果客户在询盘中问得比较具体，如产品的款式、颜色、功能、包装、认证、特定的参数、交货期、订单数量等，可判断成交的意愿较高。

【操作示例】 国外客户发来询盘函

小王发出建交信不久，收到了客户对产品的询盘邮件。

Dear Miss Wang,

Re: Pajamas

We are pleased to note from your E-mail of Sep. 20, 2024 that as exporters of Pajamas, you are interested in establishing business relations with us, which is also our desire. Please send us samples of pajamas for our study.

At present, we'd like to buy some basic styles in traditional fabrics. Now we are sending you size charts, one for men's pajamas, one for ladies' pajamas with styles and measuring diagram. Please see the attachments. Fabric is 100% cotton printed flannelette.

We shall appreciate your best quotation FOB Qingdao with indications of packing, shipment and other terms.

We look forward to receiving yourearly reply.

Yours faithfully,
Rita White

任务三　发盘

发盘（Offer）又叫发价，法律上称为要约，是卖方或买方向对方提出各项交易条件，并愿意按这些条件达成交易、订立合同的一种肯定的意思表示。我国《民法典》规定：要约是希望和他人订立合同的意思表示，该意思表示应当符合下列规定：内容具体确定；表明经受要约人承诺，要约人即受该意思表示约束。

实际业务中，发盘通常是一方收到对方的询盘之后作出的，但也可不经询盘直接向对方发盘。

发盘常用的词语有发盘（Offer）、报价（Quote）、供货（Supply）、递盘（Bid）等。

知识点 1. 有效发盘的条件

根据法律规定，一项发盘的有效成立必须具备以下四项条件。

第一，向一个或一个以上特定的人提出。"特定的人"指发盘中指明个人姓名或企业名称的受盘人，也叫指定受盘人，可以是自然人，也可以是法人。

第二，内容具体确定。

（1）发盘的内容明确，不能模糊不清。

（2）发盘的内容完整。按《联合国国际货物销售合同公约》第14条规定，一项订约建议只要列明货物、数量和价格，就会被认为内容十分确定，构成有效发盘。

（3）发盘内容无保留。发盘应是终局的，没有限制性条件。发盘一经受盘人接受，发盘人必须按发盘条件与受盘人建立合同关系。

第三，表明订约意旨。"承受约束"指发盘人于得到接受时承担与受盘人按发盘条件订立合同的责任。表明承受约束的意旨，如发盘时写上"发盘"或规定发盘的有效期等；或同其他情况结合考虑，如双方磋商的情况，业务中的习惯做法、惯例等。

第四，发盘必须送达受盘人。

知识点 2. 发盘的生效、有效期与失效

发盘于送达受盘人时生效。

发盘的有效期指可供受盘人对发盘做出接受的期限。它有两层含义：一是发盘人在发盘有效期内受约束；二是超过有效期，发盘人就不再受发盘的约束。因此，发盘的有效期既是对发盘人的限制，也是对发盘人的保障。

发盘有效期的规定方法主要有以下四点。

1. 规定最后接受期限。例如：发盘限 18 日复到我方。

2. 规定一段接受时期。例如：发盘 3 天内有效。

3. 不明确规定有效期。可理解为在合理时间内有效。但是，国际上没有对"合理时间"的统一解释，为避免争议，在实际业务中，最好明确规定发盘的有效期。

4. 口头发盘必须立即接受，但情况有别者不在此限。

实务中，发盘人应对发盘规定有效期，但有效期应当是多长时间，并没有统一的规定。一般来讲，发盘有效期的长短应取决于货物的种类、市场行情和交易金额等因素。如果买卖的是小商品，交易额不大，行情稳定，有效期可规定得长一些，如 5—7 天，也可更长。如果买卖的商品是大宗商品、初级商品或该商品市场行情波动较大，则应规定得稍短些，如 2—3 天，甚至几个小时也可，以免让客户坐等商机，给己方带来风险或损失。

发盘的失效指发盘的法律效力消失。它有两层含义：一是发盘人不再受发盘的约束，

二是受盘人失去了接受该发盘的权利。发盘失效的原因有很多，主要有以下五种情况：

1. 被受盘人拒绝；
2. 依法被撤销；
3. 在有效期内未被接受而过期；
4. 受盘人对发盘做了实质性变更；
5. 不可抗力因素的发生，例如：发盘人或受盘人是自然人，在发盘被接受之前丧失行为能力；发盘人为法人，在发盘被接受之前，该法人宣告破产；特定的标的物毁灭等。

知识点 3. 发盘的撤回与撤销

发盘的撤回指发盘人将尚未被受盘人收到的发盘予以取消的行为。《联合国国际货物销售合同公约》第 15 条规定："一项发价，即使是不可撤销的，得以撤回，如果撤回通知于发价送达被发价人之前或同时，送达被发价人。"

发盘的撤销是指发盘人将已经被受盘人收到的发盘予以取消的行为。《联合国国际货物销售合同公约》第 16 条规定："已为受盘人收到的发盘，如果撤销的通知在受盘人发出接受通知之前送达受盘人，可予撤销，但在下列情况下，发盘不能撤销：（a）发盘规定有效期或以其他方式表明是不可撤销的；（b）受盘人有理由信赖该项发盘是不可撤销的，并已本着这种信赖采取了行动。"

我国《民法典》也规定：要约可以撤销，但是有下列情形之一的除外：要约人以确定承诺期限或其他形式明示要约不可撤销；受要约人有理由认为要约是不可撤销的，并已经为履行合同做了合理准备工作。

【实务案例】 发盘是否有效撤销案

我国某对外承包公司于 5 月 3 日以传真方式请德国供应商发盘出售一批钢材。我方在电传中声明：要求这一发盘是为了计算承造一栋大楼的标价和确定是否参与投标之用，我方必须于 5 月 15 日向招标人送交投标书，而开标日为 5 月 31 日。德方供应商于 5 月 5 日用电传就上述钢材向我方发盘。我方据以计算标价，并于 5 月 15 日向招标人递交投标书。5 月 20 日德方供应商因钢材价格上涨，发来传真通知撤销 5 月 5 日的发盘。我方当即复电表示不同意，于是双方发生争议。5 月 31 日开标，我方中标。随即传真通知德商我方接受 5 月 5 日的发盘，但德商坚持该发盘已于 5 月 20 日撤销，合同不成立。

分析：发盘是否有效撤销？合同是否成立？

【操作示例】 向客户发盘报价

小王收到客户的询盘后，即联系工厂询问价格。根据客户要求和工厂的报价，小王向客户寄送了一些样品，报出男女睡衣价格。

Dear Miss White,

Re: Quotation of Men's and Ladies' Pajamas

We have sent you 2 sets of sample pajamas at your request, 1 set of men's, 1 set of ladies'.

We are now quoting you FOB Qingdao prices for your reference.

Men's Pajamas, made of 100% cotton, with basic style as the diagram on your size chart, size specifications as per your size chart, sizes S, M, L, XL equally assorted, printed designs of no more than 3 colors, normal labeling and packing, at USD10.00 per set.

Ladies' Pajamas, made of fabric same as Men's above, with basic style as the diagram on your size chart, size specifications as per your size chart, sizes S, M, L, XL equally assorted, printed designs of no more than 3 colors, normal labeling and packing, at USD9.00 per set.

Shipment is to be made bycontainers and payment by an irrevocable Letter of Credit available by draft at sight.

Wait for your reply.

Best regards,
Lily Wang

任务四 还盘

还盘（Counter Offer），又叫还价，是受盘人对发盘内容不完全同意而提出修改或变更的表示。还盘既是受盘人对发盘的拒绝，也是受盘人以发盘人的身份作出的新发盘。发盘一经还盘就失去效力了，除非得到原发盘人同意，受盘人不能在还盘后反悔，再接受原来的发盘。

【操作示例】 客户就发盘价格进行还盘

客户收到小王的样品和报价后，对样品非常满意，但认为价格偏高，于是发来一封还盘函。

Dear Miss Wang,

We have received your quotation and have studied it carefully. However, the price level in your quotation is too high for this market. If you are prepared to grant us a discount of 8% for a quantity of 5000 sets, we would accept your offer. Please note that

> some price cut will justify itself by an increase in future business. We expect to hear from you soon.
>
> > Yours truly,
> > Rita White

任务五　接受

一方的发盘经另一方接受，交易即告达成，合同即告成立。

接受（Acceptance）在法律上称为承诺，是卖方或买方同意对方在发盘中提出的各项交易条件，并愿按这些条件与对方达成交易、订立合同的一种肯定的意思表示。《民法典》规定：承诺是受要约人同意要约的意思表示。

表示接受，一般用"接受"（Accept）、"同意"（Agree）或"确认"（Confirm）等词语，也可用"请开信用证"或"信用证已开出"等来表示。

知识点 1. 构成有效接受的条件

1. 接受必须由特定的受盘人作出。

2. 接受必须表示出来。受盘人表示接受的方式有两种。一是用声明作出表示。即受盘人用口头或书面形式向发盘人表示同意发盘，这是国际贸易中最常见的方法。如"同意""接受"等。二是用做出行为来表示。所谓做出行为，通常用卖方发运货物或买方支付货款来表示，也可用其他行为表示，如开始生产货物、采购货物等。使用这种方法应注意，行为应是根据发盘的要求或当事人之间的习惯做法而做出的，并且要在发盘的有效期之内。《民法典》对此规定：承诺应当以通知的方式作出，但是，根据交易习惯或要约表明可以通过行为作出承诺的除外。

3. 接受必须与发盘相符。受盘人应无条件同意发盘条件。如果对发盘表示接受，但附有附加条件、限制等，则视为拒绝发盘，构成还盘。

《联合国国际货物销售合同公约》规定：对发盘表示接受但载有添加、限制或其他更改的答复，即为拒绝，并构成还盘。但是，对发盘表示接受但载有添加或不同条件的答复，如所载的添加或不同条件在实质上并不变更该项发盘的条件，除非发盘人在不过分迟延的期间内以口头或书面通知反对其间的差异外，仍构成接受。如果发盘人不做出这种反对，合同的条件就以该项发盘的条件以及接受通知所载的更改为准。在这类情况下，能否构成有效接受关键有两条：一是发盘人是否及时表示反对；二是所作的变更是否在实质上改变原发盘的条件。《联合国国际货物销售合同公约》中对什么是实质性变更的内容作了明确规定，即"有关货物的价格、付款、货物的质量和数量、交货地点和时间，一方当事人对另一方当事人赔偿的责任范围或解决争端等的添加或不同条件，均视为实质上变更发盘的条件"。

《民法典》也作出了相关规定：承诺的内容应当与要约的内容一致；受要约人对要约的内容作出实质性变更的，为新要约；有关合同标的、数量、质量、价款或者报酬、履行期限、履行地点和方式、违约责任和解决争议方法的变更，是对要约内容的实质性变更；承诺对要约的内容作出非实质性变更的，除要约人及时表示反对或者要约表明承诺不得对要约的内容作出任何变更外，该承诺有效，合同的内容以承诺的内容为准。

> 【实务案例】接受回复改变包装条件案
> 某公司对国外客户发盘出售某罐头食品，发盘中明确包装方式为每箱 20 罐，客户在有效期内回复"接受你方 10 日发盘，包装请改为每箱 12 罐"。
> 分析：客户的回复是不是有效接受？如何应对？

4. 接受必须在发盘的有效期内表示。

（1）接受的生效。接受理应在发盘有效期内送达发盘人才有效。但在使用信件、电报表示接受时，不能立即传达到发盘人，此时接受何时成效，各国法律规定有所不同。

英美法三国采用"投邮生效"原则，即在一般情况下，接受送达发盘人时生效，但在以信件和电报传达接受时，接受自信件投邮或电报发出时生效，除非发盘人明确规定接受应于有效期内到达发盘人。

大陆法国家采用"到达生效"原则，即表示接受的信件、电报必须在发盘有效期内到达发盘人，接受才有效。如果表示接受的信件、电报在邮寄途中遗失，合同不能成立。

《联合国国际货物销售合同公约》采用"到达生效"原则，接受于到达发盘人时生效。

《民法典》关于承诺生效的规定：承诺应当在要约确定的期限内到达要约人。要约没有确定承诺期限的，承诺应当按照下列规定到达：要约以对话方式作出的，应当即时作出承诺；要约以非对话方式作出的，承诺应当在合理期限内送达。要约以信件或者电报作出的，承诺期限自信件载明的日期或电报交发之日开始计算。信件未载明日期的，自投寄该信件的邮戳日期开始计算。要约以电话、传真、电子邮件等快速通信方式作出的，承诺期限自要约到达受要约人时开始计算。

（2）接受的逾期。如果接受通知超过发盘规定的有效期，或发盘未规定有效期而超过合理期限才传达到发盘人，就成为逾期接受，即迟到的接受。

《联合国国际货物销售合同公约》规定，逾期接受无效，除非：①如果发盘人收到逾期接受，毫不迟延地通知受盘人确认逾期接受有效，此逾期接受有效；②从使用的信件或其他方式表明，在传递正常的情况下本能及时到达发盘人，但由于传递不正常延误造成逾期，此种逾期接受是有效的，除非发盘人毫不迟延地通知受盘人，他认为该发盘已失效。

《民法典》关于承诺逾期的规定：受要约人超过承诺期限发出承诺，或者在承诺期限内发出承诺，按照通常情形不能及时到达要约人的，为新要约；但是，要约人及时通知受要约人该承诺有效的除外。受要约人在承诺期限内发出承诺，按照通常情形能够及时到达要约人，但是因为其他原因承诺到达要约人时超过承诺期限的，除要约人及时通知受要约人因承诺超过期限不接受该承诺外，该承诺有效。

知识点 2. 接受的撤回

接受的撤回指在接受生效之前撤回，阻止其生效。《联合国国际货物销售合同公约》规定："接受得以撤回，如果撤回通知于接受原应生效之前或同时，送达发盘人。"接受送达发盘人之后立即生效，就不能撤回了。《民法典》也规定承诺可以撤回。

【操作示例】数次还价磋商后客户表示接受

2024 年 10 月到 11 月，经过多次磋商，双方就价格下降 5%、交货期提前到 2025 年 1 月达成一致，其他交易条件不变。客户发来接受函。

Dear Miss Wang, Re: Men's Pajamas

We've received your samples and found your workmanship OK.

Now we'd like to place a trial order for Men's Pajamas at your quoted price USD9.50 per set and on other terms you mentioned in your E-mail.

Since the style is very basic, we shall not send our style sample. Please follow our diagram and size chart to make approval sample for our confirmation.

Size and assortment: S 20%, M 30%, L 30%, XL 20%.

Considering the details are quite clear, we shall not send you our official sheet this time. Please make out your Sales Contract and fax it to us for signature.

Kind regards,

Rita White

任务六　订立书面合同

交易磋商结束、交易达成后，合同即告成立。合同是国际货物买卖的核心，合同条款是买卖双方讨价还价的结果，一旦合同成立，就要通过履行合同来实现预期的利益。因此，一个条款严谨的合同是保证顺利履行的前提。

知识点 1. 合同的形式与内容

实践中，对进出口合同的形式并没有统一的规定。国际贸易中允许口头合同的存在，很多国家的国内法也不否认口头合同的效力，但多数交易都要签订书面合同。《民法典》第四百六十九条规定：当事人订立合同，可以采用书面形式、口头形式或其他形式。书面形式和合同书、信件等可以有形地表现所载内容的形式。以电报、电传、传真、电子数据交换、电子邮件等形式能够有形地表现所载内容，并可以随时调取查用的数据电文，视为书面形式。

我国的外贸企业常用合同、确认书、协议等。此外，还有意向书、订单及委托订购单等。

通常由我方填制合同或确认书，签字后寄给对方或传真给对方，再由对方签字后退给我方。经双方签字后的合同买卖双方各自保留一份，作为交易成立的证据和履行的依据。

合同（Contract）。业务中常用的合同主要有销售合同（Sales Contract）和购货合同（Purchase Contract）。外贸企业一般自己印有固定格式，成交后，业务员逐项填写即可。

确认书（Confirmation），有销售确认书（Sales Confirmation）和购货确认书（Purchase Confirmation），是一种简化的合同形式，经双方签字认可的确认书与合同有同样的法律效力。

正式书面合同的内容，分为约首、本文和约尾三大部分。

约首是合同的首部，包括合同的名称、编号。订约日期与地点、订约双方当事人的名称与地址、双方的法律关系等。

本文是合同的主体，它包括商品的品名、品质、数量、包装、价格、装运、保险、支付、商检、索赔、仲裁、不可抗力条款。

这些条款在合同或确认书中有两种表示方法：一种是将上述条款全部列在合同或确认书的正面；另一种是将上述条款的大部分列在合同或确认书的正面，而将检验、索赔、仲裁和不可抗力等条款列在其反面，并称作一般条款或一般交易条件。所谓"一般交易条件"，指一方出售或购买商品时提出的对每一笔交易都适用的一些基本条件。

约尾是合同的结尾部分。其内容包括：说明合同的份数，制作合同所使用的文字及其效力，制作合同的依据，双方当事人的签字等。

知识点 2. 合同的生效

《民法典》规定合同生效有以下情形。

1. 承诺生效时合同成立：（1）承诺生效时合同成立，但是法律另有规定或当事人另有规定的除外。（2）以通知方式作出的承诺，生效时间适用第一百三十七条规定"以对话方式作出的意思表示，相对人知道其内容时生效。以非对话方式作出的采用数据电文形式的意思表示，相对人指定特定系统接收数据电文的，该数据电文进入该特定系统时生效；未指定特定系统的，相对人知道或者应当知道该数据电文进入其系统时生效。当事人对采用数据电文形式的意思表示的生效时间另有约定的，按照其约定。"(3)承诺不需要通知的,根据交易习惯或要约的要求作出承诺的行为时生效。

2. 订立书面合同时合同成立。①当事人采用合同书形式订立合同的,自当事人均签字、盖章或按指印时合同成立。②在签字、盖章或按指印之前,当事人一方已经履行主要义务,对方接受时,该合同成立。③法律、行政法规规定或者当事人约定合同应当采用书面形式订立,当事人未采用书面形式但是一方已经履行主要义务,对方接受时,该合同成立。

3. 签订确认书时合同成立。当事人采用信件、数据电文等形式要求签订确认书的,签订确认书时合同成立。

4. 提交订单时合同成立。当事人一方通过互联网等信息网络发布的商品或服务信息符合要约条件的,对方选择该商品或者服务并提交订单成功时合同成立,但当事人另有约定的除外。

【操作示例】根据以下信息、条件缮制出口销售合同

合同号码:2024FR123456   签约日期:2024 年 9 月 10 日

卖方:公司全称:宏昌国际股份有限公司,Grand Western Trading Corp.

企业法人(中文):刘华

电话:86-532-23501213   传真:86-532-23500638   邮政编码:266071

公司地址(中文):青岛市北京西路嘉发大厦2501室

公司地址(英文):Room 2501, Jiafa Mansion, Beijing West Road, Qingdao 266071, P. R. China

买方:公司全称:Carter's Trading Company, Ltd

企业法人:Carter

电话:0016137893503   传真:0016137895107

公司地址:P. O. Box 8935, New Terminal, Lata Vista, Ottawa, Canada

商品信息:

1. Commodity: WOMEN'S T-SHIRT

2. Packing: EXPORTER CARTON

3. Specification: 20PCS PER CARTON, COLOR: BLACK

4. Fabric Content: 100% COTTON

5. Quantity: 15000PCS

6. Price: USD 30/PC CIF TORONTO

7. Payment: L/C

8. Shipment: in May, 2024, partial shipment and transshipment are not allowed

9. Insurance: The seller shall arrange marine insurance ICC (A) plus institute War Risks for 110% of CIF value, payable in Canada, with U. S. currency.

SALES　CONTRACT

卖方：　　　　　　　　　　　　　　　　　　S/C No.：
Seller：　　　　　　　　　　　　　　　　　　Date：

买方：　　　　　　　　　　　　　　　　　　Signed in：
Buyer：

经买卖双方同意成交下列商品，订立条款如下：
This contract is made by and agreed between the Buyer and Seller, in accordance with the terms and conditions stipulated below.

唛头 Marks and Numbers	名称及规格 Description of goods/Specifications	数量 Quantity	单价 Unit Price	金额 Amount

总值：TOTAL：

Transshipment（转运）：

☐　allowed（允许）　　　　☐　not allowed（不允许）

Partial shipments（分批装运）：

☐　allowed（允许）　　　　☐　not allowed（不允许）

Shipment date（装运期）：

Insurance（保险）：
由_____按发票金额110%投保_____险，另加保_____险至_____为止。
To be covered by the _____ FOR 110% of the invoice value covering _____ additional _____ from _____ _____ to _____．

Terms of payment（付款条件）：
☐买方不迟于_____年_____月_____日前将100%的货款用即期汇票/电汇送抵卖方。
The buyer shall pay 100% of the sales proceeds through sight (demand) draft/by T/T remittance to the seller not later than __ _____．
☐买方须于_____年_____月_____日前通过_____银行开出以卖方为受益人的不可撤销_____期信用证，并注明在上述装运日期后_____天内在中国议付有效，信用证须注明合同编号。
The buyer shall issue an irrevocable L/C at _____ sight through _____ in favor of the seller prior to __ _____ indicating L/C shall be valid in China through negotiation within _____ days after the shipment effected, the L/C must mention the Contract Number.
☐付款交单：买方应对卖方开具的以买方为付款人的见票后_____付款跟单汇票，付款时交单。
Documents against payment：(D/P) The buyer shall duly make the payment against documentary draft made out to the buyer at _____ sight by the seller.

续表
□承兑交单：买方应对卖方开具的以买方为付款人的见票后_____天承兑跟单汇票，承兑交单。 Documents against acceptance：（D/A）The buyer shall duly accept the documentary draft made out to the buyer at _____ days by the seller.
Shipping advice（装运通知）： 一旦装运完毕，卖方应立即电告买方合同号、商品号、已装载数量、发票总金额、毛重、运输工具名称及启运日期等。 The seller shall immediately, upon the completion of the loading of the goods, advise the buyer of the Contract No., names of commodity, loaded quantity, invoice values, gross weight, names of vessel and shipment date by TLX/FAX.
Inspection and claims（检验与索赔）： 1. 卖方在发货前由_____检验机构对货物的品质、规格和数量进行检验，并出具检验证明书。 The seller shall have the qualities, specifications, quantities of the goods carefully inspected by the Inspection Authority, which shall issue Inspection Certificate before shipment. 2. 货物到达目的口岸后，买方可委托当地的商品检验机构对货物进行复检。如果发现货物有损坏、残缺或规格、数量与合同规定不符，买方须于货到目的口岸的_____天内凭_____检验机构出具的检验证明书向卖方索赔。 The buyer has right to have the goods inspected by the local commodity inspection authority after the arrival of the goods at the port of destination if the goods are found damaged/short/their specifications and quantities not in compliance with that specified in the contract, the buyer shall lodge claims against the seller based on the Inspection Certificate issued by the Commodity _____ _____ Inspection Authority within _____ days after the goods arrival at the destination. 3. 如买方提出索赔，凡属品质异议须于货到目的口岸之日起_____天内提出；凡属数量异议须于货到目的口岸之日起_____天内提出。对所交货物提出的任何异议应由保险公司、运输公司或邮递机构负责的，卖方不负任何责任。 The claims, if any regarding to the quality of the goods, shall be lodged within _____days after arrival of the goods at the destination, if any regarding to the quantities of the goods, shall be lodged within _____ days after arrival of the goods at the destination. The seller shall not take any responsibility if any claims concerning the shipping goods is up to the responsibility of Insurance Company/Transportation Company/Post Office.
Force Majeure（不可抗力）： 如因不可抗力的原因造成本合同全部或部分不能履约，卖方概不负责，但卖方应将上述发生的情况及时通知买方。 The seller shall not hold any responsibility for partial or total non-performance of this contract due to Force Majeure. But the seller shall advise the buyer on time of such occurrence.
Disputes settlement（争议之解决方式）： 凡因执行本合约或有关本合约所发生的一切争执，双方应协商解决。如果协商不能得到解决，应提交仲裁。仲裁地点在被告方所在国内，或者在双方同意的第三国。仲裁裁决是终局的，对双方都有约束力，仲裁费用由败诉方承担。 All disputes in connection with this contract or the execution thereof shall be amicably settled through negotiation. In case no amicable settlement can be reached between the two parties, the case under dispute shall be submitted to arbitration, which shall be held in the country where the defendant resides, or in third country agreed by both parties. The decision of the arbitration shall be accepted as final and binding upon both parties. The arbitration fees shall be borne by the losing party.

续表
Law application（法律适用）： 本合同之签订地，或发生争议时货物所在地在中华人民共和国境内或被诉人为中国法人的，适用中华人民共和国法律，除此规定外，不适用《联合国国际货物销售合同公约》。 It will be governed by the law of the People's Republic of China under the circumstances that the contract is signed or the goods while the disputes arising are in the People's Republic of China or the defendant is Chinese legal person, otherwise it is governed by United Nations Convention on Contracts for the International Sale of Goods. 本合同使用的价格术语系根据国际商会 INCOTERMS 2010。 The terms in the contract based on INCOTERMS 2010 of the International Chamber of Commerce.
Versions（文字）： 本合同中、英两种文字具有同等法律效力，在文字解释上，若有异议，以中文解释为准。 This contract is made out in both Chinese and English of which version is equally effective. Conflicts between these two languages arising therefrom, if any, shall be subject to Chinese version.
本合同共_____份，自双方代表签字（盖章）之日起生效。 This contract is in ____ copies, effective since being singed/sealed by both parties.
The Buyer	The Seller

阅读·思考·练习

一、阅读以下信函，判断是否属于有效发盘

1. We are interested in your Electric Typewriters for use in offices and shall be glad if you will send us a copy of your illustrated catalogue 2 and current price list.

2. Your letter of June 1st asking us to offer you the product has received our immediate attention. We are pleased to be told that there is a great demand for our products in Europe market.

In compliance with your request, we are making you the following offer subject to our final confirmation. Our main products are as follows:

Commodity：×××

Size：×××

Quantity：×××

Price：×××

Payment：×××

We hope the above will be acceptable to you and await with interest your early order.

二、分析案例

1. 我国某公司于10月2日向美商发盘，以每打84美元CIF纽约价格提供全棉男式衬衫500打，限10月15日复到有效。10月10日收到美商回电称价格太高，若每打80美元可接受。10月13日又收到美商来电："接受你10月2日发盘，信用证已开出。"但由于市价上涨，我方未作回答，也没有发货，后美商认为我方违约，要求赔偿损失。

分析：我方应否赔偿？为什么？

2. 我方某公司向英国A公司发盘出售一批大宗商品，对方在发盘有效期内复电表示接受，同时指出："凡发生争议，双方应通过友好协商解决；如果协商不能解决，应将争议提交中国国际经济贸易仲裁委员会仲裁。"第三天，我方收到A公司通过银行开来的信用证。因获知该商品的国际市场价格已大幅度上涨，我公司当天将信用证退回，但A公司认为其接受有效，合同成立。双方意见不一，于是提交仲裁机构解决。

分析：如果你是仲裁员，你将如何裁决？

单元十三　履行出口合同

【单元导学单】

学习目标

素质目标：培养诚实守信、互利共赢的职业理念；培养细致认真、锲而不舍工匠精神。

知识目标：了解出口业务中所需的各类单证；熟悉出口业务操作基本流程；掌握信用证催证、审证、改证基本要求。

能力目标：能够根据出口合同要求制作相应箱单和发票；能够根据出口合同审核信用证、海运提单和报关单。

重难点

重点：信用证的审核；结汇单据的缮制与审核。

难点：信用证的审核；结汇单据的缮制与审核。

【知识结构图】

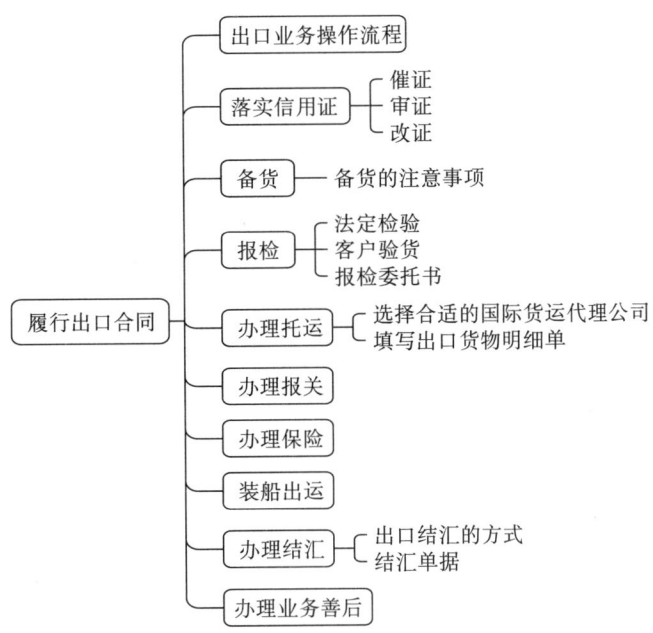

【导入案例】一笔 CIF 条件、L/C 支付的出口合同的履行

2024 年 12 月 26 日，苏州美南纺织服装有限公司（以下简称"美南公司"）与加拿大时尚契合有限公司（STYLE FIT CO., LTD., 以下简称"S. F. 公司"）成交一笔成衣出口业务，签订如下销售合同（见表 13-1）。

表 13-1　　　　　　　　　　　出口销售合同

销售合同
SALES CONTRACT

卖方 SELLER：	SUZHOU MAYNAN TEXTILE GARMENT CO., LTD. 219, HUAFENG ROAD, NEW DISTRICT, SUZHOU, P. R. CHINA	编号 NO.：	MNSFCB 07121
		日期 DATE：	Dec. 26, 2024
买方 BUYER：	STYLE FIT CO., LTD. P. O. BOX 0721 NEW TERMINAL, ALTA, VISTA OTTAWA, CANADA	地点 SIGNED IN：	SUZHOU, CHINA

买卖双方同意以下条款达成交易：
This contract is made by and agreed between the BUYER and SELLER, in accordance with the terms and conditions stipulated below.

1. 商品号 Art No.	2. 品名及规格 Commodity & Specification	3. 数量 Quantity	4. 单价 Unit Price	5. 金额 Amount
46—301A	LADIES COTTON BLAZER (100% COTTON, 40SX20/140X60)	2 550PCS	USD 12.80 CIF MONTREAL, CANADA	USD32 640.00
		Total：	USD 12.80	USD32 640.00

允许 With	3%	溢短装，由卖方决定。 More or less of shipment allowed at the sellers' option.

6. 总值（Total Value）：USD THIRTY - TWO THOUSAND SIX HUNDRED AND FORTY ONLY.

7. 包装（Packing）：CARTON

8. 唛头（Shipping Marks）：	STYLE FIT MNSFCB 07121 CTN NO. MONTREAL MADE IN CHINA

续表

9. 装运期及运输方式 （Time of Shipment & Means of Transportation）：	NOT LATER THAN MAR. 25, 2025 BY VESSEL
10. 装运港及目的地 （Port of Loading & Destination）：	FROM: SHANGHAI TO: MONTREAL
11. 保险 （Insurance）：	FOR 110% CIF INVOICE VALUE COVERING INSTITUTE CARGO CLAUSES (A), INSTITUTE STRIKES, INSTITUTE WAR CLAUSES AND CIVIL COMMOTIONS CLAUSES.
12. 付款方式 （Terms of Payment）：	BY IRREVOCABLE LETTER OF CREDIT TO BE OPENED BY FULL AMOUNT OF S/C, PAYMENT AT SIGHT DOCUMENT TO BE PRESENTED WITHIN 21 DAYS AFTER DATE OF B/L AT BENEFICIARY'S ACCOUNT.
13. 备注 （Remarks）：	1. PARTIAL SHIPMENTS: NOT ALLOWED. 2. TRANSSHIPMENT: ALLOWED.
The Buyer	The Seller
STYLE FIT CO., LTD. （进口商签字和盖章）	SUZHOU MAYNAN TEXTILE GARMENT CO., LTD. （出口商签字和盖章）

思考：该笔出口交易的操作流程包括哪些？

任务一　了解出口业务操作流程

知识点：出口业务基本操作流程

出口合同履行中卖方的基本义务是按照合同的规定交付货物，移交一切与货物有关的单据和转移货物的所有权。

我国的出口贸易操作大多使用FOB、CIF或CFR术语成交，以电汇预付或信用证支付。其中，CIF贸易术语、信用证支付方式是相对复杂的业务模式，此类出口合同履行一般要经过落实预付款或信用证、备货、报检、办理运输（保险）、报关、装船出运、制单结汇、出口善后等环节。

业务履行流程中任务分解如图13-1所示。

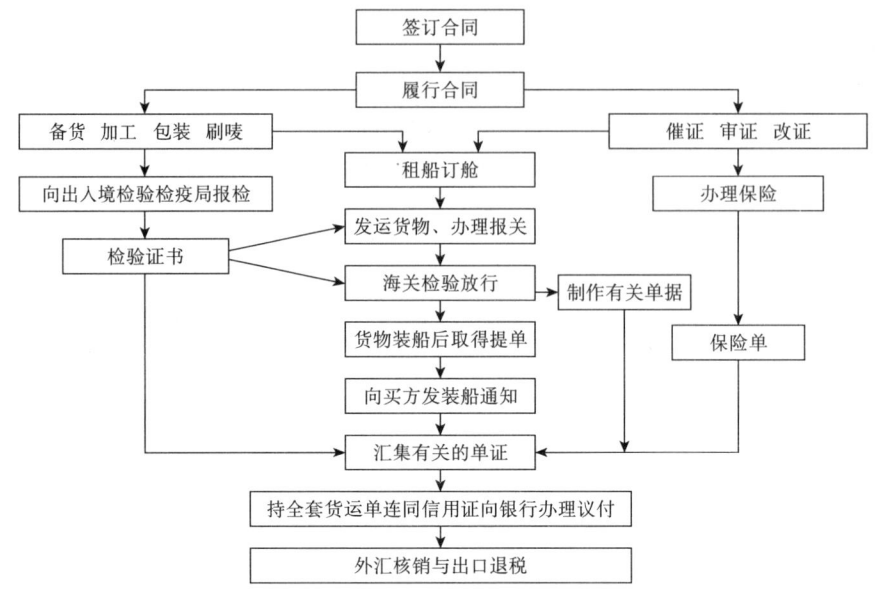

图 13-1 出口业务操作流程

任务二　落实信用证

知识点 1：催证

下列情况下，卖方应注意向买方发出函电提醒或催促对方开立信用证：

1. 在合同规定的期限内，买方未及时开证构成违约，如卖方不希望中断交易，可在保留索赔权的前提下，催促对方开证；
2. 签约日期和履约日期相隔较远，在合同规定开证日之前去信表示对该笔交易的重视，并提醒对方及时开证；
3. 卖方货已备妥，并打算提前装运，可去信征求对方同意提前开证；
4. 买方资信欠佳，提前去信提示，有利于督促对方履行合同。

知识点 2：审证

通知银行着重负责审核有关开证行资信、付款责任以及索汇路线等方面的条款和规定，出口企业着重审核信用证的条款是否与买卖合同的规定相一致。

1. 开证行资信。受益人可以委托信用证的通知行调查开证行的资信，但通知行对其提供的信息不负任何法律责任。

2. 信用证是否有效，有无"保留"或"限制"条款。

3. 信用证类型。如果是保兑信用证，应检查证内有无"保兑"字样；如果是可转让信用证，应检查有无相应的条款规定。

4. 信用证的有效期及到期地点。《UCP600》规定：信用证必须规定提示单据的有效期限。规定用于兑付或者议付的有效期限将被认为是提示单据的有效期限。没有规定有效期的信用证是无效的。信用证的到期地点应争取在我国，以便在交付货物后及时办理议付等手续。至于交单日期，如果信用证未规定，按惯例，银行有权拒收迟于运输单据日期21天提交的单据，无论怎样，单据不得迟于信用证到期日提交。

5. 信用证金额和支付货币。信用证规定的支付货币应与合同规定相同，金额一般应与合同金额相符。发票和/或汇票金额不能超过信用证金额。

6. 装运货物是否与合同一致。

7. 运输和保险条款。信用证的运输条款必须与合同规定相符，对转运和分批装运要重点审核。对于信用证内的保险条款应注意：信用证内规定的投保险别是否与合同相符；信用证内规定的保险金额的幅度是否与合同的规定一致；保险单据的出单日期是否迟于运输单据上注明的货物装船、发运或接受监督的日期。

8. 信用证中单据要求。对信用证内要求交付的各种单据，要根据合同的原定条款及我国的习惯做法进行审核。如果单据上加注的条款与我国有关政策相抵触或不能办到，应及时通知修改。

9. 付款期限。信用证的付款期限必须与买卖合同的规定一致。

10. 信用证"软条款（Soft Clause）"指在信用证中加列的一种条款，开证行可随时利用这种条款单方面解除其保证付款的责任。受益人处于受制于人的地位，而信用证项下开证行的付款承诺毫不确定，很不可靠。例如：The certificates of inspection would be issued and signed by authorized the applicant of L/C before shipment of cargo, which the signature will be inspected by issuing bank. 这就是典型的"软条款"，实际上使开证申请人控制了整笔交易。

另外，对于来证中的其他条款或不同国家的不同惯例的"特殊条款"应格外认真并仔细地进行审核，特别注意有无歧视和不能办到的特殊要求。

【资料链接】信用证"软条款"

信用证"软条款"指在不可撤销信用证中规定有信用证附条件生效的条款，或者规定要求信用证受益人提交某些难以取得的单证，使受益人处于不利和被动地位，导致受益人履约和结汇存在风险隐患的条款。简单来说，这些条款表面上看是合理的，但实际上是开证申请人（进口商）或开证行控制信用证交易的手段。

信用证软条款的类型包括以下三种。

1. 暂不生效条款。信用证含有暂时不生效、须经再次通知后才生效或者附加条件生效之后信用证才生效的软条款。例如,信用证规定"本信用证需经开证行另行通知后生效"或"本信用证在进口商取得进口许可证后才能生效"的条款。

2. 单据要求条款。申请人或者开证行通过对受益人获得信用证约定单据设置障碍,使受益人难以获得约定单证,甚至无法获得约定单证,或者将受益人能否获得约定单证的主动权掌握在申请人和开证行的手中,使受益人获得货款的权利受到种种限制和制约。比如,信用证规定"受益人必须提交由开证申请人指定的检验机构出具的检验证书"或者规定"提单的收货人为开证行"。

3. 运输条款。信用证规定"货物必须装在进口商指定的船只上"或"货物装运日期由开证申请人通知,且该通知须以信用证修改书的形式发出"。这使出口商完全依赖进口商的通知来确定装运日期,进口商如果故意延迟通知,出口商就会面临逾期装运的风险,银行也会因此拒付。

知识点3:改证

改证一般程序:

1. 受益人向开证申请人提出,或开证申请人主动提出;
2. 开证行将改证通知传递到通知行,转告受益人;
3. 受益人认可修改。

实践中,为了节省改证的费用和时间,在正式开证前,可以由客户先把信用证扫描后发过来给受益人预审,尽量避免信用证到手后再修改。此外,如果发生了改证的情况,对于改证的费用,往往开证申请人认为费用应该由受益人承担,出口商可以尽量和客户沟通,由开证申请人承担开证行的费用,受益人承担通知行的费用,这样比较公平。

《UCP600》对信用证修改的规定:如果受益人未能提供接受或拒绝修改书的通知,当交单与信用证以及尚未表示接受的修改的要求一致时,即视为受益人已作出接受修改的通知,否则就是拒绝。对同一修改的内容不允许部分接受,部分接受将被视为拒绝修改的通知。修改中关于除非受益人在某一时间内拒绝修改否则修改生效的规定应被不予理会。

【操作示范】

(1) 缮制形式发票,催客户开证。

形式发票(Proforma Invoice)在实务中被称作PI,仅从字面来理解就是单纯为形式的、无实际意义的发票。一般认为,形式发票是卖方在推销货物时,为了供买方估计进口成本,假定交易已经成立而开给买方的一种非正式发票,并没有发出货物的事实,是一种试算性质的货运清单。形式发票具有三个用途:估算货款或者成本、申请外汇和进口许可证和缔约。形式发票由于其简洁性和高效性,顺应了国际贸易发展的需要,受到越来越多外贸公司的青睐,成为国际贸易实务中一种常见的文件(见表13-2)。

表 13-2　　　　　　　　　　　　　　形式发票

苏州美南纺织服装有限公司

SUZHOU MAYNAN TEXTILE GARMENT CO., LTD.

219, HUAFENG ROAD, NEW DISTRICT, SUZHOU, P.R. CHINA

TEL: 0086-512-66397392　FAX: 0086-512-66397391

PROFORMA INVOICE

TO: STYLE FIT CO., LTD. P.O. BOX 0721 NEW TERMINAL, ALTA VISTA, OTTAWA, CANADA	INVOICE NO.:	NT10A01007
	INVOICE DATE:	DEC. 26, 2024
	S/C NO.:	MNSFCB07121
	S/C DATE:	DEC. 26, 2024

TERM OF PAYMENT	BY IRREVOCABLE LETTER OF CREDIT TO BE OPENED BY FULL AMOUNT OF S/C, PAYMENT AT SIGHT DOCUMENT TO BE PRESENTED WITHIN 21 DAYS AFTER DATE OF B/L AT BENEFICIARY'S ACCOUNT.
PORT OF LOADING	SHANGHAI
PORT OF DESTINATION	MONTREAL
TIME OF DELIVERY	NOT LATER THAN MAR. 25, 2025 BY VESSEL
INSURANCE	FOR 110% CIF INVOICE VALUE COVERING INSTITUTE CARGO CLAUSES (A), INSTITUTE STRIKES, INSTITUTE WAR CLAUSES AND CIVIL COMMOTIONS CLAUSES.
VALIDITY	21 DAYS AFTER THE DATE OF B/L

Marks and Numbers	Number and Kind of Packages/ Description of goods	Quantity	Unit Price	Amount
				USD
STYLE FIT MNSFCB07121 CTN NO. MONTREAL MADE IN CHINA			CIF MONTREAL, CANADA	
	LADIES COTTON BLAZER (100% COTTON, 40SX20/140X60)	2 550PCS	USD 12.80	USD32 640.00
	TTL:	2 550PCS	USD 32 640.00	

BENEFICIARY:	SUZHOU MAYNAN TEXTILE GARMENT CO., LTD. 219, HUAFENG ROAD, NEW DISTRICT, SUZHOU, P.R. CHINA
ADVISING BANK:	BANK OF CHINA, SUZHOU BRANCH ADD: 124 NORTH ZHONGSHAN ROAD SUZHOU, 210009, P.R. CHINA TELEX: 34022 BOCNB CN SWIFT: EVERCNBJQD1
NEGOTIATING BANK:	HSBC SHANGHAI OR ANY BANK BY NEGOTIATION

（出口商签字和盖章）

（2）审核信用证。

2025年1月20日，美南公司通过电子邮件催对方公司及时开立信用证。2025年1月25日，美南公司收到S.F.公司传来的信用证扫描件，请美南公司初审提出审证意见后供S.F.公司向开证行落实信用证。

业务员审核信用证后，提出了参考审证意见：

①信用证的提单条款为"Full set of clean on board ocean Bills of Lading…"，要求全套2/2，但该信用证的特别条款规定"Two signed original B/L must be forwarded to us in the first mail and the third signed original copy to be forwarded in the second mail"，两者关于提单的份数要求不一，如不注意就可能忽略特别条款，按一般惯例若只提供两份正本，可能导致出现不符点。

②议付单据中有关客检证的条款项，对出口方极为不利。

（3）修改信用证。

业务师傅基本肯定了业务员提出的审证意见。第一条关于提单的份数，需要提请S.F.公司正式开证时修改一致；但对于第二条，师傅认为该客户为老客户，信誉良好，以往都会在样品检验合格后及时签发客检证明，但要特别注意及时寄样和催客户及时签发客检证。

2025年1月31日，中国银行江苏省分行通知美南公司收到S.F.公司通过BNP PARIBAS（CANADA）MONTREAL银行开来的信用证电开本，仔细审核后确认无误（见表13-3）。

表13-3　　　　　　　　　　　信用证通知书

中国银行
BANK OF CHINA
BANK OF CHINA JIANGSU BRANCH
ADDRESS：148 ZHONGSHAN SOUTH ROAD SUZHOU
CABLE CHUNGKUO
TELEX：34116/34127 BOCJS CN
SWIFT：PNBPUS3NNYC

信 用 证 通 知 书
NOTIFICATION OF DOCUMENTARY CREDIT

FAX：42088432025/01/31

TO 致：	WHEN CORRESPOND ING	AD94001A08126
SUZHOU MAYNAN TEXTILE GARMENT CO.，LTD. 219，HUAFENG ROAD，NEW DISTRICT， SUZHOU，P. R. CHINA	PLEASE QUOTE OUT REF NO.	

续表

ISSUING BANK 开证行		TRANSMITTED TO US THROUGH 转递行	
BNP PARIBAS (CANADA) MONTREAL		REF NO.	
L/C NO. 信用证号	DATED 开证日期	AMOUNT 金额	EXPIRY PLACE 有效地
84232110205	2025/01/29	USD32 640.00	LOCAL
EXPIRY DATE 有效期	TENOR 期限	CHARGE 未付费用	CHARGE BY 费用承担人
2025/04/10	SIGHT	RMB 0.00	BENEFICIARY
RECEIVED VIA 来证方式	AVAILABLE 是否生效	TEST/SIGN 印押是否相符	CONFIRM 我行是否保兑
SWIFT	VALID	YES	NO

DEAR SIRS,

WE HAVE PLEASURE IN ADVISING YOU THAT WE HAVE RECEIVED FROM THE A/M BANK A (N) LETTER OF CREDIT, CONTENTS OF WHICH ARE AS PER ATTACHED SHEET (S).

THIS ADVICE AND THE ATTACHED SHEET (S) MUST ACCOMPANY THE RELATIVE DOCUMENTS WHEN PRESENTED FOR NEGOTIATION.

兹通知贵公司，我行收自上述银行信用证一份，现随附通知。贵司交单时，请将本通知书及信用证一并提示。

REMARK 备注：

PLEASE NOTE THAT THIS ADVICE DOES NOT CONSTITUTE OUR CONFIRMATION OF THE ABOVE L/C NOR DOES IT CONVEY ANY ENGAGEMENT OR OBLIGATION ON OUT PART.

THIS L/C CONSISTS OF   SHEET (S), INCLUDING THE COVERING LETTER AND ATTACHMENT (S).

本信用证连同面函及附件共   纸。

IF YOU FIND ANY TERMS AND CONDITIONS IN THE L/C WHICH YOU ARE UNABLE TO COMPLY WITH AND/OR ANY ERROR (S), IT IS SUGGESTED THAT YOU CONTACT APPLICANT DIRECTLY FOR NECESSARY AMENDMENT (S) SO AS TO AVOID AND DIFFICULTIES WHICH MAY ARISE WHEN DOCUMENTS ARE PRESENED.

如本信用证中有无法办到的条款及/或错误，请与开证申请人联系，进行必要的修改，以排除交单时可能发生的问题。

THIS L/C IS ADVISED SUBJECT TO ICC UCP PUBLICATION NO. 600.

本信用证之通知系遵循国际商会《跟单信用证统一惯例》（第600号出版物）办理。

此证如有任何问题及疑虑，请与我行联系，电话：0512-66395555 传真：0512-66395556

YOURS FAITHFULLY,

BANK OF CHINA

（银行盖信用证通知专用章）

表 13-4　信用证

2025JAN31 15：23：46		LOGICAL TERMINAL　E102
MT S700　　ISSUE OF A DOCUMENTARY CREDITPAGE 00001		
MSGACK　DWS765I AUTH OK, KEY B110106173BAOC53B, BKCHCNBJ BNPA **** RECORD		
BASIC HEADER		F　01　BKCHCNBJA940　0542　725524
APPLICATION HEADER		0 700 1122 160129 BNPACAMMAXXX 4968 839712 160130 0028 N
USER HEADER		*BNP PARIBAS（CANADA） *MONTREAL SERVICE CODE　　103： BANK. PRIORITY　113： MSG USER REF.　108：　　（银行盖信用证通知专用章） INFO. FROM CI　115：
SEQUENCE OF TOTAL	：27A：	1／1
FORM OF DOC. CREDIT	：40 A：	IRREVOCABLE
DOC. CREDIT NUMBER	：20A：	84232160205
DATE OF ISSUE	：31 C：	250129
EXPIRY	：31 D：	DATE 250410 PLACE IN BENEFICIARY'S COUNTRY
APPLICANT	：50A：	STYLE FIT CO., LTD. P. O. BOX 0721 NEW TERMINAL, ALTA VISTA, OTTAWA, CAN-ADA
BENEFICIARY	：59A：	SUZHOU MAYNAN TEXTILE GARMENT CO., LTD. 219, HUAFENG ROAD, NEW DISTRICT, SUZHOU, P. R. CHINA
AMOUNT	：32 B：	CURRENCY USD AMOUNT32，640
AVAILABLE WITH/BY	：41 D：	ANY BANK BY NEGOTIATION
DRAFTS AT...	：42 C：	SIGHT
DRAWEE	：42 A：	BNPACAMMXXX *BNP PARIBAS（CANADA） *MONTREAL
PARTIAL SHIPMTS	：43 P：	NOT ALLOWED
TRANSSHIPMENT	：43 T：	ALLOWED
LOADING IN CHARGE	：44 A：	CHINA
FOR TRANSPORT TO...	：44 B：	MONTREAL
LATEST DATE OF SHIP.	：44 C：	250325
DESCRIPT. OF GOODS	：45 A：	

续表

       SALES CONDITIONS: CIF MONTREAL/CANADA
       SALES CONTRACT NO. MNSFCB07121
       LADIES COTTON BLAZER (100% COTTON, 40SX20/140X60)

STYLE NO.	PO NO.	QTY/PCS	USD/PC
46-301	A10337	2550	12.80

DOCUMENTS REQUIRED   : 46 A:

    COMMERCIAL INVOICES IN 3 COPIES SIGNED BY BENEFICIARY'S REPRESENTATIVE.

    CANADA CUSTOMS INVOICES IN 4 COPIES.

    + FULL SET OF ORIGINAL MARINE BILLS OF LADING CLEAN ON BOARD
    FLUS 2 NON-NEGOTIABLE COPIES MADE OUT OR ENDORSED TO ORDER
    BNP PARIBAS (CANADA) MARKED FREIGHT PREPAID AND NOTIFY APPLICANT'S FULL NAME AND
    ADDRESS.

    + DETAILED PACKING LISTS IN 3 COPIES.

    + COPY OF CERTIFICATE OF ORIGIN FORM A.

    + COPY OF EXPORT LICENCE.

    + BENEFICIARY'S LETTER STATING THAT ORIGINAL CERTIFICATE OF
    ORIGIN FORM A, ORIGINAL EXPORT LICENCE, COPY OF COMMERCIAL INVOICE,
    + DETAILED PACKING LISTS AND A COPY OF BILL OF LADING WERE SENT
    DIRECT TO APPLICANT BY COURIER WITHIN 5 DAYS AFTER SHIPMENT.
    THE RELATIVE COURIER RECEIPT IS ALSO REQUIRED FOR PRESENTATION.

    + COPY OF APPLICANT'S FAX APPROVING PRODUCTION SAMPLES BEFORE SHIPMENT.

    + LETTER FROM SHIPPER ON THEIR LETTERHEAD INDICATING THEIR NAME
    OF COMPANY AND ADDRESS, BILL OF LADING NUMBER, CONTAINER
    NUMBER AND THAT THIS SHIPMENT, INCLUDING ITS CONTAINER, DOES
    NOT CONTAIN ANY NON-MANUFACTURED WOO DEN MATERIAL, DUNNAGE,
    BRACING MATERIAL, PALLETS, CRATING OR OTHER NON-MANUFACTURED
    WOODEN PACKING MATERIAL.

    + INSPECTION CERTIFICATE ORIGINAL SINGED AND ISSUED BY STYLE FIT CO., LTD.
    STATING THE SAMPLES OF FOUR STYLE GARMENTS HAS BEEN APPROVED, WHICH SEND THROUGH
    FEDEX BEFORE 15 DAYS OF SHIPMENT.

    + INSURANCE POLICY OR CERTIFICATE IN 1 ORIGINAL AND 1 COPY ISSUED OR ENDORSED TO THE
    ORDER OF BNP PARIBAS (CANADA) FOR THE CIF INVOICE PLUS 10 PERCENT COVERING INSTITUTE
    CARGO CLAUSES (A), INSTITUTE STRIKES, INSTITUTE WAR CLAUSES AND CIVIL COMMOTIONS
    CLAUSES.

续表

ADDITIONAL COND.	:47 A:	
	IF DOCUMENTS PRESENTED ARE FOUND BY US NOT TO BE UN FULL COMPLIANCE WITH CREDIT TERMS. WE WILL ASSESS A CHARGE OF USD 55.00 PER SET OF DOCUMENTS.	
	ALL CHARGES IF ANY RELATED TO SETTLEMENTS ARE FOR ACCOUNT OF BENEFICIARY.	
	3 PCT MORE OR LESS IN AMOUNT AND QUANTITY IS ALLOWED.	
	ALL CERTIFICATES/LETTERS/STATEMENTS MUST BE SIGNED AND DATED.	
	FOR INFORMATION ONLY, PLEASE NOTE AS OF JANUARY 4, 2011 THAT ALL SHIPMENTS FROM CHINA THAT ARE PACKED WITH UNTREATED WOOD WILL BE BANNED FROM CANADA DUE TO THE THREAT POSED BY THE ASIAN LONGNORNED BEETLE.	
	THE CANADIAN GOVERNMENT NOW INSIST THAT EVERY SHIPMENT ENTERING CANADA MUST HAVE THE ABOVE DOCUMENTATION WITH THE SHIPMENT.	
	BILL OF LADING AND COMMERCIAL INVOICE MUST CERTIFY THE FOLLOWING:	
	THIS SHIPMENT, INCLUDING ITS CONTAINER DOES NOT CONTAIN ANY NON – MANUFACTURED WOODEN MATERIAL, DUNNAGE, BRACING MATERIAL PALLETS, CRATING OR OTHER NON MANUFACTURED WOODEN PACKING MATERIAL.	
	BENEFICIARY'S BANK ACCOUNT NO. 222298375	
CHARGES	:71 B:	OUTSIDE COUNTRY BANK CHARGES TO BE BORNE BY THE BENEFICIARY OPENING BANK CHARGES TO BE BORNE BY THE APPLICANT
CONFIRMATION	:49B:	WITHOUT
INSTRUCTIONS	:78B:	
	WE SHALL COVER THE NEGOTIATING BANK AS PER THEIR INSTRUCTIONS. FORWARD DOCUMENTS IN ONE LOT BY SPECIAL COURIER PREPAID TO BNP PARIBAS (CANADA) 1981 MCGILL COLLECE AVE. MONTREAL QC H3A 2W8 CANADA.	

任务三　备货

 寻找合适的国内供货商，签署国内购货合同 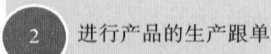 进行产品的生产跟单

备货是卖方根据合同或销售确认书的规定，按时、按质、按量准备好应交的货物的过程。如有现货，可以直接通知仓库或供货厂商办理打包、改装、发货。如属期货，

应该与供货单位签订购货协议或以要货单的形式向生产部门落实生产;按规定交货后,应对货物进行清点、核对、加工整理、刷唛等。

知识点:备货的注意事项

1. 货物的品质、规格应符合合同的规定。按照样品买卖的合同,提供的产品应符合样品的各项指标。

2. 商品的数量应符合合同的规定,注意合同中是否有溢短装条款。信用证中数量有溢短装条款,但金额没有规定可以增减的,只能减少履行,不能有增幅,否则发票金额将超过信用证总金额。

3. 货物的包装和唛头要符合合同的规定。

4. 备货的时间安排应便于合同的履行。

5. 凡合同规定卖方收到信用证后若干天内交付货物的,为保证按时履约,防止被动,应催促买方按合同规定的期限开来信用证。我方收到信用证后应及时审核,审核无误后及时安排生产或加工。

6. 卖方应保证对自己出售的货物承担《联合国国际货物销售合同公约》要求的品质担保和权利担保义务。

【操作示范】

证号为84232110205的信用证已确认无误,美南公司在审核信用证的同时着手组织货源。

(1)寻找合适的国内供货商,并签署国内购销合同。

2025年2月1日,美南公司与已联络好的服装加工厂签订购销合同(见表13-5),指定服装厂使用颐达纺织公司的面、辅料。2月5日,服装厂正式投产。

表13-5　　　　　　　　服装购销合同

供方:	徐州颐达服装有限公司		合同编号:		F01LCB05127-B	
			签订时间:		2025年2月1日	
需方:	苏州美南纺织服装有限公司		签订地点:		苏州/徐州	
一、产品名称、品种规格、数量、金额、供货时间						
款号	订单号	货物描述	计量单位	数量	单价(元)	总金额(元)	交(提)货时间及数量
46—301A	10337	女士全棉上衣(100%棉,40SX20/140X60)	件	2550	90	229 500.00	2025年3月14日前工厂交货
合计人民币(大写)				贰拾贰万玖仟伍佰圆整			
备注	1. 单价为含税价。2. 需方凭供方提供的增值税发票及相应的税收(出口货物专用)缴款书在供方工厂交货后15个工作日内付款。如果供方未将有关票证备齐,需方扣除17%税款支付给供方,等有关票证齐全后结清余款。3. 本合同经双方传真签字盖章后即生效。						

(注:表头"款号"对应"46—301A",但表中"款号"列与"订单号"列布局见原表)

续表

二、质量要求和技术标准

1. 服装搭配按客户要求。

2. 服装尺寸按客供尺码表,不得超公差。

3. 成衣不得有色差,不得有脏迹;整烫平整。

4. 平摊包装。

三、交(提)货地点、方式:工厂交货。

四、运输方式及到达站(港)和费用负担:需方自行送货至指定仓库,费用由需方承担。

五、包装标准、包装物的供应与回收:纸箱包装,符合出口标准和客户要求。

六、验收标准、方法及提出异议期限:经客户验货合格后放行,同时供方提供商检放行单或商检换证凭单。

七、结算方式及期限:供方按时、按质、按量交货后,需方全额付款。

八、违约责任:违约方按合同金额的 10% 支付违约金。

九、解决合同纠纷的方式:按《中华人民共和国经济合同法》相关规定或双方协商解决。

供方(盖章) 单位名称:徐州颐达服装有限公司 单位地址:徐州市青年路 11 号 法定代表人:方影 联系电话:0516-8272××× 税务登记号:320300788×××××× 开户银行:徐州市建设银行 账号:3258324283 邮政编码:221005	需方(盖章) 单位名称:苏州美南纺织服装有限公司 单位地址:苏州高新区华丰路 219 号 联系电话:0512-6639××× 法定代表人:张良 税务登记号:320508794×××××× 开户银行:中国银行江苏省分行 账号:295827581 邮政编码:215163	鉴(公)证意见 经办人: 鉴(公)证意见(章) 日期:

(2)生产跟单。

根据交货时间,定期对工厂的生产进度进行服装生产跟单,督促生产的进度,监督产品的质量,并根据合同的规定审核产品的吊牌、运输标志等细节。

任务四 报验

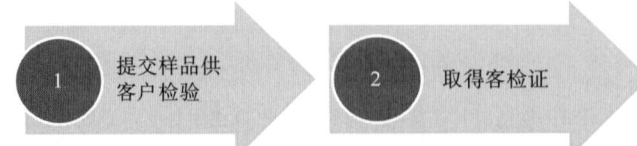

对凡属法定检验或出口合同约定必须经中国海关检验的出口商品,在货物备齐后,应持买卖合同等有关单证向海关申请检验,只有取得海关发给的合格检验证书之后,海

关才准放行。凡检验不合格的货物，一律不得出口。报检环节需要填制、提供、核对或接触的单据包括：报检单或代理报检委托协议、合同、商业发票、装箱单、厂检单等。

知识点1：法定检验

法定检验的范围如下：

1. 出入境动植物检疫范围为进境、出境、过境的动植物，动植物产品和其他检疫物；装载动植物及其产品和其他检疫物的装载容器、包装物、铺垫材料；来自动植物疫区的运输工具；进境拆解的废旧船舶；有关法律、行政法规、国际条约规定或者贸易合同约定应当实施出入境动植物检疫的其他货物。

2. 出入境的人员、交通工具、运输设备以及可能传播检疫传染病的行李、货物、邮包等物品的卫生检疫。

3. 列入《出入境检验检疫机构实施检验检疫的进出境商品目录》的出入境货物的检验检疫。

4. 对出口危险货物的包装容器实施性能鉴定和使用鉴定。

5. 对装运出口易腐烂变质食品、冷冻品的船舱、集装箱等运载工具的适载检验。

6. 对有关国际条约或双边协议规定须经检验检疫的出入境货物的检验检疫。

7. 对外商在中国境内合作、合资创办企业时，作为投资进口的机器设备等的财产鉴定。

8. 对进境废物原料的检验检疫。

9. 其他法律法规规定须经检验检疫的出入境货物的检验检疫。

知识点2：客户验货

客户验货一般有以下两种方式。

1. 客户派相关人员亲自来厂检验，检验合格后当场签发客检证，或该检验人员将检验结果向客户汇报后，由客户将客检证寄给我方。在此种方式下，客户一般是在出运前4—5天派人员来厂检验。此时工厂的加工、包装工作已基本结束，验货通过后即可安排出运。

2. 将样品寄给客户检验，检验合格后，客户签发客检证并寄给我方。在此种方式下，一般客户会要求我方在出货前10—15天寄样品供其检验。

知识点3：报检委托书

代理报检委托书时，需到当地检验检疫部门领取一式三联的报检委托书。报检委托书应当载明委托人的名称、地址、法定代表人姓名（签字）、机构性质及经营范围，代理报检单位的名称、地址、代理事项以及双方责任、权利和代理期限等内容，并加盖双方的公章。内容需打印，不可手写，签字处一定要手写。

【操作示范】

美南公司在按照工厂生产备货的同时准备报检。

（1）提供样品供客户检验。

根据信用证中有关客检证的规定，3月2日，美南公司寄出4件不同型号的成衣样品供S.F.公司检验。

（2）取得客检证。

3月6日，S.F.公司收到样品。经检验合格，签发客检证书正本一份并通过FedEx寄回美南公司。

由于全棉女式上衣不属于法定检验商品范围，本票货物不必办理法定检验。

任务五 办理托运

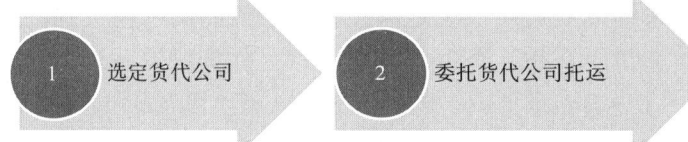

托运环节需要填制、提供、核对或接触的单据包括：订舱委托；配舱回单或入货通知（货代提供）等。

知识点1：选择合适的国际货运代理公司

国际货运代理（International Freight Forwarder）的主要工作是接受委托人的委托或授权，代办各种国际贸易、货物运输所需要的业务，包括托运、提货、存仓、报检、报关和保险等环节的手续。货运代理公司简称货代公司。

知识点2：填写出口货物明细单

【操作示范】

本批出口商品系采用集装箱班轮运输，故在落实信用证及备货时，美南公司即向上海各家货运代理公司询价，并办理货物的托运手续。

（1）选定货代公司。

美南公司向货代公司进行询价，并确定委托上海千讯国际货运有限公司代为订舱，以便及时履行合同及信用证项下的交货和交单的义务。

（2）缮制货物出运委托书，办理货物托运手续。

2025 年 3 月 9 日，服装全部生产、包装完毕，工厂制作装箱单传真给美南公司。美南公司根据工厂报来的装箱单，结合合同及信用证货物明细描述，开具出仓通知单，单证储运部门根据出仓通知单、工厂制的装箱、信用证统一缮制全套的出运单据。单证储运部门将出口货物明细单传真给上海千讯配船订舱，确认配船和费用。

上海千讯在确认配船和费用后，传真送货通知给美南公司，要求美南公司于 3 月 16 日中午前将货物运至指定仓库。

2025 年 3 月 12 日，根据美南公司提供的出口货物明细单（见表 13-6）缮制集装箱货物托运单，作为向船公司订舱配载的依据。该托运单一式数联，分别用于货主留底、船代留底、运费通知、装货单、缴纳出口货物港务费申请书、场站收据、货代留底、配舱回单、场站收据副本（大副联）等。其中比较重要的单据有：装货单（Shipping Order, S/O）和场站收据副本（Mat's Receipt, M/R）。

表 13-6　　　　　　　　　　　出口货物明细单

出口货物明细单 2025 年 3 月 9 日			银行编号		外运编号	MN112SF008
			核销单号	327656966	许可证号	141252
经营单位（装船人）	SUZHOU MAYNAN TEXTILE GARMENT CO., LTD. 219, HUAFENG ROAD, NEW DISTRICT, SUZHOU, P. R. CHINA		合同号		MNSFCB07121	
			信用证号		84232110205	
			开证日期	2025-01-29	收到日期	2025-01-31
提单或承运收据	抬头人	TO THE ORDER OF BNP PARIBAS (CANADA)	金额	USD32 640.00	收汇方式	L/C AT SIGHT
			货物性质	贸易	贸易国别	CANADA
	通知人	STYLE FIT CO., LTD. P. O. BOX 0721 NEW TERMINAL, ALTA VISTA, OTTAWA, CANADA	出口口岸	SHANGHAI	目的港	MONTREAL
			可否转运	NO	可否分批	YES
	运费	FREIGHT PREPAID	装运期限	2025-03-25	有效期限	2025-04-10
标记唛头	货名规格及货号	件数	体积 CBM	毛重 KG	净重	价格 USD 单价	总价
STYLE FIT MNSFCB07121 CTN NO. MONTREAL MADE IN CHINA	LADIES COTTON BLAZER 100% COTTON, 40SX20/140X60	201CTNS	17.51	3 015.00	2 010.00	12.8	32 640.00
	TOTAL	201CARTONS	17.51	3 015KGS	2 010KGS		32 640.00

SAY TOTAL: TWO HUNDRED AND ONE CARTONS ONLY.
（出口商盖出口货物明细专用章）

续表

本公司注意事项		总体积	17.51CBM
		保险单	险别	
			保额	
			赔款地点	
外运外轮注意事项		船名	
		海关编号	
		放行日期	
		制单员	

任务六　办理报关

报关指进出口货物收发货人、进出境运输工具的负责人、进出境物品的所有人或者他们的代理人向海关办理货物、物品或运输工具进出境手续及相关海关事务的过程（见图 13-2）。

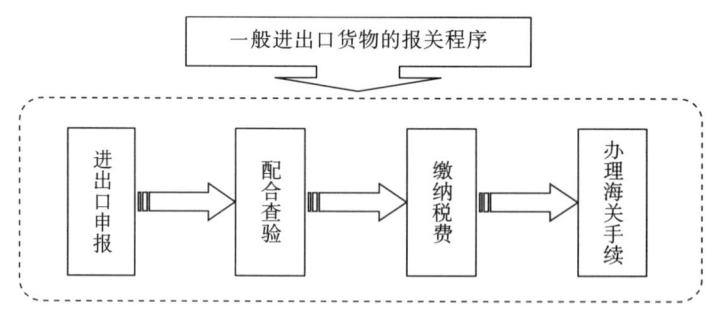

图 13-2　一般进出口货物的报关程序

进出境货物的报关比较复杂。根据海关规定，进出境货物的报关应由报关员办理。进出口货物收发货人自理报关的比重较小，更多的是委托代理人代为报关，从而形成了代理报关。

办理报关需要填制、提供、核对或接触的单据有报关单或代理报关委托协议、发票、装箱单等。

【操作示范】

美南公司已经完成了货物的集港，需要在开船前办理货物的出口报关手续。

（1）缮制商业发票、装箱单（见表13-7、表13-8）。

表13-7　　　　　　　　　　　商业发票

SUZHOU MAYNAN TEXTILE GARMENT CO., LTD.

219, HUAFENG ROAD, NEW DISTRICT, SUZHOU, P. R. CHINA

商业发票

COMMERCIAL INVOICE

TO: NO: MN112SF008

STYLE FIT CO. LTD. DATE: Mar. 9, 2025

P. O. BOX 0721 NEW TERMINAL, ALTA VISTA, OTTAWA, CANADA

TRANSPORT DETAILS

SHIPMENT FROM SHANGHAI TO MONTREAL BY VESSEL

S/C NO: MNSFCB07121　　　　　L/C NO: 84232160205

TERMS OF PAYMENT: L/C AT SIGHT

Marks and Numbers	Number and Kind of Packages/ Description of goods	Quantity	Unit Price	Amount
				USD
STYLE FIT MNSFCB07121 CTN NO. MONTREAL MADE IN CHINA	CIF MONTREAL, CANADA LADIES COTTON BLAZER (100% COTTON, 40SX20/140X60) STYLE NO. 46—301A	2 550PCS	USD 12.80	USD32 640.00
	Total:	2 550PCS		USD32 640.00

SAY TOTAL: U. S. DOLLAR THIRTY TWO THOUSAND SIX HUNDRED AND FORTY ONLY.

　　SALES CONDITIONS: CIF MONTREAL/CANADA

（出口商签字和盖单据章）

表13-8　　　　　　　　　　　装箱单

苏州美南纺织服装有限公司

SUZHOU MAYNAN TEXTILE GARMENT CO., LTD.

PACKING LIST

TO:	STYLE FIT CO., LTD. P. O. BOX 0721 NEW TERMINAL, ALTA VISTA, OTTAWA, CANADA	INVOICE NO.:	MN112SF008
		INVOICE DATE:	2025-03-09
		S/C NO.:	MNSFCB07121
		S/C DATE:	2024-12-26
FROM	SHANGHAI	TO	MONTREAL
Letter of Credit No.	84232110205	Date of Shipment	2025-03-25

续表

CTN NO.	CTNS	DESIGNS/COLORS	STYLE NO.	SIZE ASSORTMENT PER CARTON					PCS/CNT	TOTAL PCS/CNTS	G.W. CTN	N.W. CTN	MEAS. CTN	CBM/CTN
				10	12	14	16	18	20						
1–18	18	BLACK	46—301A	14						14	252	15	10	97×72×12	0.084
19–56	38	BLACK			14					14	532				
57–106	50	BLACK				13				13	650			98×76×12	0.089
107–149	43	BLACK					12			12	516				
150–174	25	BLACK						12		12	300			99×80×11	0.087
175–193	19	BLACK							12	12	228				
194	1	WHITE		11						11	11			97×72×12	0.084
195	1	WHITE			9	3				12	12				
196	1	WHITE				13				13	13			98×76×12	0.089
197	1	WHITE				3	9			12	12				
198–200	3	WHITE						4		4	12			99×80×11	0.087
201	1	WHITE						2	10	12	12				
1/201ex TOTAL	201										2 550	3 015	2 010		17.51

SHIPPING MARKS:
STYLE FIT
MNSFCB07121
CTN NO.
MONTREAL
MADE IN CHINA

SALES CONDITIONS: CIF MONTREAL/CANADA
SALES CONTRACT NO.: MNSFCB07121
LADIES COTTON BLAZER (100% COTTON, 40SX20/140X60)

STYLE NO.	PO NO.	QTY/PCS	USD/PC
46—301A	10337	2 550	12.80

（出口商签字和盖单据章）

(2) 缮制报关委托书,委托报关。

2025年3月13日,美南公司登录"单一窗口",点击"委托报关",选择上海千讯为代理报关企业,将上海千讯报关所需的代理报关委托书及委托报关协议、出口货物报关单、出口收汇核销单、商业发票、装箱单、外销合同用快件寄出。

(3) 货代公司缮制出口货物报关单,办理货物报关手续。

3月16日上午,美南公司根据上海千讯的送货通知按时将货物送到上海千迅指定的仓库。

根据报关规定的要求,货物的出口报关必须在货物进入港口仓库或集装箱整箱进入堆场后才能进行。上海千讯即向上海海关报关,以免耽误3月20日的船期。

报关时填写中华人民共和国海关出口货物报关单(白色的报关联和黄色的出口退税联),并随附报关委托书、商业发票、装箱单、装货单等单证。海关依此份报关单验货,并退回已盖章的核销单和两份报关单。

报关通过后,上海千讯安排集装箱拖货至船公司指定的码头。出口货物报关单见表13-9。

表 13-9 中华人民共和国海关出口货物报关单

海关预录入编号：　　　　　　　　　海关编号：　　　　　　　　　　　　　　　　　　　　　　　页码/页数：

境内发货人 (320594427 6) 91320944276234 37K 苏州美南纺织服装有限公司	出境关别 吴淞海关 (2202)	出口日期	申报日期 2025-03-20	备案号
境外收货人 STYLE FIT CO., LTD.	运输方式 水路运输 (2)	运输工具名称及航次号 LONG MAY Y/19908	提运单号 COS718611 2076	
生产销售单位 (320594427 6) 91320944276234 37K 苏州美南纺织服装有限公司	监管方式 一般贸易 (0110)	征免性质 一般征税 (101)	许可证号	
合同协议号 MNSFCB07121	贸易国（地区） 加拿大 (CAN)	运抵国（地区） 加拿大 (CAN)	指运港 蒙特利尔	离境口岸 吴淞 310402
包装种类 (22) 纸质或纤维板制盒/箱	件数 201	毛重（千克） 3015.00	净重（千克） 2010.00	成交方式 CIF (1)	运费 1000.00 总价人民币 (CNY)	保费 3590.40 总价人民币 (CNY)	杂费
标记唛码及备注 FASHION FORCE MNSFCB07121 CTN NO. 1-201 MONTREAL MADE IN CHINA				
项号	商品编号	商品名称及规格型号	数量及单位	单价/总价/币制	原产国（地区）	最终目的国（地区）	境内货源地	征免
1	6204320090 (999)	女士全棉上衣	2550 [007] 件 2010 [035] 件	12.8美元 3264 (USD)	中国 (CHN)	加拿大 (CAN)	苏州其他 (32059)	照章征税
特殊关系确认：否		价格影响确认：否		支付特许权使用费确认：否			自报自缴 否	
报关人员	报关人员证号		电话	兹声明对以上内容承担如实申报、依法纳税之法律责任			海关批注及签章	
申报单位				申报单位（签章）				

任务七　办理保险

 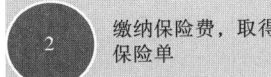

1. 缮制投保单，向保险公司投保
2. 缴纳保险费，取得保险单

办理保险需要填制、提供、核对或确认的单据有投保单、发票、装箱单、保险单（确认核对）等。

在以 CIF 或 CIP 条件成交的出口贸易中，出口商须向保险公司投保运输货物保险，运输中发生货物损坏或灭失可由保险人向货主予以补偿。运输货物保险应在货物装运前向保险公司投保，取得保险人签发的保险单，即保险单的签发日期应早于运输单据的签发日期。

【操作示范】

美南公司在办理货物报关的同时，向保险公司办理货物的投保手续。

（1）根据合同缮制投保单。

按 CIF 条件成交，保险由美南公司办理。因此，2025 年 3 月 16 日，美南公司按约定的保险险别和保险金额向保险公司投保。投保时应填制投保单，并随附商业发票办理投保手续。在实际业务中，一些和外贸公司长期合作的保险公司，有时只需外贸公司提供商业发票，甚至可以不填制投保单，直接凭商业发票出具保险单。

（2）缴纳保险费，获得保险单。

美南公司缴纳保险费（保险费＝保险金额×保险费率），并获得了保险公司出具的保险单（见表 13－10）。

表 13－10　　　　　　　　　货物运输保险单

中国人民保险公司苏州市分公司
The People's Insurance Company of China SUZHOU Branch
总公司设于北京　　　　　一九四九年创立
Head Office Beijing　　　Established in 1949
货物运输保险单
CARGO TRANSPORTATION INSURANCE POLICY
发票号（INVOICE NO.）MN112SF008　　保险单号（POLICY NO.）SZ29/GJ20250301 合同号（CONTRACT NO.）MNSFCB07121 信用证号（L/C NO.）84232110205 被保险人：苏州美南纺织服装有限公司 Insured：SUZHOU MAYNAN TEXTILE GARMENT CO.，LTD.

续表

中国人民保险公司（以下简称本公司）根据被保险人的要求，由被保险人向本公司缴付约定的保险费，按照本保险单承保险别和背面所载条款与下列特款承保下述货物运输保险，特立本保险单。

THIS POLICY OF INSURANCE WITNESSES THAT THE PEOPLE'S INSURANCE COMPANY OF CHINA (HEREINAFTER CALLED "THE COMPANY") AT THE REQUEST OF THE INSURED AND IN CONSIDERATION OF THE AGREED PREMIUM PAID TO THE COMPANY BY THE INSURED, UNDERTAKES TO INSURE THE UNDERMENTIONED GOODS IN TRANSPORTATION SUBJECT TO THE CONDITIONS OF THIS OF THIS POLICY AS PER THE CLAUSES PRINTED OVERLEAF AND OTHER SPECIL CLAUSES ATTACHED HEREON.

标　记 MARKS&NOS	包装及数量 QUANTITY	保险货物项目 DESCRIPTION OF GOODS	保险金额 AMOUNT INSURED
AS PER INVOICE NO. MN112SF008	201 CARTONS	LADIES COTTON BLAZER （100% COTTON，40SX20/140X60）	USD3 590.40

总保险金额

TOTAL AMOUNT：

U. S. DOLLAR THREE THOUSAND FIVE HUNDRED AND NINETY ONLY.

保费

PERMIUM：

起运日期

DATE OF COMMENCEMENT：AS PER B/L

装载运输工具

PER CONVEYANCE：BY SEA

自：　　　　　　经：　　　　　至：

FROM SHANGHAI VIA _____ TO MONTREAL

承保险别

CONDITIONS：

COVERING ALL RISKS, WAR RISKS AND STRIKE AS PER PICC CLAUSES.

所保货物，如发生保险单项下可能引起索赔的损失或损坏，应立即通知本公司下述代理人查勘。如有索赔，应向本公司提交保单正本（本保险单共有2份正本）及有关文件。如一份正本已用于索赔，其余正本自动失效。

IN THE EVENT OF LOSS OR DAMAGE WHICH MAY RESULT IN A CLAIM UNDER THIS POLICY, IMMEDIATE NOTICE MUST BE GIVEN TO THE COMPANY'S AGENT AS MENTIONED HEREUNDER. CLAIMS, IF ANY, ONE OF THE ORIGINAL POLICY WHICH HAS BEEN ISSUED IN TOGETHER WITH THE RELEVANT DOCUMENTS SHALL BE SURRENDERED TO THE COMPANY. IF ONE OF THE ORIGINAL POLICY HAS BEEN ACCOMPLISHED, THE OTHERS TO BE VOID.

赔款偿付地点 CLAIM PAYABLE AT CANADA 出单日期 ISSUING DATE MAR. 16, 2025	中国人民保险公司苏州市分公司 The People's Insurance Company of China SUZHOU Branch （保险公司负责人签名、保险公司盖保单专用章） Authorized Signature

任务八　装船出运

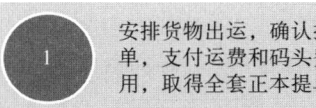 

1. 安排货物出运，确认提单，支付运费和码头费用，取得全套正本提单
2. 发送装船通知

海关放行货物后，出口商持经海关盖章的装箱单正本将货物运至船边或船公司指定的仓库或收货地点，船公司开始装船。货物装船时，船公司与出口商共同检查货物数量、包装等。若发现有包装不良现象，理货员将记载于理货单上。装船完毕，双方在理货单上签字，船上大副依据理货单内容签发大副收据，出口商凭此大副收据向船公司换取正式提单。

货物装船后，出口商应向进口商发出装运通知，如有可能，出口商可以附上相关单证的副本，以便进口商了解装船情况，做好付款和接货准备。装运通知一般包括船名、航次、开航日、装船数量与金额、船舶预计到达的时间等。

装船通知一般应采取电邮传真方式，发出的时间应在货物全部装上运输工具以后。在实际工作中，宁早毋迟，过迟则会影响买方接货、付款的准备工作。在此应特别注意，若贸易条件为进口商投保，如 CFR、FOB 等，出口商的装运通知应充分及时，否则因出口商怠于发出装运通知，从而使进口商不能按时投保，货物在运输途中发生的灭失或损坏的风险要由出口商承担。

此环节需要填制或确认的单据有提单（核对确认）、装船通知。

【操作示范】

美南公司完成货物的报关手续后，将货物装船。向货代公司支付运费和码头费用后，取得海运提单，并发送已装船通知。

（1）安排货物出运，确认提单、支付运费和码头费用，取得全套正本提单。

海关放行货物后，船公司开始装船。

3月19日，货物离港前，上海千讯传真海运提单给美南公司确认。

美南公司根据信用证和合同审核提单的主要内容确认提单。3月22日，美南公司的财务人员收到上海千讯寄来的海运费发票和港杂费发票。

2025年3月22日，付清运费和港杂费后，上海千讯作为承运人中国远洋运输（集团）公司下属的中远集装箱运输有限公司的代理，签发了COS7186112076号的海运提单（见表13-11）。

表 13-11　海运提单

1. Shipper (Name, Address and Phone) SUZHOU MAYNAN TEXTILE GARMENT CO., LTD. 219, HUAFENG ROAD, NEW DISTRICT, SUZHOU, P. R. CHINA	B/L No. COS7186112076
2. Consignee (Name, Address and Phone) TO THE ORDER OF BNP PARIBAS (CANADA)	　中远集装箱运输有限公司 COSCO CONTAINER LINES ORIGINAL Port – to – Port or Combined Transport BILL OF LADING
3. Notify Party (Name, Address and Phone) (It is agreed that no responsibility shall attach to the Carrier or his agents for failure to notify) STYLE FIT CO., LTD. P. O. BOX 0721 NEW TERMINAL, ALTA-VISTA, OTTAWA, CANADA	RECEIVED in external apparent good order and condition except as otherwise noted. The total number of packages or unites stuffed in the container, the description of the goods and the weights shown in this Bill of Lading are furnished by the Merchants, and which the carrier has no reasonable means of checking and is not a part of this Bill of Lading contract. The carrier has issued the number of Bills of Lading stated below, all of this tenor and date, one of the original Bills of Lading must be surrendered and endorsed or signed against the delivery of the shipment and hereupon any other original Bills of Lading shall be void. The Merchants agree to be bound by the terms and conditions of this Bill of Lading as if each had personally signed this Bill of Lading. SEE clause 4 on the back of this Bill of Lading (Terms continued on the back hereof, please read carefully). * Applicable Only When Document Used as a Combined Transport Bill of Lading.

4. Pre – carriage by	5. Place of Receipt
6. Ocean Vessel Voy. No. MAY FLY V. 19908	7. Port of Loading SHANGHAI
8. Port of Discharge MONTREAL	9. Place of Delivery MONTREAL

Marks & Nos. Container/Seal No.	No. of Containers or Packages	Description of Goods (If Dangerous Goods, See Clause 20)	Gross Weight (Kgs)	Measurement
STYLE FIT MNSFCB07121 CTN NO. MONTREAL MADE IN CHINA MSKU2612114/ 1681316 20	CARTONS	SHIPPER'S LOAD&COUNT&SEAL SAID TO CONTAINER ONLY SALES CONDITIONS: CIF MONTREAL/CANADA SALES CONTRACT NO.: MNSFCB07121 LADIES COTTON BLAZER (100% COTTON, 40SX20/140X60) STYLE NO.　PO NO.　QTY/PCS　USD/PC 46 – 301A　　10337　　2550　　12.80 1×20　GP　FCLS　CY – CY CLEAN ON BOARD FREIGHT PREPAID	3 015.00KGS	17.510 M^3

Description of Contents for Shipper's Use Only (Not part of This B/L Contract)

续表

10. Total Number of containers and/or packages (in words)						
Subject to Clause 7 Limitation SAY TWO HUNDRED AND ONE CARTONS ONLY						
11. Freight & Charges Declared Value Charge		Revenue Tons	Rate	Per	Prepaid	Collect
Ex. Rate：	Prepaid at	Payable at	Place and date of issue SHANGHAI PORT MAR. 20, 2025			
	Total Prepaid	No. of Original B (s) /L THREE	Signed for the Carrier COSCO CONTAINER LINES			

LADEN ON BOARD THE VESSEL（货运代理公司签字盖章）

DATE MAR. 20, 2025

上海千讯国际货运代理有限公司

2025 年 3 月 22 日

（2）发送已装船通知。

3 月 20 日，在确定货物安全离港后，美南公司传真已装船通知（见表 13-12）给 S.F. 公司。

注意事项：船公司签发的提单上栏目的填写也会参照订舱委托书中相应栏目的写法，因此，托运人、收货人、通知人这三栏的填写应该严格按照信用证提单条款的相应规定填写。

表 13-12   已装船通知

苏州美南纺织服装有限公司

SUZHOU MAYNAN TEXTILE GARMENT CO., LTD.

219, HUAFENG ROAD, NEW DISTRICT, SUZHOU, P. R. CHINA

TEL：0086-512-66397395 FAX：0086-512-66397391

SHIPPING ADVICE

MAR. 20, 2025

DEAR SIR,

WE ARE PLEASED TO INFORM YOUR ESTEEMED COMPANY THAT THE FOLLOWING MENTIONED GOODS WILL BE SHIPPED OUT ON THE 20th MARCH, FULL DETAILS WERE SHOWN AS FOLLOWS：

1. INVOICE：MN112SF008

2. BILL OF LADING NUMBER：COS7186112076

3. OCEAN VESSEL：MAY FLY V. 19908

4. PORT OF LOADING：SHANGHAI PORT

续表

5. DATE OF SHIPMENT：MAR. 20，2025
6. PORT OF DESTINATION：MONTREAL
7. ESTIMATED DATE OF ARRIVAL：APR. 25，2025
8. DESCRIPTION OF PACKAGES AND GOODS：
SALES CONDITIONS：CIF MONTREAL/CANADA
SALES CONTRACT NO. MNSFCB07121
LADIES COTTON BLAZER (100% COTTON, 40SX20/140X60)
STYLE NO.　　　　　PO NO.　　　　　QTY/PCS　　　　　USD/PC
46—301A　　　10337　　　2 550　　　12.80
9. MARKS AND NUMBER ON B/L：
STYLE FIT
MNSFCB07121
CTN NO.
MONTREAL
MADE IN CHINA
10. CONTAINER/SEAL NUMBER：MSKU2612114/1681316
11. L/C NUMBER：84232110205

（出口商签字，盖单据章）

SUZHOU MAYNAN TEXTILE GARMENT CO.，LTD.

任务九　办理结汇

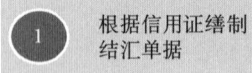 

出口结汇指外汇收款人将外汇卖给银行，银行按照外币的汇率支付等值的人民币。凡未有规定或未经核准可以保留现汇的经常项目项下的外汇收入必须办理结汇；凡未规定或核准结汇的资本项目项下的外汇收入不得办理结汇。

此环节需要填制、提供的单据有汇票、发票、提单、保险单据、装箱单、产地证、托收申请、受益人证明等。

知识点1：出口结汇的方式

1. 收妥结汇又称先收后付，指议付行收到出口公司的出口单据后，经审查无误，将单据寄交国外付款行索取货款，待收到付款行将货款拨入议付行账户的通知书时，即按当时外汇牌价折成人民币拨给出口公司。目前，我国银行一般采用收妥结汇方式，尤其是对可以电报索汇的信用证业务。因为在电汇索汇时，收汇较快，一般都短于规定的押汇时间。

2. 定期结汇指议付行根据向国外付款行索偿所需时间，预先确定一个固定的结汇期限（7—14天），到期后主动将票款金额折成人民币拨交出口企业。

3. 出口押汇又称买单结汇或议付，指议付行在审单无误的情况下，按信用证条款买入受益人（出口公司）的汇票和单据，从票面金额中扣除从议付日到估计收到票款之日的利息，将余款按议付日牌价，折成人民币拨给出口公司。议付行向受益人垫付资金，买入跟单汇票后，即成为汇票持有人，可凭票向付款行索取票款。银行同意做出口押汇，是为了对出口公司提供资金融通，有利于出口公司的资金周转。

在出口押汇方式下，出口地银行买入跟单汇票后，面临开证行自身的原因或单据的挑剔而拒付的风险。因此，目前我国银行只对符合以下条件的出口信用证业务做押汇。

（1）开证行资信良好；
（2）单证相符的单据；
（3）可由议付行执行议付、付款或承兑的信用证；
（4）开证行不属于外汇短缺或有严重政治、经济危机的国家和地区。

知识点2：结汇单据

1. 缮制结汇单据的要求。缮制单据必须符合国际贸易惯例和有关法律法规的规定以及进出口双方的实际需要。其基本要求是正确、完整、及时、简洁和严谨。要做到以下三点。

（1）单证一致。银行在处理信用证业务时，应坚持严格相符的原则，卖方提供的单据，即使一字之差，也可以成为银行及其委托人拒绝付款的理由。

（2）单单一致。国际商会《UCP600》规定：单据之间表面上互不一致者，将被认为表面上不符信用证条款。例如：货运单据上的运输标志如与装箱单上的运输标志存在差异，银行就可拒绝付款，尽管信用证上并没有规定具体的运输标志。

（3）单货一致。单据必须真实地反映货物情况，如果单据上的品质、规格、数量与合同、信用证完全相符，而实际发运的货物以次充好或以假乱真，这就有悖于"重合同、守信用"的基本商业准则。尽管在信用证业务中只要单证相符、单单相符，银行就应付款。但如果所装货物不符合同条款要求，买方在收货检验后仍然有权根据合同向卖方索赔和追偿损失。

另外，处理的单据必须要与有关惯例和法规规定相符合，不要与《UCP600》的规定相抵触。

2. 出现单证不符的处理。在出口业务中，由于种种原因造成单据不符，即单据存在不符点，而受益人又因时间条件的限制，无法在规定期限内更正，则有下列处理方法。

（1）凭保议付。受益人出具保证书承认单据瑕疵，声明如开证行拒付，由受益人偿还议付行所垫付款项和费用，同时电请开证人授权开证行付款。

（2）表提。议付行把不符点开列在寄单函上，征求开证行意见，由开证行接洽申请人是否同意付款。接到肯定答复后，议付行即行议付。如果申请人不予接受，开证行退单，议付行照样退单给受益人。

（3）电提。议付行暂不向开证行寄单，而是用电传和传真通知开证行单据不符点。如果开证行同意付款，再行议付并寄单，若不同意，受益人可及早收回单据，设法改正。

（4）有证托收。单据有严重不符点，或信用证有效期已过，已无法利用手上的信用证，只能委托银行在向开证行寄单函中注明"信用证项下单据作托收处理"，作为区别，称为"有证托收"。而一般的托收，则称为"无证托收"。由于申请人已因单证不符而不同意接受，因此"有证托收"往往遭到拒付，实是一种不得已而为之的方式。

3. 主要的结汇单据。

（1）汇票。出口贸易中通常使用的是跟单汇票。

（2）商业发票，是各种单据的中心单据，是出口人必须提供的主要的单据之一。发票并无统一格式，但其内容大致相同。发票内容必须符合买卖合同规定。在采用信用证支付方式时，还应与信用证的规定严格相符，不能有丝毫差异。发票的份数较多，一般正本不少于四份。其中两份随同提单等其他单据交银行议付或托收，另外两份则连同提单副本径寄进口商，以便对方做好付款赎单和收货准备。此外，还需准备副本多份，除供出口企业本身留底备查以及在出口地报关时使用外，进口商或中间商也常要求增加提供份数，以供其记账、存查等所需。

（3）运输单据，随不同的运输方式而各异。海运提单可以由出口企业或委托运输代理制作，在货物装船后由轮船公司签署后交出口企业。

（4）保险单据。当出口人办妥投保手续后，保险公司即根据投保人提供的投保单缮制保险单。《UCP600》第28条规定：暂保单将不被接受。可以接受保险单代预约保险项下的保险证明书或声明书。保险单据可以援引任何除外条款。保险单据可以注明受免赔率或免赔额（减除额）约束。

（5）包装单据，指一切记载或描述商品包装情况的单据，也是商业发票的补充单据。不同商品有不同的包装单据,常用的有装箱单(packing list; packing slip)、重量单(weight list; weight note)和尺码单(measurement list)等。

(6) 产地证明书(Certificate of Origin)是一种证明货物原产地或制造地的文件,也是进口国海关核定进口货物应征税率的依据。产地证明书的种类如下。

①普通产地证,又称原产地证,它是证明中国出口货物符合《中华人民共和国货物原产地规则》,确系中华人民共和国原产地的证明文件。这种文件是进口国海关对该进口货物按何种税率征收进口税的依据。可分为:出口商自己出具的产地证、生产厂商出具的产地证、中国海关签发的产地证明书和中国国际贸易促进委员会签发的产地证明书。在实际业务中,应根据买卖合同或信用证规定,提交相应的产地证。

②普惠制产地证(Generalised System of Preference certificate of origin)是普惠制的主要单据。凡是对给予我国以普惠制关税优惠待遇的国家出口的受惠商品,须提供这种产地证,作为进口国海关减免关税的依据。其书面格式名称为"格式 A"(Form A)。但对新西兰除使用格式 A 外,还须提供格式 59A 证书(Form59A)。对澳大利亚不用任何格式的产地证,只需在商业发票上加注有关声明文句即可。

③自由贸易协定下的原产地证明书。比如:《亚太贸易协定》优惠原产地证书、《中国—东盟自由贸易区》优惠原产地证(FORME)、《中国—巴基斯坦自贸区》原产地证书、《中国—智利自由贸易区》原产地证书(FORMF)。

(7) 检验证书是检验机构对进出口商品进行检验、鉴定,用来证明出口商品的品质、数量、重量、卫生等条件的证书。一般由海关出具,如果合同或信用证未作特别规定,也可以由出口企业或生产企业出具。检验证书包括品质检验证书、重量检验证书、数量检验证书、兽医检验证书、卫生检验证书、价值检验证书和残损检验证书等。

(8) 海关发票(Customs Invoice)是按非洲、美洲和大洋洲等某些国家海关规定的格式,由出口商填制,供进口商凭以向进口国海关报关时用的一种特别的发票。其主要作用是作为海关估价定税、征收差别关税或反倾销税的依据,也供编制统计资料使用。

(9) 受益人证明:

①寄单证明(beneficiary's certificate for despatch of documents)。

②寄船样证明(beneficiary's certificate for despatch of shipment samples)

③装运通知副本(copy of shipping advice)。

④邮局收据(post receipt)或快递收据(courier receipt)。该单据须由受益人在以邮寄或快递方式对外寄出样品或单据时,向邮局或快递机构索取。

⑤有关运输方面的证明,如船籍或航程证明、船龄证明、船级证明等,受益人应向轮船公司或其代理索取。

前三种单据,均由出口人自己缮制,并无固定格式。

【操作示范】

3月22日，美南公司将海运提单复印件、商业发票、装箱单、加拿大海关发票、普惠制原产地证用 FedEx 寄给 S.F. 公司供其作进口清关用，同时准备缮制议付单据。

（1）缮制各种单据。

本信用证项下议付单据包括：汇票（有的信用证中不要求汇票）、商业发票、装箱单、提单、保险单、原产地证明（普惠制原产地证）、受益人声明（见表13-13、表13-14）。

表13-13　　　　　　　　　　　　　汇票

BILL OF EXCHANGE

凭 Drawn Under	BNP PARIBAS (CANADA) MONTREAL		不可撤销信用证 Irrevocable L/C No.	84232110205
日期 Date	Jan. 29, 2025	支取 Payable With interest		付款
号码 No.	MN112SF008	汇票金额 Exchange for	USD32 640.00	江苏 Jiangsu	
	见票 at		日后（本汇票之副本未付）付交 sight of this FIRST of Exchange (Second of Exchange Being unpaid)	
	Pay to the order of		SUZHOU MAYNAN TEXTILE GARMENT CO., LTD.	
金额 the sum of	USD THIRTY TWO THOUSAND SIX HUNDRED AND FORTY ONLY.			
此致 To	STYLE FIT CO., LTD.			

SUZHOU MAYNAN TEXTILE GARMENT CO., LTD.

（出口商签字盖章）

表13-14　　　　　　　　　　　　受益人证明

苏州美南纺织服装有限公司
SUZHOU MAYNAN TEXTILE GARMENT CO., LTD.
219, HUAFENG ROAD, NEW DISTRICT, SUZHOU, P. R. CHINA
TEL: 0086-512-66397395　FAX: 0086-512-66397391
CERTIFICATE

To: STYLE FIT CO., LTD.　　　Invoice No.: MN112SF008
P. O. BOX 0721 NEW TERMINAL,
ALTA VISTA, OTTAWA, CANADA
Date: Mar. 20, 2025

　　WE CERTIFY HEREBY THAT ORIGINAL CERTIFICATE OF ORIGIN FORM A, ORIGINAL EXPORT LICENCE, COPY OF COMMERCIAL INVOICE, DETAILED PACKING LISTS AND A COPY OF BILL OF LADING WERE SENT DIRECT TO APPLICANT BY COURIER WITHIN 5 DAYS AFTER SHIPMENT. THE RELATIVE COURIER RECEIPT IS ALSO REQUIRED FOR PRESENTATION.

（2）交单议付。

根据信用证的规定，美南公司备齐了全套议付单据（3/3海运提单正本、商业发票、装箱单、普惠制原产地证、受益人证明、汇票、客检证、货物运输保险单），于4月2日向议付银行——中国银行江苏省分行交单议付。

3月27日，美南公司收到服装厂寄来的增值税发票和出口专用缴款书。

议付单据交单后，3月30日，美南公司财务人员向服装厂支付货款，并和上海千迅结清海运费、港杂费等费用。

任务十　办理业务善后

当出口方向议付行或向开证行提交整套单据后，业务就进入了善后阶段。开证行会对出口方所提交的单据进行审核，如果没有提出异议，说明出口方已得到开证行的付款保证。进口方在目的港接受货物后，本笔交易就可视为顺利完成。

货物报关出口并在财务上做销售核算后，出口商即可凭有关凭证报送所在地国家税务总局（以下简称"税务机关"）批准退还或免征其增值税、消费税。

【操作示范】

（1）撰写业务善后函。

外贸业务员给S.F.公司的业务代表Sherry电邮了一封善后函（见表13-15），表达谢意及继续合作的意愿。

表13-15　　　　　　　　　　　善后函

Dear Sherry,

We are very glad to have received USD32640.00 against L/C No. 84232110205 under contract No. MNSFCB07121. You can be sure that the goods shipped will meet your needs just well. Needless to say, with the development of our trade relations, there will be more and topics of interest to be discussed between us. We are expecting your advice.

Since you might be aware of the new development in our product range, we are airmailing to you a copy of our latest illustrated price list. If any item interests you, please let us know.

Look forward to your favorable reply.

（2）办理出口核销。

2025年4月23日，美南公司收到银行的收汇水单，开证行已如数付款，美南公司顺利收汇。美南公司是A类企业，且在出口货物后90天内收款，不需要在货物贸易外汇监测系统中操作。

（3）办理出口退税。

2025年4月25日，美南公司的财务办税人员登录出口退税申报系统，查询、导入和检查报关单信息、出口收汇信息、发票信息等，录入和确认出口额、收汇额、申报退税额、总进货金额、增值税税额、消费税税额、总进货税额等关键信息，申报退税。

2025年5月7日，财务办税人员查询系统，申报的资料已通过。5月29日，财务人员到银行查询，查到申报退税额已足额退回。

至此，该笔业务顺利结束。

阅读·思考·练习

一、阅读下列信用证条款，判断是否属于"软条款"

1. "ORIGINAL CERTIFICATIE OF APPROVAL OF THE FINAL PRODUCTS ISSUED PRIOR TO SHIPMENT CONFIRMING THAT THE FINAL PRODUCTS HAVE MET ALL SPECIFICATIONS AS REQUIRED BY THE L/C APPLICANT AND IS ACCEPTABLE TO THE L/C APPLICANT. CERTIFICATE OF APPROVAL TO BE MANUALLY SIGNED AND STAMPED BY ALL L/C APPLICANT（WHOSE SIGNATURES AND STA－MP OR CHOP MUST BE AS PER THE L/C ISSUING BANK MANDATE.）"

2. "DOCUMENTS（VALUE NOT MORE THAN USD 300 000 OR EQUIVALENT）INCASE PRESENTED DIRECTLY TO THE ISSUING BANK SHOULD BE ACCOMPANIED BY THE PRESENTATION OF ORIGINAL ADVISED LC."

3. "SHIPPING COMPANY AT PORT OF DESTINATION MAY ALSO BE INFORMED TO ISSUE DELIVERY ORDER AGAINST SHIPPING GUARANTEE IN CASE ORIGINAL DOCUMENTS AT BANK ARE NOT RECEIVED IN TIME."

4. "FULL SET OF 'SHIPPED ON BOARD' OCEAN BILL OF LADING DRAWN OR ENDORSED TO THE ORDER OF ISSUING BANK SHOWING 'FREIGHT PREPAID AND MARKED NOTIFY OPENER."

5. "ONE SET OF ORIGINAL SHIPPING DOCUMENTS（BILL OF LADING, COMMERCIAL INVOICE, PACKING LIST AND CERTIFICATE OF ORIGIN）SHOULD BE FORWARDED

WITHIN 7 DAYS AFTER SHIPMENT TO APPLICANT AND A CERTIFICATE PRESENTED TO THAT EFFECT. "

6. "IT IS A CONDITION OF THIS LETTER OF CREDIT THAT THE ISSUING BANK MAY REDUCE THE AMOUNT OF THE BENEFICIARY'S PROCEEDS IN ACCORDANCE WITH INSTRUCTIONS PROVIDE BY ××× SHOPPING NETWORK FOR SHIPMENTS NOT RELATED TH THIS LETTER OF CREDIT AND/OR RELATED TO INSPECTION MADE OUTSIDE THE UNITED STATES. "

7. "FULL INSTRUCTIONS OF OUR DOCUMENTARY REQUIREMENTS WILL FOLLOW. DOCUMENTS MAY BE SUBMITTED ONLY AFTER YOUR RECEIPT OF FULL INSTRUCTIONS OF OUR DOCUMENTARY REQUIREMENTS. "

二、调查与练习

1. 近年来我国主要出口的商品有哪些？选择一类商品分析我国大量出口的原因。

2. 从上述出口商品中选择一项具体产品，通过网络寻找一个采购商，设计并描述该产品的一个完整出口业务流程。

单元十四　履行进口合同

【单元导学单】

学习目标

素质目标：培养诚实守信、互利共赢的职业理念；培养细致认真、锲而不舍工匠精神。

知识目标：了解进口业务中所需的各类单证；熟悉进口业务操作基本流程；掌握信用证开证申请书的填写要点。

能力目标：能够根据进口合同要求填写汇款申请书和开证申请书；能够根据进口合同审核箱单、发票、海运提单、产地证。

重难点

重点：信用证开证申请书的填写要点；进口箱单、发票、海运提单、产地证等单据审核。

难点：信用证开证申请书的填写要点；进口箱单、发票、海运提单、产地证等单据审核。

【知识结构图】

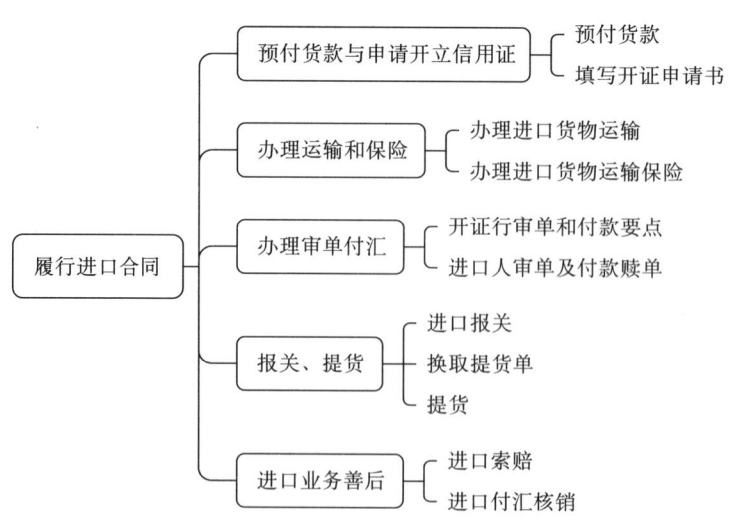

【导入案例】

一笔 FOB 条件、T/T 预付与 L/C 结合付款的进口合同履行

2024 年 9 月 28 日,青岛运豪经济发展有限公司(以下简称"青岛运豪")的业务员张丽与永盛(香港)国际有限公司(以下简称"香港永盛")签订了一份棉纱进口合同(见表 14 – 1)。合同规定:合同签订后 15 日内预付 20% 货款,其余 80% 货款采用即期不可撤销议付信用证方式结算。

表 14 – 1　　　　　　　　　　　进口合同

	YONGSHENG (HK) INTERNATIONAL CO., LTD.
	RM1616, 16F, TOWER 2, LIPPO CENTRE
	NO. 89 QUEENSWAY, ADMIRALTY, HK.
	TEL 852 – 27765228　　FAX 852 – 29949699
	SALES CONTRACT
DATE	SEP. 28TH, 2024
CONTRACT NO.	MS – 1042
THE BUYER	QINGDAO YUNHAO ECONOMICAL DEVELOPMENT CO., LTD.
	ROOM 1102, KAIXUAN GARDEN NO. 1 XIANXIALING ROAD, QINGDAO CHINA
	TEL:0086 – 532 – 88966366　　FAX:0086 – 532 – 88966355
NAME OF COMMODITY	100% COTTON YARN NE 16/1 CARDED WEAVEN FOR TOWEL (FIVE STAR BRAND)
ORIGIN	TURKMENISTAN
QUANTITY	17 415.20 KGS (1 × 40 FT HC)
PACKING	STANDARD EXPORT PACKING
UINT PRICE	AT USD 2.87 PER KG FOB MERSIN, TURKEY
TOTAL AMOUNT	USD49 981.62
TIME OF SHIPMENT	NOT LATER THAN NOV. 30, 2024
PORT OF SHIPMENT	MERSIN, TURKEY
PORT OF DESTINATION	QINGDAO, CHINA
PARTIAL SHIPMENT	NOT ALLOWED
TRANSSHIPMENT	NOT ALLOWED
INSURANCE	TO BE COVERED BY THE SELLER FOR 110% OF INVOICE VALUE AGAINST ALL RISKS AND WAR RISKS CLAIM PAYABLE IN CHINA IN CURRENCY OF THE DRAFT.

续表

TERMS OF PAYMENT	20% By T/T WITHIN 15 DAYS AFTER SIGNING THE CONTRACT, OTHERS BY IRREVOCABLE SIGHT L/C REMAINING VALID FOR NEGOTIATION IN HONG KONG FOR 15 DAYS AFTER THE DATE OF SHIPMENT.
BANK DETAILS	BENEFICIARY'S BANK: AGRICULTURAL BANK OF CHINA HONG KONG BRANCH
USD A/C NO.	150241411
BENEFICIARY'S NAME	YONGSHENG (HK) INTERNATIONAL CO., LTD.
SWIFT CODE	ABOCHKHH
BANK ADDRESS	25/FLOOR AGRICULTURAL BANK OF CHINA TOWER, 50 CONNAUGHT ROAD CENTRAL, HONG KONG TEL NO. 2861 8000
BUYER	QINGDAO YUNHAO ECONOMICAL DEVELOPMENT CO., LTD.
SELLER	signed on behalf of YONGSHENG (HK) INTERNATIONAL CO., LIMITED 永盛(香港)国际有限公司 Authorized Signature(s)

思考：该笔进口交易的流程包括哪些？

任务一　了解进口业务操作流程

知识点：进口业务基本操作流程

合同履行中买方的基本义务是按照合同的规定支付价款、收取货物。

我国进口业务中，多采用 FOB 贸易术语、T/T 及信用证支付方式。按此方式达成的进口合同，其履行环节包括对外预付货款、开立信用证、办理进口运输和保险、审核进口单据、对外付款、进口报关、进口报验、提货以及处理索赔、业务善后等。

任务二　预付货款与申请开立信用证

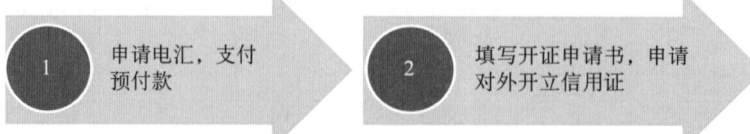

知识点1：预付货款

预付货款的要点是填写境外汇款申请书。境外汇款申请书一般至少有两联：一联为申请书正本，作为付款凭证；另一联为汇款回执或汇款收据，银行受理汇款后，退给汇款人做收条或会计凭证。在电汇、信汇和票汇三种汇款方式下，汇款人填写汇款申请书时，除汇款种类选择不同外，其他填写的内容都一样。

知识点2：填写开证申请书

开证申请书是银行开具信用证的依据，是开证申请人与开证行之间的有关开立信用证的权利与义务的契约。开证申请书通常一式三份（银行结算部门留存一份，银行信贷部门留存一份，开证申请人留存一份），由银行专门印发，在填写时必须按合同条款的具体规定，写明对信用证的各项要求。银行在开立信用证时，除开证申请书外，还会要求开证申请人提供其他相关资料。如首次到银行办理进口开证手续的企业应提交：营业执照副本、企业有权从事外贸经营活动的文件原件、法人代表授权书、被授权人的签样、外汇局备案表等。有长期业务的不用提交上述资料，只提交进口合同、购汇/用汇申请书（如果需要的话）、代理合同（如果有的话）、进口许可证（如果需要的话）等。

在向银行递交开证资料的同时，还须按照事先约定的金额向银行支付开证保证金，其比例为开证金额的0—100%不等，该比例主要取决于开证申请人的信用。还要支付一定金额的开证手续费，通常为开证金额的1.5%。

开证行根据开证申请书将信用证开立出来以后，让开证申请人确认所开信用证是否有误。如果没有问题，开证申请人加盖预留印鉴章并传真给开证行，确认开证无误。

【操作示范】

（1）申请电汇，支付预付款。

2024年10月12日，青岛运豪业务员张丽根据进出口合同资料填写境外汇款申请书（见表14-2），提交合同副本等相关资料，向中国银行山东省分行办理预付货款手续。其他业务资料：

企业人民币账号：110906805010104

对公组织机构代码：76362362-8

收款人常驻国家（地区）名称及代码：HONG KONG 344

交易编码及交易附言：101010　GENERAL TRADE

表 14-2　　　　　　　　　　　　境外汇款申请书

APPLICATION FOR FUNDS TRANSFERS (OVERSEAS)

TO: BANK OF CHINA, SHANDONG BRANCH　　DATE: OCT. 12, 2024

□√ 电汇 T/T　　□ 票汇 D/D　　□ 信汇 M/T	发报等级 Priority	□√ 电汇 Normal　　□ 电汇 Urgent
申报号码 BOP Reporting No.	□□□□□ □□ □□□□□□ □□□□	

20　银行业务编号 Bank Transaction Ref. No.		收电行/付款行 Receiver/Drawn on	
32A　汇款币种及金额 Currency & Inter-bank Settlement Amount	USD9 996.32	金额大写 Amount in Words	U. S. DOLLARS NINE THOUSAND NINE HUNDRED AND NINTY SIX POINT THREE TWO ONLY

其中	现汇金额 Amount FX		账号 Account No.	
	购汇金额 Amount of Purchase	USD9 996.32	账号 Account No.	110906805010104
	其他金额 Amount of Others		账号 Account No.	

50A　汇款人名称及地址 Remitter's Name & Address	QINGDAO YUNHAO ECONOMICAL DEVELOPMENT CO., LTD. ROOM 1102, KAIXUAN GARDEN NO. 1 XIANXIALING ROAD, QINGDAO CHINA

□√ 对公组织机构代码 Unit Code 76362362 - 8	□ 对私	□ 个人身份证号码 Individual ID No. □ 中国居民个人 Resident Individual □ 中国非居民个人 Non-Resident Individual

54/56a　收款银行之代理行名称及地址 Correspondent of Beneficiary's Banker Name & Address	

57a　收款人开户银行名称及地址 Beneficiary's Bank Name & Address	收款人开户银行在其代理行账号 Beneficiary's Bank Account No. AGRICULTURAL BANK OF CHINA HONG KONG BRANCH 25/FLOOR AGRICULTURAL BANK OF CHINA TOWER, 50 CONNAUGHT ROAD CENTRAL, HONG KONG

59a　收款人名称及地址 Beneficiary's Name & Address	收款人账号 Beneficiary's Account No.　0150241411 YONGSHENG (HK) INTERNATIONAL CO., LTD.

70　汇款附言 Remittance Information	只限 140 个字位 Not Exceeding 140 Characters MS - 1042　20%	71A　国内外费用承担 All Bank's Charges if Any Are to Be Bone By □√ 汇款人 OUR　□ 收款人 BEN　□ 共同 SHA

续表

收款人常驻国家（地区）名称及代码 Beneficiary Resident Country/Region Name & Code			HONGKONG			
344						

请选择：☑预付货款 Advance Payment ☐货到付款 Payment against Delivery ☐退款 Refund ☐其他 Others

交易编码 BOP Transaction Code	101010 ☐☐☐☐☐☐	相应币种及金额 Currency & Amount	USD9 996.32	交易附言 Transaction Remark	GENERAL TRADE
是否为进口核销项下付款		☑是☐否	合同号 MS–1042	发票号	YS–1420/12
外汇局批件/备案表号			报关单经营单位代码	☐☐☐☐☐☐☐☐☐	
报关单号			报关单币种及总金额		本次核注金额
银行专用栏 For Bank Use Only		申请人签章 Applicant's Signature		银行签章 Bank's Signature	
购汇汇率 Rate @		请按照贵行背页所列条款代办以上汇款并进行申报 Please effect the upwards remittance subject to the conditions overleaf		核准人签字 Authorized Person	
等值人民币 RMB Equivalent					
手续费 Commission				日期 Date	
电报费 Cable Charges		申请人姓名 张丽 Name of Applicant 电话 13573828999 Phone No.			
合计 Total Charges					
支付费用方式	☐现金 by Cash ☐支票 by Check ☐账户 from Account				
核印 Sig. Ver		经办 Maker		复核 Checker	

（2）申请开立信用证。

2024年10月12日，张丽根据合同资料填写开证申请书（见表14-3），在背面的开证承诺书上签字、盖章，提交包括合同副本等相关资料，向中国银行山东省分行提出开证申请，并支付给开证行20%金额的开证保证金和1.5%的开证手续费。

2024年10月15日，中国银行山东省分行将信用证开立出来以后，将客户确认开证通知书传真给青岛运豪，业务员张丽审核无误后加盖公司印章并回传给中国银行山东省分行。

表 14-3　　　　　　　　　　　　　信用证开证申请书

IRREVOCABLE DOCUMENTARY CREDIT APPLICATION

To: BANK OF CHINA SHANDONG BRANCH　Date　OCT. 12, 2024

Please issue by SWIFT an Irrevocable Letter of Credit as follows:

Advising Bank (if blank, at your option)	Credit No. Expiry Date and Place DEC. 15, 2024 IN BENEFICIARY'S COUNTRY
Applicant (full name & detailed address) QINGDAO YUNHAO ECONOMICAL DEVELOPMENT CO., LTD. ROOM 1102, KAIXUAN GARDEN NO. 1 XIANXIALING ROAD, QINGDAO CHINA	Beneficiary (with full name and address) YONGSHENG (HK) INTERNATIONAL CO., LTD. RM1616, 16F, TOWER 2, LIPPO CENTRE NO. 89 QUEENSWAY, ADMIRALTY, HK.
Amount (in figures & words) USD399, 85. 30 U. S. DOLLARS THIRTY NINE THOUSAND NINE HUNDRED AND EIGHTY FIVE POINT THREE ZERO ONLY	Credit available with (×) any bank　( ) issuing bank By ( ) sight payment (×) negotiation ( ) deferred payment ( ) acceptance Draft at　SIGHT for　80　% of invoice value Drawn on　ISSUING BANK
Partial shipments　　Transshipment ( ) allowed　　　( ) allowed (×) not allowed　(×) not allowed (×) FOB　( ) CFR　( ) CIF ( ) or other terms	

Loading on board /dispatch/taking in charge at/ from　　MERSIN, TURKEY

For transportation to　　QINGDAO CHINA

Latest shipment date　　NOV. 30, 2024

Documents required: (marked with "×"):

(×) Signed Commercial Invoice in　3　copies indicating L/C No. and Contract No. (Photo copy and carbon copy not acceptable as original)

(×) Full set (included　3　original and　3　non–negotiable copies) of clean on board Ocean Bill of Lading made out to order and blank endorsed, marked "freight　COLLECTED　" and notifying　APPLICANT　.

( ) Air Waybills consigned to applicant marked "freight　　" and notifying　　.

( ) Full set (included　　original and　　non–negotiable copies) of Insurance Policy / Certificate for　　% of the invoice value, blank endorsed, showing claims payable in China in the currency of the draft, covering ( ) ocean marine transportation ( ) air transportation ( ) overland transportation All risks and War risks and　　　.

(×) Packing List / Weight Memo in　3　copies indicating quantity, gross and net weight of each package.

续表

（×）Certificate of Quantity/Weight in 3 copies issued by beneficiary indicating the actual surveyed quantity/weight of shipped goods.

（×）Certificate of Quality in 3 copies issued by beneficiary.

（ ）Beneficiary's Certified copy of fax / telex dispatched to the applicant within day（s）after shipment advising（ ）L/C No.，（ ）name of vessel，（ ）flight No.，（ ）shipping date，（ ）name of goods，（ ）quantity，（ ）weight and value of goods.

（ ）Beneficiary's Certificate certifying that extra copies of documents have been dispatched according to the contract terms.

（ ）Shipping Co's Certificate attesting that the carrying vessel is chartered or booked by applicant or their shipping agents.

（ ）Other documents, if any
CERTIFICATE OF ORIGIN ISSUED AND SIGNED BY ANY THE OFFICIAL AUTHORITY IN 1 ORIGINAL AND 1 COPY INDICATING CONSIGNEE AND HS CODE NO.

Description of goods or services：
100% COTTON YARN NE 16/1 CARDED WEAVEN FOR TOWEL（FIVE STAR BRAND）
UINT PRICE：AT USD 2.87 PER KG FOB MERSIN, TURKEY
QUANTITY：17 415.20KGS
PACKING：STANDARD EXPORT PACKING

Additional instructions：

（×）All banking charges outside the Issuing Bank are for account of Beneficiary.

（×）Documents must be presented within 15 days after date of issuance of the transport document but within the validity of the credit.

（×）Third party as shipper is not acceptable. Short Form/Blank Back B/L is not acceptable.

（×）Both quantity and Credit amount 10 % more or less are allowed.

（ ）Prepaid freight drawn in excess of L/C amount is acceptable against presentation of original charges voucher issued by Shipping Co. Air Line/or it's agent.

（ ）All documents to be forwarded in one cover, unless otherwise stated above.

（×）Other terms and conditions, if any
ALL GOODS WHICH ARE SENT IN ONE DELIVERY DATE MUST BE INDICATED IN ONE B/L.

Account No.：
with ____ （name of bank）
Transacted by：
Telephone No.：（Applicant：name, signature of authorized person）
（with seal）

任务三 办理运输和保险

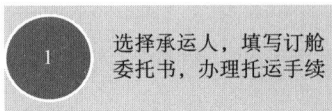

知识点1：办理进口货物运输

1. 向承运人咨询运价、船期等，选择适当的承运人。
2. 进口商向选定的承运人提出订舱申请，支付海运运费。
3. 进口商在订舱完成后，向出口商发出FOB货载订舱指令，通知进口商货物订舱情况。
4. 承运人向其在出口国装货港的代理告知有关订舱情况及出口商的详细资料。
5. 承运人的代理与出口商联系，将出口商备货情况反馈给承运人，承运人再反馈给进口商。
6. 出口商完成交货后，向进口商发出装船通知。

进口商在出口商备货全过程中，应与承运人或其代理保持联系，及时掌握货运动态，解决突发事件。

知识点2：办理进口货物运输保险

1. 预约保险。在进口货物未装运前，进口商与保险公司签订进口货物预约保险合同，进口商在确定货物起运日期时，将船名、开航日期及航线、货物品名及数量、保险金额等项内容及时通知保险公司，即视为向保险公司办理了投保手续，保险公司就应负自动承保责任。
2. 逐笔保险。进口商在拟定航次船舶到达装运港刚完成装货前，向保险公司申请投保，填写投保单；保险公司人员审核投保单后缮制保险单；保险公司对该笔业务核保，收取保险费，并向进口商发放保险单。

【操作示范】

本合同规定装运期限为NOT LATER THAN NOV. 30, 2024, 在11月30日之前买方将舱位定好。因采用FOB贸易术语，故由买方办理货运保险并缴纳保险费。

（1）比较货代公司询价，确定货代公司并填写订舱委托书，办理托运手续。

张丽在询价比较后，委托青岛环球国际货运代理有限公司代为订舱。船名为

BALBOA,航次为286。2024年10月29日,张丽填制订舱委托书(见表14-4),并加盖公章,交给青岛环球国际货运代理有限公司。张丽在接到货代公司的配载回单之后,制作货载订舱指令,并向永盛(香港)国际有限公司发出货物订舱指令(见表14-5)。

表14-4　　　　　　　　　　　订舱委托书

Shipper：　　　　　　　　　　　　　OCT. 29, 2024
YONGSHENG (HK) INTERNATIONAL CO., LTD.
RM1616, 16F, TOWER 2, LIPPO CENTRE, NO. 89 QUEENSWAY, ADMIRALTY, HK.
Consignee：
TO ORDER
Notify Party：
QINGDAO YUNHAO ECONOMICAL DEVELOPMENT CO., LTD.
ROOM 1102, KAIXUAN GARDEN NO. 1 XIANXIALING ROAD, QINGDAO CHINA
Pre-carriage by：　　　　　　　Place of Receipt：
Ocean Vessel：　Voy. No.　　　Port of Loading：
BALBOA　　　　286　　　　　MERSIN, TURKEY
Port of Discharge：　Port of Delivery：　Final Destination for the Merchant's Reference：
QINGDAO, CHINA

Seal No. Marks & Nos.	No. of cntrs. or Packages	Kind of Packages, Description of Goods	Gross Weight	Measurement
1×40'HC	45SACKS	100% COTTON YARN NE 16/1 CARDED WEAVEN FOR TOWEL (FIVE STAR BRAND) FREIGHT COLLECTED	17 460.20 KGS	
TOTAL NO. OF CONTAINERS OR PACKAGES (IN WORDS)		SAY FORTY FIVE SACKS ONLY		
Container No.	Seal No. Pkgs.	Container No.	Seal No.	Pkgs.

FREIGHT &CHARGES	Prepaid at：	Payable at QINGDAO, CHINA	Place and date of Issue： MERSIN, TURKEY NOV. 10, 2024
	Total prepaid	No. of Original B (s) /L THREE	BOOK APPROVED BY：

表 14-5	货物订舱指令

DEAR SIRS,

WE ARE PLEASED TO INFORM YOU THAT WE HAVE BOOKED SPACE ACCORDING TO CONTRACT NO. MS – 1042 COVERING 100% COTTON YARN NE 16/1 CARDED WEAVEN FOR TOWEL (FIVE STAR BRAND), ESTIMATED TIME OF DEPARTURE FROM MERSIN, TURKEY ON NOV. 10, 2024 VIA BALBOA V. 286, THE CARRIER IS APL.

FORWARDER AGENCY IN MERSIN, TURKEY:
MERSIN WORLDWILD INTERNATIONAL FREIGHT FORWARDING CO., LTD.
ADDRESS: 152 – 33 MERSIN, TURKEY
CONTRACT PERSON: JOHN
TEL: 0090 – 24 – 4571230
FAX: 0090 – 24 – 4571233
PROPER ARRANGEMENTS OF SHIPMENT WILL BE APPRECIATED.
BEST REGARDS,
ZHANG LI

（2）与保险公司签订预约保险合同，办理货物保险。

青岛运豪接到青岛环球国际货运代理有限公司发出的装船通知，然后转发给中国人民保险公司山东分公司。保险公司根据进口货物运输预约保险合同（见表 14 – 6）的规定自动接受投保。

表 14-6	预约保险合同

进口货物运输预约保险合同

合同号：OP45678 2024 年 11 月 8 日

甲方：青岛运豪经济发展有限公司　乙方：中国人民保险集团山东分公司

双方就进口货物的运输预约保险拟定下列各条以资共同遵守：

一、保险范围

甲方从国外进口全部货物，不论运输方式，凡贸易条件规定由进口商办理保险的，都属于本合同范围之内。甲方应根据本合同规定，向乙方办理投保手续并支付保险费。

二、保险金额

保险金额以货物的到岸价格（CIF），即货价加运费加保险费为准（运费可用实际运费，亦可由双方协定一个平均运费率计算）。

三、保险险别和费率

各种货物需要投保的险别由甲方选定并在投保单中填明。乙方根据不同的险别规定不同的费率。现暂定如下：

货物种类	运输方式	保险险别	保险费率
棉纱	海运	一切险加战争险	0.88%

续表

四、保险责任

各种险别的责任范围，按照所属乙方制定的"海洋运输货物保险条款""海洋运输货物战争险条款""海运进口货物国内转运期间保险责任扩展条款""航空运输一切险条款"和其他有关条款的规定为准。

五、投保手续

甲方一经掌握货物发运情况，即应向乙方寄送起运通知书，办理投保。通知书一式五份，由保险公司签认后，退回一份。如不办理投保，货物发生损失，乙方不予理赔。

六、保险费

乙方按照甲方寄送的起运通知书照前列相应的费率逐笔计收保费，甲方应及时付费。

七、索赔手续和期限

本合同所保货物发生保险责任范围内的损失时，乙方应按制定的"关于海运进口保险货物残损检验的赔款给付方法"和"进口货物施救整理费用支付方法"迅速处理。甲方应尽力采取防止货物扩大受损的措施，对已遭受损失的货物必须积极抢救，尽量减少货物的损失。向乙方办理索赔的有效期限，以保险货物卸离海港之日起满一年终止。如有特殊需要可向乙方提出延长索赔期。

八、合同期限

本合同自 2024 年 11 月 8 日生效。

甲方：青岛运豪经济发展有限公司　　乙方：中国人民保险集团山东分公司
签字（盖章）：　　　　　　　　　　　签字（盖章）：

任务四　办理审单付汇

知识点 1：开证行审单和付款要点

开证行对通过议付行交来的单据在收到单据次日起 5 个银行工作日内进行审核以作出付款或拒付的决定，审单时主要看单据的种类、份数和内容是否符合信用证的规定，是否符合《UCP600》与《审核跟单信用证项下单据的国际标准银行实务》（ISBP）的相关规定。

如果单据符合信用证条款且单单一致，开证行则向寄单行付款/承兑。不一致时，有下面的做法。

一种是开证行可以在规定时间内作出拒付通知，在拒付通知中列明拒收单据的所有不符点并且说明是否留存单据或已将单据退还。

另一种是开证行可以联系开证申请人，若开证申请人接受不符点，由申请人付款赎单，这样做不能延长《UCP600》规定的 5 个银行工作日，所以我国的开证行一般是复印一份连同进口信用证到单通知书交给申请人，限其3天内作出答复，以便开证行有时间对外发出通知。

知识点2：进口人审单及付款赎单

开证申请人在收到开证行转来的进口信用证到单通知书及复印的单据后，应对单据认真审核，因为开证行的审单是表面的，单据上记载的货物是否与合同一致，单据是不是伪造的，银行都不负责任，但是这对开证申请人是非常重要的，因此要认真审核把关。

开证申请人的审单除了上述银行审单要注意的事项外，还要按照行业做法与商品特性来审查单据的真伪，必要时根据提单通过委托代理人进行船情调查后，确认了货物装运的实际情况再付款。

如果开证申请人拒付货款，则应该在进口信用证到单通知书上明确表示拒绝接受并列出不符点，加盖全套财务专用章或其他约定印章，在银行规定的期限内返还给银行。

对于开证行及自行审出的不符点，开证申请人应慎重对待，视不符点性质及各方面情况来确定接受或拒绝。如果开证申请人决定付款赎单，必须填写对外付款/承兑通知书，附上进口合同、跟单信用证开证申请书、银行已受理的开证申请回执、进口付汇备案表（若需要的话）、进口许可证或登记表、进口证明（若需要的话），按即期或远期规定的付款日或之前委托开证行以购汇或现汇方式支付货款。

【操作示范】

（1）收到银行到单通知，审核信用证项下单据。

2024年12月1日，张丽收到中国银行山东省分行的到单通知以及其他单据的复印件，具体单据如表14-7至表14-13所示。张丽根据信用证条款以及《UCP600》等有关惯例的规定，按照"单单一致、单证一致"的审单原则，对进口单据进行审核。

表14-7　　　　　　　　　　　　汇票

```
No.   YS-1402/12              HONG KONG,    NOV. 11, 2024
EXCHANGE   FOR    USD 39 985.30
At   * * *     sight of this FIRST OF EXCHANGE (Second of the same tenor and date unpaid) Pay to the order of
    AGRICULTURAL BANK OF CHINA HONG KONG BRANCH
the sum of   U.S. DOLLARS THIRTY NINE THOUSAND NINE HUNDRED AND EIGHTY FIVE POINT THREE
ZERO ONLY              Value received   Drawn  under   BANK OF CHINA SHANDONG
BRANCH      L/C NO. LC1065712002428
    DATED OCT. 15, 2024
To: BANK OF CHINA SHANDONG BRANCH
                                              ...ed on behalf of
                                              YONGSHENG (HK) INTERNATIONAL CO., LIMITED
                                              永盛（香港）国际有限公司
                                              Authorized Signature(s)
```

表14-8　　　　　　　　　　商业发票

YONGSHENG (HK) INTERNATIONAL CO., LTD.
RM1616, 16F, TOWER 2, LIPPO CENTRE, NO. 89 QUEENSWAY, ADMIRALTY, HK.

COMMERCIAL INVOICE

HONG KONG, NOV. 01, 2024

INVOICE NO. YS-1402/12

INVOICE OF ___45 SACKS ONLY___

SHIPPED PER APL BALBOA VOG. 286　　ON OR ABOUT　　NOV. 10, 2024

FROM ___MERSIN, TURKEY___ TO ___QINGDAO, CHINA___

FOR ACCOUNT AND RISK OF OF MESSRS: QINGDAO YUNHAO ECONOMICAL DEVELOPMENT CO., LTD. ROOM 1102, KAIXUAN GARDEN NO. 1 XIANXIALING ROAD, QINGDAO CHINA

BY THE UNDERSIGNED AGAINST ___CONTRACT NO. MS-1402___

MARKS & NOS.	COMMODITY	UINT PRICE	AMOUNT
1×40'HC	100% COTTON YARN NE 16/1 CARDED WEAVEN FOR TOWEL FOB MERSIN (FIVE STAR BRAND) ORIGIN: TURKMENISTAN PACKING: STANDARD EXPORT PACKING QUANTITY: 17,415.20KGS SAY UNITED STATES DOLLARS FORTY NINE THOUSAND NINE HUNDRED AND EIGHTY ONE POINT SIX TWO ONLY PAYMENT TERMS: 20% BY T/T WITHIN 15 DAYS AFTER SIGNING THE CONTRACT 80% BY IRREVOCABLE SIGHT L/C DRAWN UNDER L/C NO. LC1065712002428 ISSUED BY BANK OF CHINA SHANDONG BRANCH QINGDAO CN DATED 241015 E. & O. E	FOB MERSIN USD 2.87 PER KG	USD49 981.62 USD 49 981.62

表 14-9　　　　　　　　海运提单

BILL OF LADING

SHIPPER (FULL NAME AND ADDRESS) YONGSHENG (HK) INTERNATIONAL CO., LTD. RM1616, 16F, TOWER 2, LIPPO CENTRE NO. 89 QUEENSWAY, ADMIRALTY, HK.		BOOKING NO. 800920068	B/L NO. APLU800920068
CONSIGNEE TO ORDER		EXPORT REFERENCE	
NOTIFY PARTY (FULL NAME AND ADDRESS) QINGDAO YUNHAO ECONOMICAL DEVELOPMENT CO., LTD. ROOM 1102, KAIXUAN GARDEN NO. 1 XIANXIALING ROAD, QINGDAO CHINA		FORWARDING AGENT	
INITIAL CARRIAGE	PLACE OF RECEIPT MERSIN, TU	POINT AND COUNTRY OF ORIGIN OF GOODS MERSIN, TU	
EXPORT CARRIER (VESSEL, VOG. &FLAG) APL BALBOA 286	PORT OF LOADING MERSIN, TU	ALSO NOTIFY (NAME AND FULL ADDRESS/DOMESTIC, ROUTING/EXPORT INSTRUCTIONS)	
PORT OF DISCHARGE QINGDAO, CHINA	PLACE OF DELIVERY QINGDAO, CHINA		
EXCESS VALUATION PLEASE REFER TO CLAUSE 7 iii ON REVERSE SIDE PARTICULARS FURNISHED BY SHIPPER			

MARKS NO. & CONTAINER NO.	NO. OF PKGS	DESCREPTION OF PKGS AND GOODS	GROSS WEIGHT	MEASURMENT
1×40'HC CTR NBR: APHU631378-1 SEAL BR: APE0322722 ON BOARD APL BALBOA 286	45SACKS	SLAC　CY/CY 100% COTTON YARN NE 16/1 CARDED WEAVEN FOR TOWEL (FIVE STAR BRAND) ORIGIN: TURKMENISTAN INVOICE NO. YS – 1402/12 HS CODE: 520512 FREIGHT COLLECTED L/C NO. LC1065712002428 ISSUED BY BANK OF CHINA SHANDONG BRANCH QINGDAO CN DATED 241015 (FORTY FIVE SACKS ONLY) ON NOV. 10, 2024 ATMERSIN	17 415. 20 KGS ORIGINAL	

续表

B/L TO BE RELEASE AT HONG KONG	FREIGHT PAYABLE AT MERSIN, TU		
	PREPAID	COLLECT	
1BB	286		
VESSEL	VOYAGE		

RRCEIVED by the Carrier from the Shipper in apparent good order and condition unless otherwise indicated herein, the Goods, or the container (s) or package (s) said to contain the cargo herein mentioned, to be carried subject to all the terms and conditions provided for on the face and back of this Bill of Lading by the vessel named herein or any substitute at the Carriers option and/or other means of transport, from the place of receipt or the port of loading to the port of discharge or the place of delivery shown herein and there to be delivered unto order or assigns.

AMERICAN PRESIDENT LINES, LTD.

BY *Actinalc*

DATE AND PLACE ISSUED: NOV. 10, 2024
HONG KONG
No. of Original B/L: 3

表 14 – 10　　　　数量/重量证明

YONGSHENG (HK) INTERNATIONAL CO., LTD.
RM1616, 16F, TOWER 2, LIPPO CENTRE NO. 89 QUEENSWAY, ADMIRALTY, HK.
OUR INVOICE NO. YS – 1402/12
CONTRACT NO. MS – 1402
L/C NO. LC1065712002428 ISSUED BY BANK OF CHINA SHANDONG BRANCH QINGDAO CN DATED 241015

CERTIFICATE OF QUANTITY/WEIGHT

COMMODITY: 100% COTTON YARN NE 16/1 CARDED WEAVEN FOR TOWEL (FIVE STAR BRAND)
ORIGIN: TURKMENISTAN
PACKING: STANDARD EXPORT PACKING
QUANTITY: 17 415.20KGS

TOTAL NET WEIGHT: 17 415.20 KGS
TOTAL GROSS WEIGHT: 17 527.70KGS

WE HEREBY CERTIFY THAT THE ACTUAL SURVEYED QUANTITY/WEIGHT OF SHIPPED GOODS ARE CORRECT AND IN GOOD CONDITION.

表 14-11　　　　　　　　　　　　　装箱单

YONGSHENG (HK) INTERNATIONAL CO., LTD.
RM1616, 16F, TOWER 2, LIPPO CENTRE NO. 89 QUEENSWAY, ADMIRALTY, HK.
WEIGHT MEMO/PACKING LIST

LINE NO	UNIT NO	LINE NO	UNIT NO	LINE NO	UNIT NO
1	— 386.90	16	— 386.90	31	— 386.90
2	— 386.90	17	— 386.90	32	— 386.90
3	— 386.90	18	— 386.90	33	— 386.90
4	— 386.90	179	— 386.90	34	— 386.90
5	— 386.90	20	— 386.90	5	— 386.90
6	— 386.90	21	— 386.90	36	— 386.90
7	— 386.90	22	— 386.90	37	— 386.90
8	— 386.90	23	— 386.90	38	— 386.90
9	— 386.90	24	— 386.90	39	— 386.90
10	— 386.90	25	— 386.90	40	— 386.90
11	— 386.90	26	— 386.90	41	— 387.84
12	— 386.90	27	— 386.90	42	— 387.84
13	— 386.90	28	— 386.90	43	— 387.84
14	— 386.90	29	— 386.90	44	— 387.84
15	— 386.90	30	— 386.90	45	— 387.84
COLUMN T.	5 803.5	COLUMN T.	5803.5	COLUMN T.	5 808.2

TOTAL KG: N. 17 415.20　　　D. 112.50　　　G. 17,527.70

DELIVERY　CONDITIONS: FOB
INVOICE NO. YS-1402/12
CONTRACT NO. MS-1402
L/C NO. LC1065712002428 ISSUED BY BANK OF CHINA SHANDONG BRANCH QINGDAO CN DATED 241015

表 14-12　　　　　　　　　　　　　品质证明

YONGSHENG (HK) INTERNATIONAL CO., LTD.
RM1616, 16F, TOWER 2, LIPPO CENTRE NO. 89 QUEENSWAY, ADMIRALTY, HK.

OUR INVOICE NO. YS-1402/12
CONTRACT NO. MS-1402
L/C NO. LC1065712002428 ISSUED BY BANK OF CHINA SHANDONG BRANCH QINGDAO CN DATED 241015

CERTIFICATE OF QUALITY

COMMODITY: 100% COTTON YARN NE 16/1 CARDED WEAVEN FOR TOWEL (FIVE STAR BRAND)
ORIGIN: TURKMENISTAN
PACKING: STANDARD EXPORT PACKING
QUANTITY: 17,415.20KGS

TOTAL NET WEIGHT: 17,415.20KGS
TOTAL GROSS WEIGHT: 17,527.70KGS
WE HEREBY CERTIFY THAT THE ABOVE MENTIONED CARGOES ARE IN GOOD QUALITY.

Signed on behalf of
YONGSHENG (HK) INTERNATIONAL CO., LIMITED
永盛(香港)国际有限公司

Authorised Signature(s)

表 14-13 　　　　　　　　　　　原产地证书

1. IHRATATCI CONSIGNOR　EXPEDITEUR		NO. 0497442	ORIGINAL ORIGINAL ORIGINAL
EVA NILTEKA TEKS. SAN. VE TIC. A. S. ZAFER MAH KAYNAK CAD. NI.：18 GUMUSLER DENIZLI		MENSE SAHADETNAMESI CERTIFICATE OF ORIGIN CERTIFICATE D'ORIGINE	
2. ALICI CONSIGNEE DESTINATAIRE			
YONGSHENG (HK) INTERNATIONAL CO., LTD. RM1616, 16F, TOWER 2, LIPPO CENTRE NO. 89 QUEENSWAY, ADMIRALTY, HK.		3. MENSE UIKESI COUNTY OF ORIGIN　TURKMENISTAN PAYS DORIGINE	
4. TASIMAYA HISKIN BILGILER (TERCIHE BAGH) TRANSPORT DETAILS (OPTIONAL) INFORMATIONS RELATIVES AD TRANSPORT		5. Gozlemler Remarks Remarques	
BY SHIP		608	
6. SIRA NO; KOLILERIN MARKA VE ISARCTLERI, SAYI VE TURLERI; ESYANM TANIMI ITERM NO; MARKS, NUMBERS AND KIND OF OACKAGES; DESCREPTION OF GOODS NUMERO D ORDRE – MARQUES, NUMBRE ET NATURE DES COLIS – DESIGNATION DES MARCHANDISES 45 SACKS L/C NO. LC1065712002428 ISSUED BY BANK OFCHINA SHANDONG BRANCH QINGDAO CN DATED 241015 100% COTTON YARN NE 16/1 CARDED WEAVEN FOR TOWEL (FIVE STAR BRAND) INVOICE NR：0119674/08. 11. 2024 **************************** THE GOODS ARE OFTURKMENISTAN ORIGIN			7. MIKTAR QUANTITY QUANTITE KGS 17 415. 20 ************
8. YUKARIDA TAMLANAN ESYALARIN 3 NOLU KUNIDA BELIRTILEN UIKE MENSELI OLDUGU TASDIK OLUNUR THE UNDERSIGNED AUTHORITY CERTIIES THAT THE GOODS DESCRIBED ABOVE ORIGINATE IN THE COUNTRY SHOWN INBOX 3 LAUTORITE SOUSSIGNEE CERTIFIE QUE LES MARCHANDISES DESIGNEES CI – DESSUS SONT ORIGINAIRES DU PAYS FIGURANT DANSLA CASE NO. 3 　　　　　　　　　　　　　　TURKIYE 　　　　　　　　　DENIZLI CHAMBER OF COMMERCE 　　　　　　　　　　　E \ DENIZLI08/11/2024 DUZENLEME YERI VE TARIHI, ISIM, IMZA VE YETKILI MERCUMN MUHRU PLACE AND DATE OF ISSUE, NAME, SIGNATURE AND STAMP OF COMPETENT AUTHORITY LIEU ET DATE DE DELIVRANCE, DESIGNATION, SIGNATURE ET CACHET DE l'AUTORITE COMPETENTE			

(2) 回复银行审单结果，填写对外付款承兑通知书，办理对外付汇。

12月3日，张丽审单无误后回复中国银行山东省分行，同意支付信用证项下的汇票，保留全套货运单据，同时填写对外付款/承兑通知书，办理信用证项下的对外付款手续（已知企业的外汇账号为4567123214）。

表14–14　　　　　　　　　　对外付款/承兑通知书

银行业务编号：111M00885312　　　　　　　　　　　　　　　　　　日期：2024.12.03

结算方式	R 信用证 □保函 □托收 □其他		信用证编号	LC1065712002428
来单币种及金额	USD49 981.62		开证日期	241015
索汇币种及金额	USD39 985.30		到期日	241215
来单行名称	AGRICULTURAL BANK OF CHINA HONG KONG BRANCH			
收款行名称及地址	AGRICULTURAL BANK OF CHINA HONG KONG BRANCH 25/FLOOR AGRICULTURAL BANK OF CHINA TOWER, 50 CONNAUGHT ROAD CENTRAL, HONG KONG			
付款人名称	QINGDAO YUNHAO ECONOMICAL DEVELOPMENT CO., LTD.			
R 对公组织机构代码 76362362–8	□对私	□个人身份证号码 □中国居民个人　□中国非居民个人		
扣费币种及金额		发票号	YS–1402/12	
合同号	MS–1042	合同金额	USD 49 981.62	
提运单号	APLU800920068			

银行附言（各银行可根据本行业务要求规定其内容及格式）

申报号码		实际付款币种及金额	USD39 985.30	
付款编号	111M00885312	若为购汇支出，购汇汇率		
收款人常驻国家（地区）名称及代码	HONGKONG 344	是否为进口核销项下付款	□是　□否	
是否为预付款	□是　R 否	最迟装运期	241130	外汇局批件/备案表号
付款币种及金额	USD39 985.30	金额大写	叁万玖仟玖佰捌拾伍圆叁角	
其中	购汇金额		账号	
	现汇金额	USD39 985.30	账号	4567123214
	其他金额		账号	
交易编码	101010	相应币种及金额	USD39 985.30	交易附言　　一般贸易

R 同意即期付款
□同意承兑并到期付款
□申请拒付
联系人及电话
张丽 13573828999
申报日期 2024.12.03

付款人印鉴（银行预留印鉴）　　　　　银行业务章

经办　　　复核　　　负责人

任务五　报关、提货

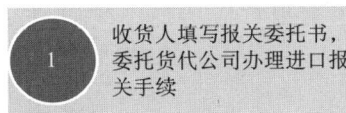

1. 收货人填写报关委托书，委托货代公司办理进口报关手续
2. 收货人凭提单换取提货单，办理提货手续

知识点 1：进口报关

一般进口货物报关程序如下：

1. 进口申报。进口货物到港后，收货人或其代理取得相应的货物单据，自装载货物的运输工具申报进境之日起14日内（从运输工具申报进境之日的第2日开始算）向海关申报。具体步骤如下。

（1）准备申报的单证。包括主要单证和随附单证两大类。主要单证就是进口货物报关单，随附单证包括基本单证和特殊单证。基本单证是指进口货物的货运单据和商业单据，主要有进口提货单据、商业发票、装箱单等。特殊单证是指涉及各类国家管制的进口货物以及使用不同报关程序项下的货物在进境环节必须向海关出具的单证。主要包括加工贸易货物的登记手册、特定减免税货物的征免税证明、作为特殊货物的进境证明、原产地证明书、贸易合同等。

（2）申报前看货取样。

（3）正式申报：电子数据申报以及提交纸质报关单及随附单证。

（4）报关单的修改和撤销。

2. 配合查验。海关根据进口货物的不同及进口商的实际情况对进口货物进行查验，即根据进口商提供的资料对货物进行核对，查验其真实性和一致性。收货人应积极配合查验，承担规定的协助工作，并承担相关的费用。在查验工作结束后应签署查验记录，交付现场查验的应付费用。若对海关查验工作质量或结果有异议，可向海关提出复验申请。对查验过程中海关方面原因造成的货物损失，可按规定提出赔偿要求。

3. 缴纳税费。查验无误后，海关会按国家的征税规定对申报的进口货物开具海关进口关税专用缴款书及海关代征增值税专用缴款书。收货人须在海关填发税款缴款书之日起15日内向指定银行缴纳税款，以避免产生滞纳金和监管仓库仓储费。

4. 提取货物。完成税费缴纳后，海关对进口货物予以放行，收货人应及时提取货物。同时，应向海关领取进口付汇证明以办理进口付汇核销；对特殊进口货物还应向海关申请进口货物证明书。

知识点 2：换取提货单

货物到港后，进口商能够凭借正本提单或副本提单加换单保函或凭电放提单和电放保函至船代处换取提货单，其操作程序如下。

1. 进口商首先到船代公司财务缴清相关费用，并提供缴费凭证。
2. 向船公司提供客户代码，若为新客户，须申请新客户代码（填写客户代码申请表，并加盖公章确认）。
3. 备齐换单材料办理换单手续。

（1）正本提单换提货单：客户凭背书齐全的正本提单换取提货单。

（2）银行担保换提货单：如船公司同意收货人凭银行担保提货，且出具保函的银行在船代有相关备案，客户凭无正本提单提货保函和提单副本换提货单。收货人应在收到正本提单后及时将正本提单归还船公司以换回无正本提单提货保函。

（3）电放形式换单：如船公司同意收货人以电放形式提货，客户凭电放提单和电放保函换提货单。

（4）特殊业务：参照船公司具体指示。

知识点 3：提货

进口商办完换单、进口报检、报关手续，进口货物被海关准予放行后，进口商可自行或委托货代公司至港口现场提箱、提货。

件杂货的提货操作：码头仓库收到海关的电子放行信息后，凭进口商或货运代理人出具的船公司的提货单放货；进口商或货运代理人安排车队，结清港口相关费用，提取货物；进口商或货运代理人将货物提回至进口商仓库。

整箱货的提货操作：进口商或其货运代理人安排车队，落实货物出港事宜；进口商或其货运代理人办理提箱事宜，办理汽车运输、理货、放箱等手续；进口商或其货运代理人办妥相关手续后，凭船公司签发的提货单至码头堆场提箱，交由选定的车队将货物运至进口商指定地点；整箱货拆箱，将空箱返还空箱堆场，整箱进口业务流程结束。

【操作示范】

2024 年 12 月 9 日，装载货物的船只 APL BALBOA 轮 286 航次已经抵达青岛港，货代公司向收货人发送了到货通知。收货人办理货物的报检、报关和提货手续。

（1）收货人填写代理报关委托书，委托货代公司办理进口报关手续。

2024 年 12 月 5 日，张丽填写代理报关委托书，委托青岛环球国际货运代理有限公司办理货物的报关手续。青岛环球国际货运代理有限公司填写进口货物报关单，于 2024 年 12 月 11 日申请报关。

（2）凭提单获取提货单，并办理提货手续。

提货单见表 14–15。

表 14-15　　　　　　　　　　　　　　提货单

青岛环球国际船舶代理有限公司

QINGDAO UNINTED INTERNATIONAL SHIPPING AGENCY LTD.

提　货　单　　　NO. 201248847

DELIVERY ORDER　　　　　　　　　　　　2024 年 12 月 10 日

收货人/通知方：TO ORDER

下列货物已办妥手续，运费结清，请予交付收货人。

船名 APL BALBOA	航次 286	起运港 MERSIN, TU	目的地 QINGDAO
提单号 APLU800920068	交付条款 CY/CY	到付海运费	合同号
卸货地点 招商局码头	到达日期 2024-12-09	进库场日期 2024-12-09	第一程运输

货名	100% COTTON YARN NE 16/1 CARDED WEAVEN FOR TOWEL	集装箱号/铅封号	
集装箱数	1×40′	APHU631378-1 APE0322722 40HC	
件数	45		
重量	17 527.70		
体积	61		
标志			

押箱地点：振华 86900832

回空地点：

请核对放货

　　　　　　　　　　　　　　　　　　　　　　　青岛环球国际船舶代理有限公司（签章）

凡属于法定检验、检疫的商品，必须向有关监督机构申报。　　　　　年　月　日

收货人章	海关章		
1	2	3	4
5	6	7	8

任务六　进口业务善后

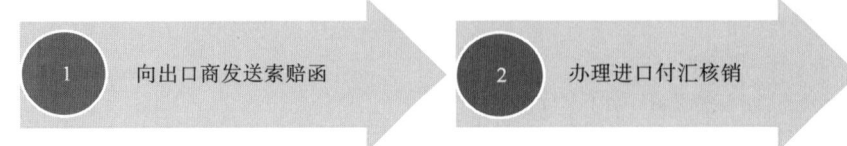

知识点1：进口索赔

进口索赔原因很多，责任划分主要包括以下几个方面。

1. 凡属下列情况者，均可向卖方索赔。原装数量不足，货物的品质、规格与合同规定不符，包装不良致使货物受损，未按期交货或拒不交货等。向卖方索赔的依据主要有：合同、公证报告、检验证书、破损证明、提单、装箱单、发票、银行通知等。

2. 凡属下列情况者，均可向轮船公司或承运人索赔。原装数量少于提单所载数量；提单是清洁提单，而货物有残缺情况，且是由于船方过失所致；货物所受的损失，根据租船合约有关条款应由船方负责等。向承运人索赔的依据主要有：公证报告、破损证明或相关机构会签证明、提货单或提单或运输合同、商业发票、商检证书、承运人要求的其他证明文件等。

3. 凡属下列情况者，均可向保险公司索赔。由于自然灾害、意外事故或运输中其他事故的发生致使货物受损，并且在承保险别范围以内的；凡轮船公司不予赔偿或赔偿金额不足抵补损失的部分，并且在承保范围内的。向保险公司索赔的依据主要有：保险单或保险凭证正本、提单正本、托运人开立的发票、装箱单、重量证明书、公证报告、轮船公司签发的事故证明或破损证明书、磅码单、修理费用及其估价单、海难报告等。

知识点2：进口付汇核销

根据《国家外汇管理局关于实施进口付汇核销制度改革试点有关问题的通知》，自2010年5月1日起，进口核销改革在天津、江苏、山东、湖北、内蒙古、福建的分局以及青岛市分局所辖地区进行试点。

改革的主要内容包括：合规企业的正常进口付汇业务无须再办理现场核销手续；取消银行为企业办理进口付汇业务的联网核查手续；外汇管理局对企业实行名录管理，进口付汇名录信息在全国范围内实现共享，企业异地付汇无须再到外汇管理局办理事前备案手续。

外汇管理局依托贸易收付汇核查系统采集贸易收付汇和进出口数据，对进口单位进口付汇数据和进口货物数据或进口项下收汇数据进行总量比对，实施非现场核查。

进口单位申报为贸易项下的进口付汇数据、境外承包工程使用物资以及转口贸易等项下的收付汇数据,贸易方式为"可以对外售付汇"和"有条件对外售付汇"的进口货物的数据以及其他进口货物的数据纳入非现场总量核查。

进口付汇监测预警的主要内容包括进口付汇规模、结算方式以及国家/地区流向等情况,进口货物规模、贸易方式以及海关申报等情况,货物总量核查、多到货差额以及多付汇差额等。

此次改革实现了由逐笔核查向总量核查、现场核查向非现场核查、行为监管向主体监管的转变,并降低了企业成本,特别是保证合规企业的正常业务活动顺畅进行。

同时,国家外汇管理局将利用"贸易收付汇核查系统",以企业为主体进行非现场核查监测预警,针对异常交易主体进行现场核查,确定企业分类考核等级并实施分类管理,采取更加有效的措施防范化解风险,并依法处罚相关违规企业。有关罚则规定,进口单位年度累计进口多付汇差额超过等值500万美元且无理由的,责令限期调回外汇,处逃汇金额30%以下的罚款;情节严重的,处逃汇30%以上等值以下的罚款;构成犯罪的,依法追究刑事责任。

【操作示范】

(1) 向出口商发送索赔函。

索赔函见表14-16。

表14-16　　　　　　　　　索赔函

RE: Claim
Contract No. MS - 1402
Dear Sirs,

The enclosed Inspection Certificate will serve to inform you that the captioned machine is incapable of giving normal performance required in the contract.

Please let us know whether you agree to replace this faulty machine with a good one, or to reimburse us its FOB cost by remittance. In either case, the inspection fee of USD 200 is to be born by you.

We are looking forward to your reply.

Yours Faithfully,
Zhang Li

(2) 办理货物的进口核销。

公司财务人员按照规定完成总量核销。

阅读·思考·练习

调查与练习

1. 近年来我国主要进口的商品有哪些?选择一类商品分析我国大量进口的原因。
2. 从上述进口商品中选择一项具体产品,通过网络寻找一个供应商,设计并描述该产品一笔完整的进口业务流程。

项目四　新型国际贸易模式

单元十五　跨境电子商务

【单元导学单】

学习目标

素质目标：了解数字贸易发展趋势；提升数字贸易业务素养。

知识目标：熟悉跨境电商与传统国际贸易的差异；掌握跨境电商模式、平台、物流以及支付的基础知识。

能力目标：能初步完成跨境电商产品价格核算；能初步掌握跨境电商出口和进口操作流程。

重难点

重点：跨境电商模式；跨境电商平台。

难点：跨境电商产品价格核算；跨境电商出口和进口操作流程。

【知识结构图】

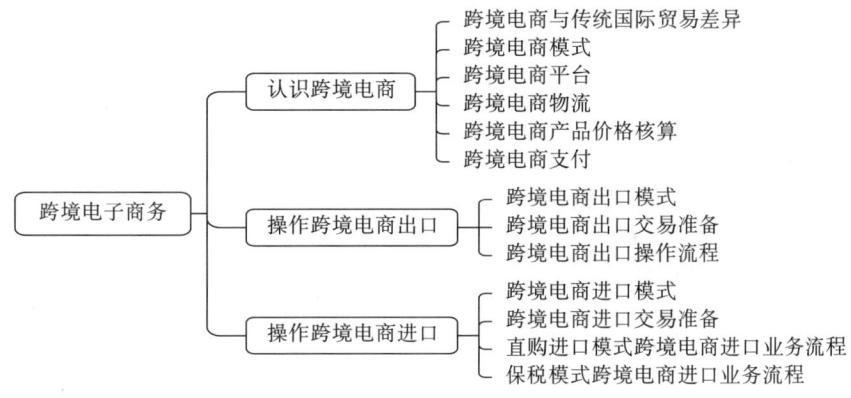

【导入案例】

2024年10月18日，第136届中国进出口商品交易会期间，广州举办了"新业态·新渠道 赋能外贸多元化发展论坛"并发布了《2024跨境电商洞察白皮书》。该白皮书指出，美国仍是跨境商家的主力市场。此外，受益于中产阶级规模扩张、移动支付技术和物流基础设施的改善，东南亚、拉美和非洲等地也将成为2024—2025年跨境电商快速增长的主要区域。亚马逊是全球最大的在线零售平台之一，美国是亚马逊的主要市场，中国企业一直是亚马逊平台上主要的供应商。

思考：什么是跨境电子商务？跨境电子商务和国际贸易是什么关系？

任务一 认识跨境电商

跨境电子商务（Cross-border E-Commerce，简称"跨境电商"）是指分属不同关境的交易主体，通过电子商务平台达成信息交流、商品交易、提供服务的国际商业活动。

在该商业活动中，若卖方企业仅通过电子商务平台发布产品信息和出售广告，交易和支付等环节在线下完成，本质上还是属于传统对外贸易，不作为跨境电子商务纳入海关统计。满足以下三个关键要素，通常判定为跨境电子商务：一是买卖的双方在不同的关境；二是必须在网上完成下单和支付；三是通过跨境物流完成货物的运送。

2019年，中国跨境电商零售进出口额达到1862.1亿元人民币，是2015年的5倍，年均增速49.5%。2024年，我国跨境电商进出口额为2.63万亿元，同比增长10.8%。

知识点1：跨境电商与传统国际贸易差异

跨境电商以电子技术和物流为手段，以商务为核心，把原来传统的销售、购物渠道转移到互联网上，打破了国家与地区间的壁垒。它与传统国际贸易的区别表现在三个方面。

第一，实现了交易的无纸化和虚拟性。跨境电子商务将传统的国际贸易流程电子化、数字化，订购、支付甚至数字化产品的交付都通过网上操作，交易的无纸化程度越来越高。交易合同、作为销售凭证的各种票据和运输单据都以电子形式存在。

第二，直接面对消费者，物流方式以快递为主。

第三，第三方支付机构参与结算过程。支付机构成为跨境电子商务结算双方之间的中介，这与传统国际贸易中买卖双方直接通过银行进行结算有着明显的区别。

知识点 2：跨境电商模式

1. B2B（Business to Business）指商家对商家的电子商务，即企业与企业之间通过互联网进行产品、服务及信息的交换。

跨境 B2B 是指分属不同关境的企业对企业，通过电商平台达成交易、进行支付结算，并通过跨境物流送达商品、完成交易的一种国际商业活动。

我国海关总署规定，"跨境电商 B2B 出口"是指境内企业通过跨境物流将货物运送至境外企业或海外仓，并通过跨境电商平台完成交易的贸易形式。

2. B2C（Business to Customer）指的是企业针对个人开展的电子商务活动的总称，如企业为个人提供在线医疗咨询、在线商品购买等。

跨境 B2C 是指分属不同关境的企业直接面向消费个人开展在线销售产品和服务，通过电商平台达成交易、进行支付结算，并通过跨境物流送达商品、完成交易的一种国际商业活动。

3. C2C（Customer to Customer）指个人与个人之间的电子商务，即一个消费者通过网络交易，把商品出售给另一个消费者的交易模式。C2C 模式下的购物流程为搜索商品、联系卖家、购买商品和服务评价。

跨境 C2C 指分属不同关境的个人卖方对个人买方开展在线销售产品和服务，由个人卖家通过第三方跨境电商平台发布产品和服务售卖、产品信息、价格等内容，个人买方进行筛选，最终通过跨境电商平台达成交易、进行支付结算，并通过跨境物流送达商品、完成交易的一种国际商业活动。

B2B 模式下，企业运用电子商务以广告和信息发布为主，成交和通关流程基本在线下完成，本质上仍属传统贸易，已纳入海关一般贸易统计。

B2C 模式下，我国企业直接面对国外消费者，以销售个人消费品为主，物流方面主要采用航空小包、快递等方式，其报关主体是邮政或快递公司，目前大多未纳入海关登记。

我们通常所说的跨境电商指的是跨境网络零售，即 B2C、C2C 跨境电子商务，其中主要是 B2C。

知识点 3：跨境电商平台

跨境电商平台是指为交易双方提供网页空间、虚拟经营场所、交易规则、信息发布等服务，设立供交易双方独立开展交易活动的信息网络系统。包括自营平台和第三方平台，境内平台和境外平台。主要第三方电商平台如下。

1. 全球速卖通（AliExpress）是阿里巴巴旗下面向全球市场打造的在线交易平台，致力于跨境电商业务，被广大卖家称为国际版"淘宝"。业务覆盖 3C、服装、家居、饰品等共 30 个一级行业类目，其中优势行业主要有服装服饰、手机通信、鞋包、美容健康、珠宝手表、消费电子、电脑网络、家居、汽车摩托车配件、灯具等。

【知识拓展】速卖通与阿里巴巴国际站的区别是什么？

阿里巴巴国际站（http：//www.alibaba.com/）是阿里巴巴集团最早创立的业务，是目前全球领先的跨境 B2B 电子商务平台，服务全世界数以千万计的采购商和供应商。阿里巴巴国际站专注服务于全球中小微企业。在这个平台上，买卖双方可以在线更高效地找到适合的彼此，并更快更安心地达成交易。此外，阿里巴巴外贸综合服务平台提供的一站式通关、退税、物流等服务，让外贸企业的出口流通环节也变得更加便利和顺畅。

简言之，阿里巴巴国际站是让供应商完成信息的发布和展示的平台。买家如果在国际站上采购样品或外贸试单，就像在自由市场买东西，产品价格需要买卖双方商议确认后，订单才能继续进行。而全球速卖通（http：//seller.aliexpress.com/）则是在线交易平台，要求卖家标明价格、支持第三方担保支付以及国际快递发货，适合支持国际快递的中小订单交易。

2. 亚马逊（Amazon）成立于 1995 年，最初是一个销售书籍和音像的"网上书店"。2000 年，亚马逊开始通过品类扩张和国际扩张，致力于成为全球最大的网络零售商。其用户多为国外中高端消费者。

在所有的跨境电商第三方平台中，对卖家要求最高的是亚马逊，它不仅要求卖家的产品质量必须要有优势，而且必须要有品牌才行。亚马逊鼓励用户自助购物，要求卖家提供非常详细、准确的产品详情和图片。

亚马逊支持货到付款，并且拥有自己的付费会员群体 Amazon Prime。每年支付一定金额的会员费（美国亚马逊为 99 美元，中国亚马逊为 388 元人民币），Amazon Prime 会员享受免运费 2 日送达服务（个别商品除外）。亚马逊的另一特色服务是 FBA（Fulfillment by Amazon），即亚马逊仓储物流，为商户提供物流和仓储的配套服务，并收取一定的费用。

3. 敦煌网（DHgate）B2B 在线交易平台于 2005 年上线，是全球领先的在线外贸交易平台，致力于帮助中国中小企业通过跨境电商平台走向全球市场。

敦煌网采取佣金制，自 2019 年 2 月 20 日起，新注册的账户通过手机验证和邮箱验证激活账户后，页面将提示缴纳平台使用费，点击"立即缴费"即可进入到缴费页面。收费标准分为年缴、半年缴、季度缴。具体收费标准：一年有效的为 999 元人民币、半年有效的为 598 元人民币、一个季度有效的为 299 元人民币。

敦煌网的优势项目为手机和电子产品。

4. eBay 是一个可让全球民众上网买卖物品的线上拍卖及购物网站，于 1995 年 9 月 4 日由皮埃尔·奥米迪亚（Pierre Omidyar）以 Auctionweb 的名称创立于加利福尼亚州圣荷西。1999 年 eBay 开始全球扩张，首个海外站点是德国站。2002 年 eBay 合并贝宝（PayPal）。

eBay 对卖家的要求严格，对产品质量要求较高，还要求价格具有优势，即产品质量要过得去，价格也要有优势。除了有和其他平台类似的常规产品出售，二手货的交易也是 eBay 业务的重要组成部分。eBay 对每笔拍卖向卖家收取 0.25—800 美元不等的刊登费，在交易成功后再收取一笔 7%—13% 不等的成交费。在合并了 PayPal 后，eBay 的支付方式默认为 PayPal，商户在注册开店时必须绑定有效的 PayPal 账户。

5. Wish 公司 2011 年创立于美国，其在线交易平台于 2013 年正式上线。最大的特点就是专注于移动端购物。Wish 平台上的商户上传任何商品都是免费的，只有在交易成功后商户才需向平台支付一定比例的佣金，整个过程非常简单易行且没有任何的隐藏费用。

【知识拓展】层出不穷的跨境电商平台

除了亚马逊、速卖通、eBay 等传统的跨境电商平台外，近年来新的跨境电商平台在全球范围内不断涌现。中国短视频分享平台抖音的国际版 Tik Tok 进入了跨境电商领域，国内电商新贵拼多多推出了国际版 Temu，快时尚零售平台希音（Shein）发展迅速，已进入北美、欧洲、中东、印度、东南亚和南美等多个市场。在海外，东南亚电商平台 Lazada、shopee 流行已久，拉美电商平台 Mercado 风头正盛，俄语区电商平台 Ozon 稳步发展，非洲电商平台 Jumia 等崭露头角。

知识点 4：跨境电商物流

跨境电商物流模式可以分为出口跨境电商物流模式和进口跨境电商物流模式两大类。

1. 出口跨境电商物流模式。

（1）邮政/快递物流模式。在跨境电商出口业务中，有些卖家通过邮政、快递等物流渠道直接将商品寄送给买家，这种模式可以称作邮政/快递物流模式。联邦快递（FedEx）、联合包裹（UPS）、敦豪速递（DHL）、天地快运（TNT）等国际物流快递公司是跨境包裹的主要承运商。除快递公司外，还有马士基等国际海运公司及国内运输公司可供选择。中国邮政积极开展跨境物流快递业务，为国内的跨境卖家量身订做全新的国际邮递产品——国际 e 邮宝、e 特快。顺丰速运等国内物流公司也已经进入海淘转运场。

（2）海外仓模式。有些卖家先将货物以 B2B 模式通过海运或空运方式运送至海外的仓库，等买家下单后将货物从海外仓库送到买家手中，这就是海外仓模式。这种模式一方面大大减少了从买家下单到货物递送至买家手中的时间，提升了客户体验；另一方面，利用传统国际贸易的海运或空运物流通道，大大降低了跨境电商物流的成本和费用。当前的海外仓物流模式包括跨境电商平台自建的海外仓、专业物流公司建设的海外仓及跨境电商卖家探索建立的海外仓三种类型。跨境电商平台自建的海外仓中最著名的当属亚马逊的 FBA 仓，另外易贝和速卖通也已经开始建设自己的或合作的海外仓。

第三方专业物流公司建设的海外仓中当前比较著名的有递四方（4PX）、飞鸟国际、出口易（CK1）等。第三方物流公司的海外仓通常会与跨境电商平台合作，为平台商家提供物流仓储服务。建设海外仓的第三方物流公司的国内操作中心多数集中在深圳，这些公司借助深圳和香港的便捷物流通道，将货物以较快的速度运至海外仓库。

【资料链接】亚马逊 FBA 仓

【资料链接】递四方

还有部分跨境电商卖家也在尝试自行在目的市场建立海外仓。这些企业在目的国市场租赁或者购买一个仓库甚至只是一栋房屋，然后注册一个公司，将货物由国内发往这家境外公司；接到客户订单后，再从上述仓库或者房屋包装分拣快递货物给客户。卖家自建海外仓储物流的公司中比较著名有兰亭集势（Lightinthebox）。2015 年 2 月，该公司位于美国内华达州雷诺市的第一个北美海外仓正式投入运营。目前，全国各地的一些成规模的跨境电商卖家纷纷以各种形式在海外建立自己的发货基地。

2. 进口跨境电商物流模式。

（1）一般进口物流模式。一般进口物流模式即为传统的邮政运输、快递物流进口模式，又被称作海淘、代购模式。在跨境电商受到普遍重视之前，多数跨境电商领域售卖的商品都是通过此种途径进境的，然后再由国内快递递送至消费者手中。

（2）集货进口物流模式。由于传统的邮运和快递等方式物流成本较高，为了降低物流成本，专业物流公司在海外货源地建立仓库，将分散采购的跨境电商商品集中采用集装箱运输至国内，这种模式叫作集货进口物流模式。目前，各大物流企业的海外集货仓主要集中在中国香港、韩国、日本、美国、欧盟等进口商品来源地、集中地。

（3）保税进口物流模式，即进口跨境电商先将货物以普通国际贸易进口海运或者空运方式运至国内的保税区仓库，然后按照买家订单从保税区向买家寄送发货。

集货进口模式或者转运模式虽然降低了运输成本，但是运输时间依然较长。通常转运时间需要 10—15 天，较长的运输时间大大降低了客户的用户体验。因此，部分跨境电商进口商将商品预先运至保税区仓库，待到客户下单后再从保税区发货，这样就跟国内运输时间一致了，大大改善了客户对物流的用户体验。

知识点 5：跨境电商产品价格核算

跨境电商产品价格构成：价格 =（采购价 + 费用 + 利润）/ 银行外汇买入价

其中，采购价为从产品供应平台（如 1688）或从工厂采购（批发或者零售）的成本价，可含税（增值税，如能提供增值税发票，可享受退税）。

费用主要包括跨境物流运费、平台交易费用（推广、佣金等）、关税（用邮政小包等个人物品申报的零售出口一般在目的国不交关税）及其他费用。

利润指的是合理利润，可根据产品的实际情况、竞争者的价格以及市场情况确定合理利润。

与价格有关的几组术语：

1. 上架价格（List Price，LP）指产品在上传的时候所填的价格；

2. 销售价格（折后价）（Discount Price，DP）是指产品在店铺折扣下显示的价格；

3. 成交价格（Order Price，OP）是指用户在最终下单后所支付的单位价格。

以上价格间的联系如下：

上架价格 = 采购价 + 费用 + 利润

销售价格 = 上架价格 × 折扣率

成交价格 = 销售价格 – 营销推广成本

知识点 6：跨境电商支付

B2B 模式：主要采取银行转账（如西联汇款）、信用卡等。

B2C 模式：主要采取第三方支付，如贝宝（Paypal）、支付宝、财付通、银联电子支付等。

1. 国际支付宝是支付宝为从事跨境交易的国内卖家建立的资金账户管理平台，包括收款、退款、提现等主要功能。使用的客户群体为 AliEsxpres（速卖通）、阿里巴巴际站会员。目前支持人民币、美元交易。

2. Paypal 是在线支付解决方案的全球领导者，在美国、欧洲位列第一大金融类网站，75% 的跨境电商首选 PayPal 为收付款方式。PayPal 的优势是业务覆盖广、操作便捷、资金回笼快、安全度和保密性高。

PayPal 专门为中国用户量身定制电汇方案，无须繁琐的外币兑换，即可方便地将 PayPal 账户中的款项转入中国本地银行，最快 3 天资金便能转入用户的银行账户。

3. 新型支付方式——手机移动支付。

任务二　操作跨境电商出口

知识点 1：跨境电商出口模式

1. 跨境电商出口 B2C 模式。出口 B2C 模式按经营方式的不同又分为第三方平台模式和自营模式。

B2C 第三方平台模式是在全球较有影响力的大型电子商务平台的基础上建立的一种运作模式，平台作为媒介联系买卖双方。目前最具代表性的平台有 eBay、亚马逊、速卖通等。第三方平台模式最大的优点就在于能够迅速提供大批的客户流量，同时，第三方平台有整套的信用管理体系，可以对买卖双方进行有效约束，防止交易陷阱。

B2C 自营模式一般是由第三方平台模式发展而来的，一些电子商务卖家通过较成熟、有知名度的第三方平台销售自己品牌的产品。经过一段时间，品牌知名度、品牌美誉度不断提高，店铺流量和销售量均稳定后，为降低平台使用成本同时扩大自有品牌影响力，很多较有规模的跨境电商开始自建网络平台，进行流量引导或者全新的网络推介。

2. 跨境电商出口 C2C 模式。目前，中国可以通过两种方式来从事跨境电子商务小额贸易。

一种是以全球速卖通、易趣网等为主的 C2C 平台，这些电子商务企业主要是提供一个从事跨境电子商务小额贸易的服务平台。国外的买家会通过这些平台浏览产品，直接和卖家沟通，达成交易意向，然后在线下订单。国内的卖家收到订单后会通过邮政小包或者国际快递的方式将产品寄送给买家。

另一种是以兰亭集势和米兰网为代表的 B2C 网站平台，这些平台本身也是外贸企业，有些业务量大的企业能够自身集货并发货，但是更多的中小企业由于业务量小或者商品来源分散无法靠自己完成集货。于是这类网站平台会从国内的中小企业那里买断产品并集中起来，再通过自己的外贸互联网平台卖给海外购买者。即海外的购买者通过外贸互联网平台下单后，这些互联网平台会把订单信息发给国内的产品供应商，这些供应商组织货物后发送到指定的仓库，仓库对货物进行分类整理，最后交由物流合作商或者快递公司，由其发货送至买家。

知识点 2：跨境电商出口交易准备

1. 目标市场定位。目标客户群体直接关系企业在选择产品和进行营销时的策略。跨境网络零售客户群体范围一般是国外中小企业客户和个人客户。企业在确定目标客户群时，要注意从客户的国别、年龄、性别、收入、家庭等方面进行市场细分，以确定适合自己的市场范围。

2. 产品选择。确定了企业的目标客户群之后，应该针对客户群体选择适合自己的销售产品。在进行产品选择时，首先要保证产品有合适的盈利空间。在确定有合适的盈利空间的条件下，对产品的选择还应从以下几个角度进行考虑。

目标客户的消费特点。包括其消费产品的质量、价格、款式、品牌等，综合考虑客户消费偏好，选择适合的产品。另外在考虑目标客户消费特点的同时，还要对市场现有产品和竞争对手进行分析，尽量选择具有竞争优势、特异性的产品。

根据物流条件选择。由于跨境网络零售的物流一般为小包行邮，商品的实际价格是由产品定价和物流费用的总值构成的。卖方在选择产品时，应尽量选择重量轻、体积小而价值高的产品。例如，体育用品中的哑铃，作为商品其运费可能比自身价格还要高出很多。

符合法律法规。跨境网络零售中要符合法律法规（见表15-1、表15-2），注意是否侵权，包括知识产权侵权和销售侵权。一方面，在选品过程中要注意避免那些有侵权嫌疑的产品，在知识产权保护全面的国家，销售此类产品可能导致纠纷。另一方面，有些品牌产品的销售需要获得品牌公司的授权，如：一般代理、独家代理等。没有获得销售代理权可能会构成销售侵权。

表15-1　　　　　　　　　　中华人民共和国禁止出境物品

禁止出境物品
1. 列入禁止进境范围的所有物品
2. 内容涉及国家秘密的手稿、印刷品、胶卷、照片、唱片、影片、录音带、录像带、激光视盘、计算机存储介质及其他物品
3. 珍贵文物及其他禁止出境的文体
4. 濒危的和珍贵的动物、植物（均含标本）及其种子和繁殖材料

表15-2　　　　　　　　　　中华人民共和国限制出境物品

限制出境物品
1. 金银等贵重金属及其制品
2. 国家货币
3. 外币及其有价证券
4. 无线电收发信机、通信保密机
5. 贵重中药材
6. 一般文物
7. 海关限制出境的其他物品

3. 确定产品线。一般来说，产品种类越丰富，对于客户来说就越便利，但是广铺产品线不仅会增加客服人员的压力、提高企业运营成本，而且很难跟踪市场变化，容易出现畅销品缺货、冷门产品滞销的情况。所以，企业要注意选择合适的产品线，既能跟得上市场的变化，满足消费者的需求，又不会带来巨大的运营成本。

4. 货源选择。在确定了目标客户群体和产品线的种类后，需要选择合适的货源。货源渠道可以通过电子商务网站、实体批发市场和生产商寻找。目前，有小部分小微企业采取现采模式，即本身不保留库存，当客户下单后，迅速到货源供应地进行采购。一般这些小微企业会选择在靠近货源供应地的区域建厂。但是这种模式并不能支持规模较大的企业，当产品种类和订单增加时，会大大增加采购成本。

5. 网络营销是企业获得海外订单的重要环节，企业这一阶段要注意两方面的问题，第一是对营销渠道的选择，第二是对营销方式的选择。企业在对营销渠道进行选择时，要充分考虑成本收益，将自建网站成本和平台费用以及两方的收益进行比较，选择适合自己的营销渠道。企业在选择平台时，应综合考虑平台费用、平台规则的公平性、平台流量以及平台所提供的附加服务。选择平台作为营销渠道的企业要注意优化搜索关键词的设定、产品展示的方式，为自己吸引更大的浏览量和交易额。企业进行网络营销可以通过自建网页、广告、平台服务和外包服务等方式。在进行营销时，要注意对各种营销方式进行比较，将宣传费用花在最有价值的营销方式上。

6. 选择物流和支付方式。企业在进行物流选择时，可以选择海外仓模式，也可以选择小包行邮，海外仓模式主要是通过租用仓储公司或大企业的海外仓进行，小包行邮模式主要是通过快递司、邮政、航空进行。企业在进行选择时，要从买家角度出发，为买家所购货物做全方位考虑，包括运费、安全度、运送速度、关税等，在保证物品安全度和速度的情况下尽量选择运费低廉的产品。另外，也可以将支持的运输方式在网页上标明，由买方根据自己的需要来进行选择。

目前，跨境网络零售支持的支付方式有信用卡、支付平台（如 Paypal、国际支付宝）等。国际支付宝支持买家用美元、英镑、欧元、墨西哥比索、卢布支付（会不断增加新的币种），卖家收款则有美元和人民币两种方式。

【知识拓展】跨境电商买家的支付方式

（1）信用卡、借记卡，包括 Visa、Master Card、Maestro；

（2）Banker Transfer：银行转账；

（3）Western Union：西联汇款；

（4）QIWI、Yandex. Money、WebMoney：俄罗斯及周边地区主流支付工具；

（5）Boleto、TEF（网银类支付方式）：巴西流行支付工具；

（6）Mercadopago：拉丁美洲最大的支付平台，提供本地信用卡、借记卡、网银或线下存款、OXXO 支付方式；

（7）DOKU：印度尼西亚在线支付方式，包括钱包、网银、ATM 和便利店支付；

（8）iDEAL：荷兰本地支付方式，在跨境交易中广受欢迎；

（9）giropay：支持德国的网银支付方式；

（10）SOFORT BANKING：支持德国和奥地利的网银支付方式。

7. 清关和退税。跨境网络零售具有金额小、批次多的特点，加之办理退税的过程较为繁琐，所以很多中小企业不进行申报，也不办理退税，这对于企业来讲是一种损失，也给海关方面的监管增加了难度。

知识点 3：跨境电商出口操作流程

以全球速卖通平台跨境出口为例，其交易流程包括：

（1）注册认证账号，完成开店考试；
（2）发布商品（描述/定价/物流）；
（3）商品通过审核，成功上线；
（4）买家搜索、比较商品；
（5）在线沟通（旺旺、邮件）；
（6）在线下单，确认交易详情；
（7）买家付款，平台审核款项；
（8）卖家备货，发货；
（9）买家收货；
（10）卖家收款；
（11）相互评价。

【操作示范】

开店步骤：

Step 1 开通账号。登录全球速卖通，用企业身份进行卖家账号注册。

Step 2 提交入驻资料。包括：产品清单、类目资质、商标资质。

Step 3 缴纳年费。

Step 4 完善店铺信息。付费完成后，进入卖家后台—店铺—店铺资产管理，设置店铺名称和二级域名，若申请的是官方店，需同步设置品牌官方直达链接及品牌故事内容。

Step 5 开店经营。可开始发布商品，对店铺进行"装修"，店铺正式开张。

任务三　操作跨境电商进口

知识点 1：跨境电商进口模式

1. 跨境进口零售业务根据营利模式分为五大类：海外代购模式、直发/直运平台模式、自营 B2C 模式、导购/返利平台模式和海外商品闪购模式。

（1）海外代购模式，是身在海外的个人或商户为有需求的境内消费者在境外采购所需商品并通过跨国物流将商品送达消费者手中的模式。按照运营模式，主要分为海外代购平台和朋友圈海外代购两类。

（2）直发/直运平台模式，又被称为 drop shipping 模式。在这一模式下，电商平台通常不需要商品库存，而是把接收到的消费者订单信息发给批发商或厂商，后者按照订单信息以零售的形式向消费者发送货物。

（3）自营 B2C 模式，分为综合型自营和垂直型自营两类。综合型自营跨境 B2C 平台的跨境供应链管理能力强，拥有强势的供应商管理和较为完善的跨境物流解决方案。大部分后备资金充裕。但自营 B2C 模式同样面临着业务发展会受到行业政策显著影响的问题。代表商家为亚马逊和 1 号店的"1 号海购"。垂直型自营跨境 B2C 平台在选择自营品类时会集中于某个特定的范畴，如食品、奢侈品、化妆品、服饰等。供应商管理能力相对较强，但前期需要较大的资金支持。

（4）导购/返利平台模式，是一种比较"轻"的电商模式，可以分成两部分来理解：引流部分＋商品交易部分。引流部分是指通过导购资讯、商品比价、海购社区论坛、海购博客以及用户返利来吸引用户流量；商品交易部分是指消费者通过站内链接向海外 B2C 电商或者海外代购者提交订单实现跨境购物。为了提升商品品类的丰富度和货源的充裕度，这类平台通常会搭配海外 C2C 代购模式。因此，从交易关系来看，这种模式可以理解为海淘 B2C 模式＋代购 C2C 模式的综合体。

（5）海外商品闪购模式。即以互联网为媒介的 B2C 电子零售交易活动，以限时特卖的形式，定期定时推出国际知名品牌的商品，一般以原价 1 至 5 折的价格供专属会员限时抢购，每次特卖时间持续五至十天不等，先到先买，限时限量，售完即止。顾客在指定时间内（一般为 20 分钟）必须付款，否则商品会重新放到待销售商品的行列里。闪购平台一旦确立行业地位，将会形成流量集中、货源集中的平台网络优势。

2. 跨境进口根据履约模式分为直购进口和保税进口两种模式。

（1）直购进口模式（也称"一般进口模式"），指国内个人购买者在指定的跨境电商网站订购境外商品，并进行网上申报和计税，商品由快件邮递等渠道直接从国外寄递进境，通过电商服务平台和通关管理系统实现交易的一种跨境电商进口模式。

（2）保税进口模式，是电商企业先从海外大批量采购商品，并运至国内保税区备货暂存，境内消费者在电商网站下单后，区内货物逐批分拨配送，按物品缴纳税费和监管的一种跨境电商进口模式。

直购进口模式和保税进口货物模式最大的区别是一个先下单再从境外发货，另一个是先从境外发货再下单。

知识点 2：跨境电商进口交易准备

1. 调研市场，选择产品。

选品，即选品人员从供应市场中选择适合目标市场需求的商品。从这个角度看，选品人员必须一方面把握用户需求，另一方面，从众多供应市场中选出质量、价格等最符合目标市场需求的商品。成功的选品，是最终实现供应商、客户、平台多方共赢的关键。

选品要结合以下因素来考虑。

一是公司的定位和网站定位。明确公司的整体定位和策略，以建立品牌为主还是追求销量为主。要考虑网站平台的目标市场或目标消费群体，以对网站整体定位的理解和把握为基础，进行市场调研、同行分析等，选择适合的品类进行研究分析。

二是目标客户定位。从用户需求的出发，选品要满足用户对某种效用的需求，比如带来生活方便、满足虚荣心、消除痛苦等方面的心理或生理需求。艾瑞咨询集团（iResearch）近年来的《跨境网购调查报告》显示，在消费者进行跨境网购品类偏好方面，消费者最热衷购买的是服饰、母婴产品、护肤美妆、食品/保健品、电子产品五大类消费品。

三是产品的毛利。要了解物品的重量和体积，外贸中商品价格和重量/体积比例数值越大越好。考虑到碎片化销售，运费在总成本中的占比不容忽视。选品时应该尽量选择单件重量轻、体积小而价值高的商品，以实现高客单价、高毛利率、高复购率，如前述的消费者跨境网购集中的五大类消费品。

四是政策和法规。选品必须熟悉和了解国家法律法规。跨境零售商品应为个人生活消费品，国家禁止和限制进口物品除外。具体禁限物品按《海关总署令第43号（中华人民共和国禁止、限制进出境物品表）》执行。其中禁止和限制进境物品见表15-3和表15-4。

表15-3　　　　　　　　　　中华人民共和国禁止进境物品

禁止进境物品
1. 各种武器、仿真武器、弹药及爆炸物品
2. 伪造的货币及伪造的有价证券
3. 对中国政治、经济、文化、道德有害的印刷品、胶卷、照片、唱片、影片、录音带、录像带、激光视盘、计算机存储介质及其他物品
4. 各种烈性毒药
5. 鸦片、吗啡、海洛英、大麻以及其他能使人成瘾的麻醉品、精神药物
6. 带有危险性病菌、害虫及其他有害生物的动物、植物及其产品
7. 有碍人畜健康的、来自疫区的以及其他能传播疾病的食品、药品或其他物品

表15-4　　　　　　　　　　中华人民共和国限制进境物品

限制进境物品
1. 无线电收发信机、通信保密机
2. 烟、酒
3. 濒危的和珍贵的动物、植物（均含标本）及其种子和繁殖材料
4. 国家货币
5. 海关限制进境的其他物品

在驱动消费者进行跨境网购的因素中，排名前三位的分别是：品质保证、国内网站和价格便宜。品质是跨境零售首先需要关注的，在确定产品线后，找到最合适的供应商，即货源的保障，是跨境电商进口成败的重要一步，也是培养商家对供应链掌控能力的关键一步。此外，销售品牌的货品可能会涉及知识产权的问题，需要取得品牌公司许可授权，以免引起法律问题，不利于长远发展。

2. 确定物流模式和选择支付方式。跨境电商进口的物流模式表现出多样化的特点，贸易商应根据各自的需要选择适合的物流模式。

传统的国内跨境电子商务进口物流方式是中国境内贸易公司通过一般贸易方式将商品进口到中国境内之后，直接通过自己的电商平台销售，也可以交由其他电商平台销售。这是在跨境贸易电子商务服务试点推行前，绝大多数合法商家都采取的方式。

除此之外，还有其他五种物流模式。

（1）旅客行李：指进出境旅客携带的全部行李物品。海关对行李物品的界定是自用合理数量，非以盈利为目的，因此并不适合跨境电子商务。

（2）个人邮递物品：指通过邮运渠道进出境的包裹、小包邮件以及印刷品等物品。通过邮运渠道到口岸邮局办事处监管清关的货品量较大，处理时效和服务质量有待提高。

（3）快件：指进出境快件营运人，以向客户承诺的快速商业运作方式承揽、承运的进出境货物、物品。进出境快件监管部门都有信息化系统，因此处理能力和稳定性都比较好。

（4）跨境试点一般进口是2014年增列的海关监管方式，全称为"跨境贸易电子商务"，适用于境内个人或电子商务企业通过电子商务交易平台实现交易（保税电商除外），并采用"清单核放、汇总申报"模式办理通关手续的电子商务零售进出口。此种方式清关费用比邮快件低，处理能力比邮快件稳定。

（5）跨境试点保税进口。由于备货仓储在境内，因而运营成本较境外低，而且发货时效快，退换货操作方便，用户体验高，综合物流成本最低。

可以开展跨境电商支付的有支付宝、中国银联、paypal、易极付、快钱、中国工商银行、财付通等。

3. 制定进口商品经营方案。在对进口商品价格趋势有一定的把握，了解了供应商的资信以及明确了适合的物流模式后，可以展开进口成本核算，制定进口商品经营方案。应以平等互利的原则为基础，以国际市场价格水平为依据，结合企业的经营意图来制定进口商品的适当价格。

国内销售价格 = 进口价格 + 进口费用 + 进口利润

进口费用 = 国外运费 + 国外保费 + 进口关税 + 进口消费税 + 进口增值税 + 实缴增值税 + 国内费用

需要说明的是，对于进口税，跨境零售目前实行的不同于货物渠道的进口税，即不征收进口关税和进口环节税，而以对物品征收的行邮税取代。

行邮税 = 完税价格 × 税率

【资料链接】有关进境货物税收的规定

知识点3：直购进口模式跨境电商进口业务流程

直购进口模式适合买家先下单、商家再海外采购进境的代购商品流程。

以洋码头为例，其业务流程如图15-1所示。

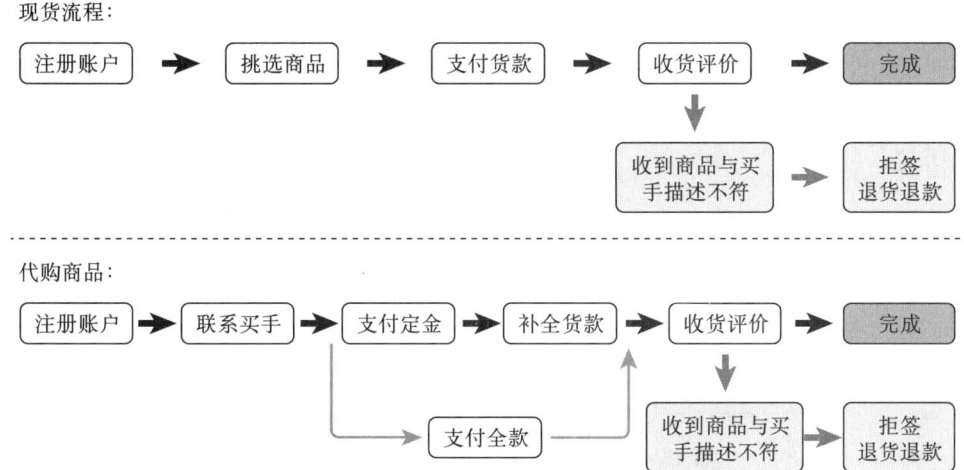

图15-1　洋码头直购进口模式业务流程

知识点4：保税模式跨境电商进口业务流程

相比直购模式，保税进口模式（见图15-2）借助了保税港区等特殊海关监管区域的政策优势，采取"整批入区、B2C邮快件缴纳行邮税出区"的方式，商品进口后存储在海关监管场所，消费者下单后直接从仓库销售到个人，既降低了商家进口货品的成本，也缩短了消费者从下单到收货的时间。

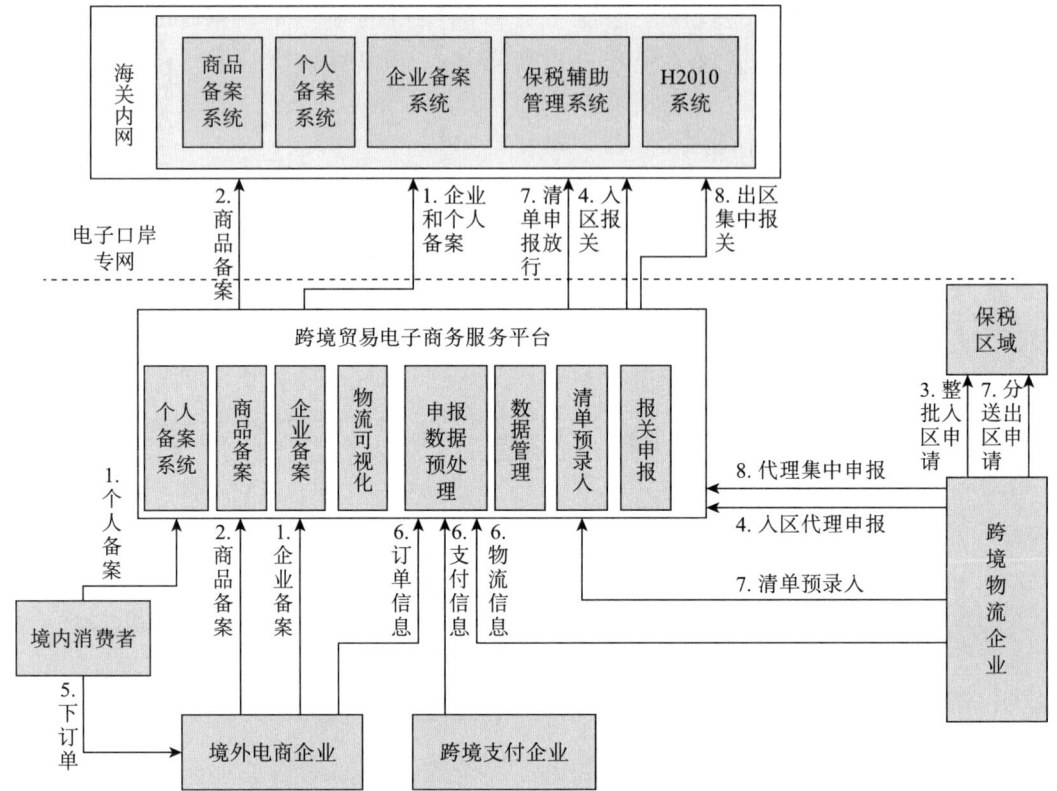

图 15-2 保税模式跨境电商进口交易流程

【操作示范】

Step1 前期备案

电商企业首先需选定海关特殊监管区，在获得入驻园区管委会及口岸相关监管部门（海关、国检等部门）认可，并签订跨境电子商务综合服务合同后，到电子口岸网站注册并办理电子口岸卡。企业登录指定的电子商务服务平台网站，分别开展跨境业务的企业备案与商品备案，待海关以及国检审批通过后，备案完成。海关企业备案和国检企业备案均需电商企业亲自到现场，验证原件。通常海关企业备案需 7—30 天，国检企业备案需 1—2 天，产品海关备案、国检备案需 2—3 天，各地稍有不同。然后电商企业选定支付公司签约，完成"三单比对"的 IT 系统对接联调（对接海关、通关公司、支付公司系统）。

Step2 货品入区

电商企业在国外统一提前采购商品，通过海运将货物运到保税区，经检验检疫合格后存放在指定的海关监管保税仓内。按"整批入区、B2C 邮快件缴纳行邮税出区"办理。第一步：普货查验，货物运抵监管中心卡口，海关对照报关单进行普货查验。第二步：仓储物流工作人员理货，为单件货品贴上条码标签并上架。

Step3 下单出区

消费者在网上下订单后，电商企业根据订单为商品办理海关、检验检疫等通关手续，并通过跨境贸易电子商务平台与海关监管系统进行订单信息、支付信息、物流信息的数据交换，以个人物品形式申报出区并代为缴纳行邮税；海关和检验检疫部门随机查验抽检。

Step4 快递送达消费者

通过海关审核并完税后，电商企业委托物流公司将商品装箱打包，贴上订单，通过国内快递系统直接派送到消费者手中。

阅读·思考·练习

一、查一查

所在省、市近年跨境电商进出口额、跨境电商主要交易品类以及典型企业。

二、阅读以下材料，思考并分析

1. 中国跨境电商持续快速增长。2025年1月，海关总署有关负责人在"中国经济高质量发展成效"系列新闻发布会上介绍，2024年我国跨境电商进出口2.63万亿元，增长10.8%（见表15-5）。跨境电商在"卖全球"方面潜力进一步释放，同时在"买全球"方面的优势也在持续发挥。自主品牌圈粉无数，占我国出口比重同比提升0.8个百分点，到了21.8%，国货潮牌在世界各地刮起了"中国风"。近年来，中国跨境电商进出口量持续快速增长，成为拉动外贸进出口增长的重要引擎。请思考并分析中国跨境电商业务持续快速增长的原因。

表15-5　　　　　　　　　中国跨境电商进出口情况

年　份	2020	2021	2022	2023	2024
跨境电商进出口额（万亿元）	1.69	1.98	2.11	2.38	2.63
跨境电商进出口增长（%）	31.1	15	9.8	15.6	10.8

2. 传统企业转型跨境电商。J公司是一家从事假发、睫毛等美妆产品生产的工厂。2018年公司开始在亚马逊、eBay等国际销售平台注册账号，销售自己生产的美妆产品。因为公司产品质量控制得好，售前售后服务到位，公司业绩连年增长。截至2024年，公司已经由一家小型企业成长为一家年销售额过亿元，拥有员工近200人的中型

企业。S公司是一家从事建材出口的外贸公司。2023年和2024年公司加大了对阿里巴巴国际站平台的投入，主推自己的集成房屋产品。公司业绩实现了连续翻番。根据以上两则案例，结合自己熟悉的传统行业，为该行业企业设计一套合理的跨境电商转型方案。

单元十六　其他新型国际贸易模式

【单元导学单】

学习目标

素质目标：了解其他新型国际贸易模式；树立国际贸易创新发展意识。

知识目标：熟悉市场采购贸易方式；熟悉外贸综合服务模式；了解海保税维修、离岸贸易、海外仓等新型模式。

能力目标：能解释不同新型国际贸易模式的适用场景；能初步运用新型国际贸易模式设计外贸业务。

重难点

重点：市场采购贸易方式；外贸综合服务模式。

难点：市场采购贸易方式；保税维修、离岸贸易、海外仓等新型模式。

【知识结构图】

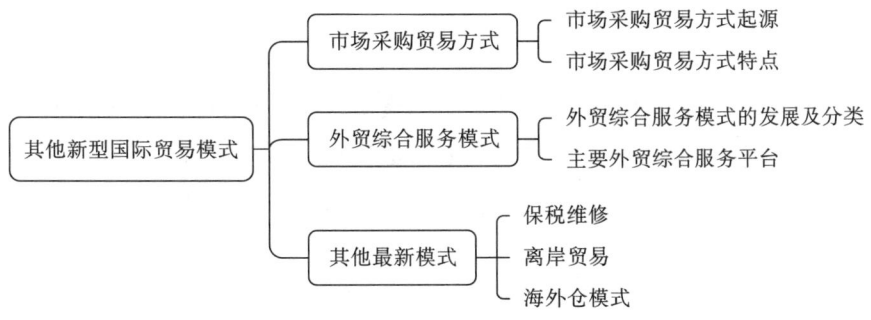

【导入案例】

2024年12月24日，浙江省政府新闻办举行浙江省义乌市深化国际贸易综合改革新闻发布会。市场采购贸易方式作为义乌国际贸易综合改革试点的关键一招，从2014年11月全国首张市场采购贸易方式报关单在义乌落地，截至2024年11月，10年间带动义乌出口额累计突破2.58万亿元，年均增长率达10.4%，并在全国22个省39个市场复制推广。参与企业达2429家，货物出口至216个国家和地区。

面对国际贸易订单的碎片化趋势，市场采购模式对当地乃至周边的出口具有明显的拉动作用。2024年前11个月，义乌市通过市场采购贸易方式出口4350.2亿元，同比增长21.7%，占义乌市出口总值的80.3%，拉动义乌市出口增长16.8个百分点。另据浙江中国小商品城集团股份有限公司数据，2024年，义乌中国小商品市场日均人流22.43万人次，其中日均外商超3900人，创10年新高。

思考：市场采购贸易给贸易模式创新带来了哪些启示？还可以在哪些领域开展贸易创新？

任务一　了解市场采购贸易方式

市场采购贸易是指由符合条件的经营者，在商务主管部门认定的市场集聚区内采购的、单票报关单商品货值15万（含15万）美元以下、并在采购地办理出口商品通关手续的贸易方式，海关监管代码为"1039"。

知识点1：市场采购贸易方式起源

市场采购贸易方式的产生源于义乌小商品市场。义乌是全球最大的小商品集散中心，是全国200万家中小企业开展国际贸易的重要窗口和平台。义乌市场商品丰富、品种繁杂，产品更新快，主流交易模式为境外采购商在市场上采购商品，委托外贸公司代理出口，交易特点为"多品种、多批次、小批量"。此前，义乌出口商品一直套用"旅游购物"的监管方式，允许拼箱组柜、简化归类，极大地促进了义乌市场商品出口。但"旅游购物"监管方式仅为海关的监管措施，未能解决出口环节的商检、税收、收结汇等问题，制约了商品出口。为了让小商品"货畅其流"，义乌把重心落在贸易便利化上。

2011年，国务院同意在义乌市开展国际贸易综合改革试点。2012年，国务院发布《推进浙江省义乌市国际贸易综合改革试点重点工作分工方案》，把建立"市场采购"新型贸易方式列为改革试点工作的第一项和重点工作，由商务部会同国家发展和改革委员会、财政部、海关总署、税务总局、工商行政管理总局、质检总局、外汇局等部门，研究确定"市场采购"贸易方式，明确新型贸易方式的定义、适用范围和管理办法等。2013年4月，八部委联合印发《关于同意在浙江省义乌市试行市场采购贸易方式的函》，同意在义乌试行市场采购贸易方式。2014年，义乌市场采购贸易方式获得海关总署等部委批复，于11月1日起正式实施，以市场采购贸易方式申报出口的小商品能享受海关 24 小时全程电子通关、简化申报、智能卡口验放等便利举措。2015 年 12 月 17 日，国家税务总局出台《市场采购贸易方式出口货物免税管理办法（试行）》，规定以市场采购贸易方式出口货物免征增值税。

之后，这种模式已在全国 39 个城市市场复制推广。

【知识拓展】市场采购贸易试点名单

第一批试点市场：义乌市市场聚集区。

第二批试点市场：江苏省海门叠石桥国际家纺城、浙江省海宁皮革城。

第三批试点市场：江苏常熟服装城、广州花都皮革皮具市场、山东临沂商城工程物资市场、武汉汉口北国际商品交易中心、河北白沟箱包市场。

第四批试点市场：温州（鹿城）轻工产品交易中心、泉州石狮服装城、湖南高桥大市场、佛山亚洲国际家具材料交易中心、中山市利和灯博中心、成都国际商贸城。

第五批试点市场：辽宁西柳服装城、浙江绍兴柯桥中国轻纺城、浙江台州路桥日用品及塑料制品交易中心、浙江湖州（织里）童装及日用消费品交易管理中心、安徽蚌埠中恒商贸城、福建晋江国际鞋纺城、山东青岛即墨国际商贸城、山东烟台三站批发交易市场、河南中国（许昌）国际发制品交易市场、湖北宜昌三峡物流园、广东汕头市宝奥国际玩具城、广东东莞市大朗毛织贸易中心、云南昆明俊发·新螺蛳湾国际商贸城、深圳华南国际工业原料城、内蒙古满洲里满购中心（边贸商品市场）、广西凭祥出口商品采购中心（边贸商品市场）、云南瑞丽国际商品交易市场（边贸商品市场）。

第六批试点市场：天津王兰庄国际商贸城、河北唐山国际商贸交易中心、吉林珲春东北亚国际商品城、黑龙江绥芬河市青云市场、江西景德镇陶瓷交易市场、重庆市大足龙水五金市场、新疆阿拉山口亚欧商品城、新疆乌鲁木齐边疆宾馆商贸市场。

知识点 2：市场采购贸易方式的特点

市场采购贸易方式和一般贸易进出口方式相比，突出特点是为专业市场多品种、多批次、小批量外贸交易创设，通关快、便利化、免征增值税。具体表现如下。

1. **只能在特定市场集聚区实施。** 目前我国有十四个市场采购贸易方式试点市场。

2. **贸易便利化。** 市场采购贸易方式出口货物免征增值税，市场集聚区的市场经营户未取得或无法取得增值税发票的货物，均可以市场采购贸易方式出口，不用开增值税发票，没有出口退税环节，节省交易成本和时间成本。

3. **通关便利。**（1）商品可以直接在商品采购地办理出口通关手续，无须将商品运至口岸海关再办理，大大降低了物流成本。（2）出口货物按大类申报和认定查验，出口关务审核便利快捷。

【资料链接】临沂商城工程物资市场开展市场采购贸易方式试点实施方案（节选）

4. 结汇便利。既可由试点的市场采购贸易经营者收结汇，也可由其代理出口的市场经营户个人收结汇，大大提高了企业回款效率。

正因为有以上特点，市场采购贸易方式对小批量、多批次、多而散的商品贸易具有独特的优势，激发了中小微外贸企业活力，打开了小商品走向国际的大门，提升企业参与国际竞争的水平。并且由于已经提前办理了通关手续，降低了不确定性，从而有效规避外贸风险。

任务二　了解外贸综合服务模式

外贸综合服务是指以中小微外贸企业为服务对象，以电子商务为工具，以进出口业务流程服务外包为内容，以供应链服务平台为依托，采用流程化、标准化服务，为中小外贸企业提供一站式通关、物流、退税、外汇、保险、融资等服务。

知识点1：外贸综合服务模式的发展及分类

2013年7月，国务院出台外贸政策首提"外贸综合服务"，明确要求支持外贸综合服务企业为中小民营企业出口提供融资、通关、退税等服务。2015年，国务院常务会议进一步部署政策提升贸易便利化，使外贸综合服务平台获得持续发展动力。2017年，商务部等机构首次明确了外贸综合服务平台的定义，并明确综合服务平台发展原则和各项配套措施。2016年9月，商务部会同海关总署、税务总局、质检总局、外汇局等部门将中建材国际贸易有限公司、宁波世贸通国际贸易有限公司、厦门嘉晟供应链股份有限公司、广东汇富控股集团股份有限公司纳入外贸综合服务试点企业，国家税务总局同时发布优化外贸综合服务企业出口货物退（免）税管理的政策。

外贸综合服务模式主要分为"一站式"外贸操作服务和"自选菜单式"外贸操作服务。

1. "一站式"外贸操作服务。企业负责境外销售的开发和境内货源的组织，外贸综合服务平台提供物流、通关、退税、融资、保险等一站式服务。中小微企业只需专注于跟客户沟通以及产品研发和生产，后续的出口、报关报验、租船订舱、保险、结汇、核销、出口退税等环节都由平台处理，有效地帮助企业降低经营成本，提高业务效率，从而使客户腾出精力拓展销售渠道、增强竞争力、开拓国际市场。

2. "自选菜单式"外贸操作服务。外贸综合服务平台设定几种服务模式作为自选菜单，供企业选择，也可根据企业需要提供个性化外贸操作服务。

知识点2：主要外贸综合服务平台

目前国内主要的外贸综合服务平台有阿里巴巴的一达通、宁波世贸通、山东锦茂通、天津自贸通等。

1. 阿里巴巴一达通。一达通是阿里巴巴旗下一站式外贸综合服务平台，原为深圳市一达通企业服务公司，成立于2001年，是国内第一个面向中小企业的进出口流程外包服务平台。2014年，阿里巴巴集团全资收购一达通，通过整合各项外贸服务资源和银行资源，为中小企业提供通关、外汇、退税及配套的物流和金融服务，使一达通成为中国国内进出口额排名第一的外贸综合服务平台，致力于"让天下没有难做的外贸"。一达通现已全面升级为阿里巴巴跨境供应链，在传统一达通服务报关、外汇、财税服务基础上，为全球中小企业提供信用保障、国际物流及金融服务。

服务模式有以下三种。

（1）通关、外汇、退税服务。

①出口综合服务（3+N）：一站式通关、外汇、退税服务。以一达通名义办理退税，垫付退税款，单证齐全3个工作日可拿到退税款。服务流程为：

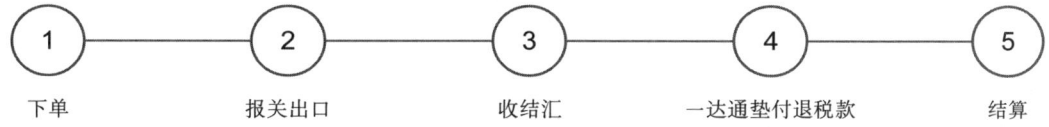

②出口代理服务（2+N）：通关、外汇服务。客户收到一达通开具的《代理出口货物证明》后，自行进行退免税申报。服务流程为：

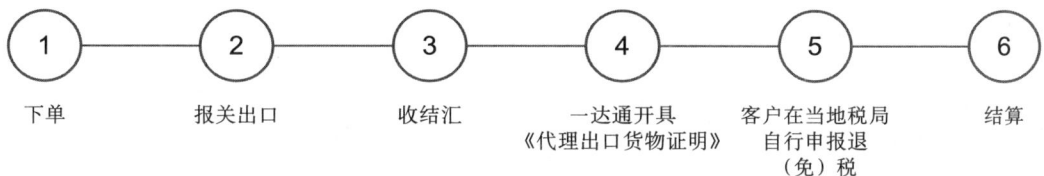

（2）金融服务。解决出口贸易不同阶段的资金和保障需求，通过提供跨境支付、买卖家融资、交易保障的全链路金融解决方案，让卖家提升接单能力，买家提升采购能力，促进买卖双方达成更多交易。服务流程为：

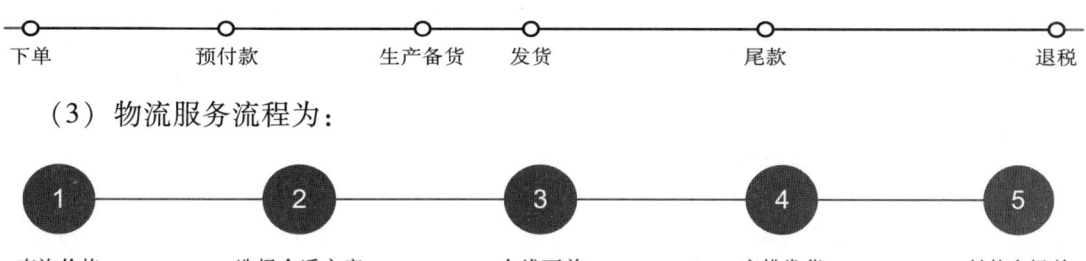

（3）物流服务流程为：

海运：阿里巴巴海运联合各大物流服务商，提供船东专区、海运整柜及拼箱服务，同时提供拖车、报关服务，散货还有目的港送货到门等增值服务。已开通上海、宁波、深圳、大连、天津、青岛、厦门、广州八大起运港。

空运：阿里巴巴与全球优质空运服务商合作，航线覆盖170个目的国和区域。

快递：阿里巴巴与国际知名快递品牌合作，提供快递公司上门取件服务，支持全国36个城市上门取件服务，航线覆盖200多个目的国。

陆运：对港运输：提供珠三角出口至香港的送货到门服务、可承接各地送货至深圳仓库集中发货到香港。在线查询、下单和支付并及时监控货物流转状态。

集港拖车：依托阿里巴巴一达通外贸出口的综合服务优势，提供有运力保障的集装箱拖车服务。

中俄欧：可实现全国至俄罗斯的门到门服务，节省时间，通关安全。

2. 新华锦"锦茂通"。2012年2月，新华锦集团与青岛市商务局、国家税务总局青岛市税务局、中国进出口银行山东省分行和中信保诚人寿保险有限公司（以下简称"中信保"）山东省分公司合作，创建了中国北方首家外贸综合服务平台——"青岛市中小微企业外贸供应链服务平台"。平台拥有"十二大平台系统"：国际贸易服务平台、出口信用保险集约平台、融资担保平台、公共信息平台、公共展示平台、海外追账平台、ERP管理平台、人才培训平台、"一带一路"区域化大平台、品牌培育平台、跨境电子商务综合服务平台。可为中小微外贸企业提供一站式操作服务和自选菜单、个性化定制的外贸操作服务。

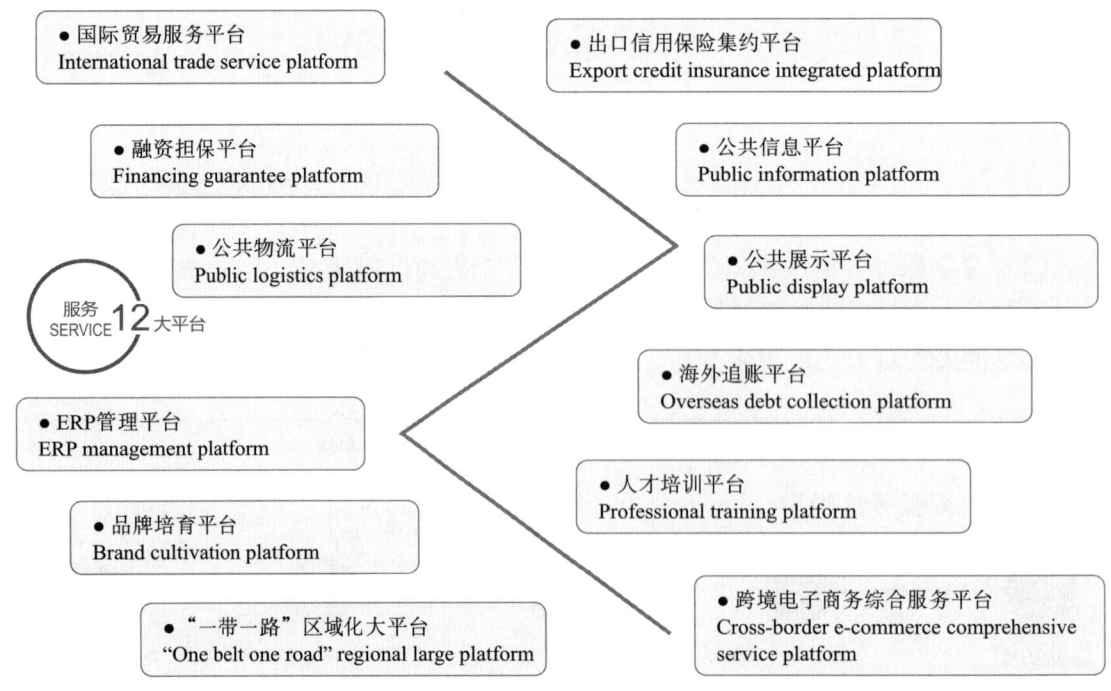

3. 天津自贸通、北贸通。自贸通、北贸通与中国出口信用保险公司、eBay联手打造eBay跨境电商出口海外仓模式。具体操作流程是：国外eBay卖家与外贸综合服务企业订立进口国内货物订单，中信保天津分公司根据该 eBay 卖家资信综合评定此公司的资金授信额度。外贸综合服务企业根据中信保提供的该笔业务的资金授信额度，融资或垫付其从国内购货、报关、出口、退税等全程资金，提供全程服务，并给予该 eBay 卖家 90 天融资期限。eBay 卖家将货物进口后存放海外仓，并在网上销售业务后 90 天内向外贸综合服务企业支付实际货款即完成业务流程。在 eBay 跨境电商出口海外仓模式下，外贸综合服务企业从帮助向中信保公司申请授信到国内采购、物流、融资、通关、退税等环节为 eBay 商家提供全流程服务，使 eBay 商家服务规范化并享受到出口退税待遇。

任务三　了解保税维修、离岸贸易与海外仓等新型模式

随着信息技术的进步和经济的全球化发展，国际贸易模式不断创新，外贸新业态不断涌现。2021 年 7 月，国务院办公厅发布《关于加快发展外贸新业态新模式的意见》，提出了支持跨境电商、市场采购、外贸综合服务、保税维修、离岸贸易、海外仓等新型国际贸易模式的具体措施。

知识点 1：保税维修

保税维修（海关监管方式代码"1371"）是一种特殊的国际贸易方式，允许企业在海关特殊监管区域内（如综合保税区）对境外或境内区外的货物进行维修，而不需在维修前缴纳进口关税和进口环节海关代征税。

保税维修不需要缴纳保证金，也不需要缴纳进出口税。然而考虑环保等监管风险，申请保税维修的条件较为严格，不同地区的海关限制条件不同。目前多地海关表示将积极支持高技术含量、高附加值且符合环保要求的低风险产品纳入保税维修产品目录。保税维修通常涉及飞机、轮船、医疗器械、电子设备等高技术含量、高附加值产品，有利于提升加工贸易水平，推动产业结构优化升级。2024 年 11 月，上海市通过《上海市促进浦东新区保税维修业务发展若干规定》，自 2025 年 1 月 1 日起施行。这是全国首部专门规范保税维修的地方性法规。

知识点 2：离岸贸易

"离岸贸易"是随跨国公司业务发展演化而来的一种新贸易模式，其最关键的特征是订单流、货物流和资金流"三流"分离。"离岸贸易"中经营者在离岸法区注册"离岸公司"，但其业务运作可在世界各地的任何地方直接开展。离岸贸易是一种综合的全面降低企业进出口运营成本的国际贸易操作方式。

离岸贸易不同于转口贸易。一是离岸贸易的货物标的不经过本独立关税区直接运

到目的国或地区，而在岸转口贸易需经过本关税区；二是离岸贸易买进再卖出的主体是本关税区的法人，而在岸转口贸易的买卖主体不一定在本关税区。例如，中国企业从印度尼西亚购买镍矿直接运到日本卖给日本进口商是典型的离岸贸易。

离岸贸易有制造企业离岸配套出口模式、跨国公司采购销售中心模式和贸易投机模式等三种模式。制造企业离岸配套出口模式是制造企业在出口自身制造的产品时配套采购出口境外相关产品，并将境外采购的配套产品直接运至进口商的模式；跨国公司采购销售中心模式是跨国公司采购销售中心依托自身对采购和销售产品的深刻了解而进行的国际离岸贸易模式；贸易投机模式是企业利用上下游信息不对称或者运用资源优势在各国际企业间买卖货物获取差价的离岸贸易模式。

新型离岸国际贸易进一步提高了对跨境资金结算的要求，各省市外汇跨境自律机制也纷纷发布相应的业务指南，为企业开展真实合规的离岸贸易业务提供优质的金融服务，提升贸易结算便利化水平。2020年以来，上海、海南、江苏、福建等地均出台了促进新型离岸国际贸易发展的相关政策。2021年12月，中国人民银行、国家外汇管理局印发《关于支持新型离岸国际贸易发展有关问题的通知》，支持基于实体经济创新发展需要的新型离岸国际贸易业务，对相关跨境资金结算实现本外币一体化管理；鼓励银行完善内部管理，实施客户分类，优化自主审核，提升服务水平，为真实、合规的新型离岸国际贸易提供跨境资金结算便利；强化风险监测管理，防范跨境资金流动风险。目前，广东、山东、四川等地都在积极开展试点探索。

知识点3：海外仓模式

海外仓是由物流企业、跨境电商平台或大型跨境电商卖家等专业化主体在境外通过自建或租用，运营的数字化智能化仓储设施。海外仓是跨境电商的重要境外节点，是新型外贸基础设施，是外贸新业态新模式的重要组成部分。

海外仓模式（海关监管代码"9810"）全称"跨境电子商务出口海外仓"，适用于境内企业通过跨境物流将货物出口至海外仓，通过跨境电商平台实现交易后从海外仓送达购买者，并向海关传输相关电子数据的模式。使用海外仓模式，跨境电商企业应当依据海关有关规定在所在地海关备案。

阅读·思考·练习

一、查一查

1. 近年全国各地还建设了哪些外贸综合服务平台？它们发展得如何？
2. 近年有哪些地方出台了"保税维修"和"离岸贸易"的试点政策？简要说明政策要点。

二、阅读以下材料，思考并分析

类型	中小企业建设跨境电商海外仓的几种模式	
新建型	B 公司：独立站出口假发，在美国建公司，以美国公司办公场所建简易海外仓	
	E 公司：平台销售手机周边产品，在美澳设海外仓，满足自营需求还向第三方开放	
改造型	Z 公司：出口干果至俄罗斯，由传统外贸转型跨境电商，利用原客户仓库改造自用海外仓	
	J 公司：传统国际物流转型跨境物流，以美国代理仓库改造成海外仓，提供第三方服务	
	W 公司：跨境进口，在韩国合作企业仓库设立海外集货仓库，满足自身进口集货需求	

请思考并分析以上企业的海外仓业务给客户带来了哪些创新服务？